新时代传媒创新书系

创新与融合

转型期中国地方电视台传播格局与创新路径

《创新与融合：转型期中国地方电视台传播格局与创新路径》
编写组 著

中国传媒大学出版社
·北京·

目　录 Contents

中篇　中国地方电视台的发展现状与创新

前　言

在新的媒介生态背景下，我国地方电视台正在经历一个特定的历史时期，这个特定的历史时期的特点是：融合、转型、创新。

本书的内容是教育部人文社会科学重点研究基地项目“创新与融合：中国地方电视台传播新格局研究”的成果之一，主要研究对象限定为省级电视台、城市台和区县台，其范围不包括省级卫视和中央电视台。本书是基于多项研究课题基础上的现象分析与理性思考，其涉及内容具有阶段性时间限定，反映的是研究对象的历史发展脉络。今天，伴随着各个媒体的发展将有所变化。因此，本书的研究具有阶段性的特点。

从一定意义上讲，电视台作为上层建筑的大众传播媒介，具有自身发展的规律。但是，我国地方台的现状可谓千差万别，针对纷繁复杂不断变化的研究对象，很难树立统一的标准。因此，本课题的研究具有较大的难度，可以说，这是一个具有挑战性的课题。

课题组面对的一个现实问题是：探究已经不再辉煌的地方电视台的发展前景是否具有前瞻性？

毋庸置疑，面对新媒体的冲击，很多地方电视台的广告收入呈断崖式下降,节目收视率下滑严重,一些台的日子过得不太轻松,电视的前途令人担忧。

那么,我国地方电视台的数量是不是过多?现有的格局是不是需要打破?一些在喘息中生存的电视台会不会消亡?地方台经营模式能否冲出重围?未来地方台是否需要统一定位发展方向?这些带有根本性的问题如何破解?

从国际地方电视台的历史与现状考察,社区电视台作为最早的传播方式,至今仍然十分活跃。在美国、法国、英国等国家,不是所有的城市都办电视台,只有具备一定条件的区域才开办地方电视台。究其原因,主要是这些国家的电视台基本上是商业化的媒体,地方电视台没有财力的支撑就无法生存,一些人口小国根本没有城市电视台。因此,小规模、多元化的社区电视台发挥着区域传播的作用,许多社区电视台具有比较强的生命力。

从世界范围来看,互联网的普及对电视产生的影响是非常直接的,既有消极的影响,也有积极的影响。以英国国际广播公司(BBC)为例,面对新的媒介环境,BBC提出打造学习型、服务型媒体的概念。究其主要原因,一是新的技术带来的变化层出不穷,电视媒体必须要及时学习、汲取经验;二是互联网传播信息的速度、范围、数量远远超出电视台,信息传播已经不再是电视台独有的优势,电视台必须引入用户的概念,加大服务性。

那么,城市社区化传播,打造学习型、服务型媒体是否也是我国地方电视台未来的走向呢?

从我国电视台的发展历史与现状考察,笔者认为:

首先,中国是一个拥有14亿人口的大国,幅员辽阔,经济发展不平衡,地域文化特点区别很大,区域传播的社会需求是地方电视台得以生存的基础。因此，在今后很长的时期内，我国地方电视台将朝着服务地方需求，形成区域传播特色的方向发展。

其次，从我国电视台整体格局的层面看，国家级的主流媒体仍将占据主导地位；强势省级卫视将形成白热化的竞争局面，难以维系的省级卫视或许将优胜劣汰，仅仅保留少部分节目上星；省级地面频道电视台与省会城市台之间的矛盾和问题将更加突出，省台、省会城市台将面临新的抉择和取舍；新的行政区域划分下的大区块城市台同周边城市台在频道设置与覆盖范围上产生新的交叉，如何规避重合传播成为新的难题；县级台、区级台在新的城镇化建设中面对新的变化，将不断调整发展定位。

最后，从未来我国地方电视台的走向来看，新的媒介生态在繁衍之中形成，旧的生态正逐步被取代。今后，地方电视台多层级格局或许会被打破，但是区域性的电视传播不会消亡，反而会以新的战略定位根植一方，调动多元化的服务功能，服务地方社会的发展。

我们看到，当下许多地方电视台正在破解重重难题，探求新的发展路径，趋向性的战略方向是：在媒介融合过程中开始转型，在转型过程中不断创新。

需要强调的是：地方电视台在融合、转型、创新的历史进程中，仍然要重视形成区域传播特色。

近年来，中国传媒大学新闻传播学部电视学院的科研创新团队深入不同层级的地方电视台进行一线调研，针对多家电视台的发展战略、体制机制、内容生产、盈利模式、频道定位、栏目设置、队伍建设等进行“问诊把脉”，提供智力服务，其中包括湖北“长江云”平台、成都电视台、石家庄电视台、苏州电视台、襄阳电视台、梅州电视台、兰考电视台、张家港电视台、北京顺义区电视台、佛山电视台顺德频道、扬州电视台江都频道、陕西农林频道等。

在上述这些专项研究中,课题组采取座谈讨论、深度访谈、问卷调查、个案分析、国际比较等研究方法,掌握了大量的第一手材料,在此基础上,撰写了有的放矢的专项研究报告。

通过对不同层级电视台的实地考察,我们进一步发现,我国地方电视台的发展水平存在非常大的差异,很难用一个尺度衡量。

鉴于此,本书以我国地方电视台的层级为框架,依照省级台、城市台、区县台进行分类,采取宏观与微观相结合的方式呈现内容。

本书既有理论上的学术性,又有实践上的可操作性。特别值得一提的是,书中选取的多个具有代表性的专项研究报告全部是课题组在一线的调研成果,其深度与广度超出一般的个案研究范畴,希望对专业学者在学术研究的态度和方法上有所借鉴。

需要指出,本书是对我国地方电视台发展现状的阶段性研究成果,对于专项研究来说具有一定的历史价值。同时,限于条件和水平,也不可避免地具有一定局限、缺憾及不当之处,有待进一步完善,诚恳欢迎批评指正。

中国传媒大学新闻传播学部电视学院科研团队

2020年5月

上　篇

中国地方电视台传播格局的变迁与区域特色发展

第一章　地方电视台传播格局的变迁

经济基础决定上层建筑。我国电视事业的创建是在计划经济体制下,由政府主导完成的。与西方资本主义经济体制下的电视事业的创建发展路径不同,在新中国成立初期,我国在经济和科技水平相对落后的情况下亟须筹建电视台,只能依靠政府出资组建。于是,我国在政府行政主导下逐渐形成了根据行政区域划分的电视台布局。而我国地方电视台正是在这样的特殊时期,在计划经济体制下,由政府权力配置电视媒介资源,在以行政区域为划分标准的行政垄断格局中逐步建立的。

在我国电视事业最初发展的20年,我国电视台的布局主要体现为中央和省级的两级电视台分布格局。这一时期,各地电视台主办权集中,电视台数量少、覆盖率低。"1976年底,全国共有电视台32座,全国人口覆盖率仅为36%。"[①]此时,我国地方电视台的传播任务和功能,主要集中于完成政治宣传任务,在内容上以转播中央电视台节目为主。

为进一步扩大电视传播力,20世纪80年代初,广播电视部提出"四级办电视"方针,形成了"中央—省—市—县"的金字塔式的电视传播结构,地方电视台的布局基本形成。这一政策直接推动了我国各地电视事业的扩展、电视传播规模的扩大、传播主体的多元化,全国电视台数量急速增长。"1988年底,全国电视台的数量达到442座,电视人口覆盖率达到75.4%。"[②]但是,电视台的结构仍然是依靠政府力量推动的、与行政建制相对应的层级序列结构。在这种依靠行政手段的布局下,电视台的设

① 赵玉明.中国广播电视通史[M].北京:北京广播学院出版社,2004:321.

② 赵玉明.中国广播电视通史[M].北京:北京广播学院出版社,2004:386.

置与国家行政结构相配套，有鲜明的行政风格，也呈现不同层级。在内容上，地方电视台自主性较弱，主要配合上级电视台的工作，在行政调配下与上级电视台形成协作关系。

因此，我国电视事业的创建及各地方电视传播格局的形成，不可避免地具有鲜明的政府主导烙印。

1992 年，我国确立了社会主义市场经济体制的发展方向，进入了经济改革转型的重要时期。在经济改革的社会环境中，市场经济渗透到媒体行业，在政府行政力量之外，市场在电视媒体行业中发挥着越来越重要的作用。各地电视台纷纷走向市场化、产业化道路，广电系统进行集团化改革，民营电视节目制作公司崭露头角。与此同时，由于网络、卫星技术的发展，省级卫视的出现，境外电视台的落地，网络平台的发展，原有的电视层级结构被打破，地方电视台出现多个竞争主体，地方电视台与中央电视台形成竞争与合作的关系。我国各地的电视事业进入改革发展期。

电视事业是我国社会主义新闻事业的一部分，既具有服务性，也具有上层建筑的特性。影响电视事业发展的因素有很多，不仅包含政治、经济、文化、科技等外部因素，还包含作为媒体事业的电视事业本身的发展规律等内部因素。

本书的研究对象地方电视台，狭义上是指省级电视台、城市台、区县台，其范围不包括省级卫视和中央电视台。从广义上来说，随着各地集团化改革的推进，一些地方组建了广播电视台、广播电视总台、广播电视集团、广播影视集团，其业务往往包含广播、影视制作、报刊等，因此，广义的地方电视台还包含地方广播电视总台（集团）中从事电视业务的部分。

根据国家新闻出版广电总局的统计数据，截至 2017 年 9 月，我国共有 2,609 家广播电视播出机构，其中包括 45 家省级以上播出机构、458 家地市级播出机构和 2,106 家县级播出机构。

我国地方电视台的构成较为复杂，大致可分为以下几类：

第一类：省级地方电视台，主要指省级地面频道。本书的研究对象主要是区域性的电视台，不包含省级卫视这一类地方电视台。

第二类：城市电视台。城市台包括省会城市台、地市级城市台。我国共有23个省、5个自治区，每个省会城市都有自己的电视台；我国每个省、自治区都有十多个地级市，全国共有地级市260个，几乎每个地级市都有电视台。省会城市电视台的水平参差不齐，我国西部地区的一些省会城市电视台综合实力明显偏弱，而沿海地区、长江三角洲、珠三角地区的省会城市电视台，无论是节目制作水平，还是广告收入都位居城市电视台的前茅。从总体上看，地市级城市台的实力不如省会城市台，但东部沿海地区的地市级城市台的经济实力则很强，像苏州台、温州台、无锡台等，广告收入都超过了西部省会城市台。①

第三类：区县级电视台。绝大多数区县级电视台为转播或差转台，只承担播出功能，没有自办频道的能力。但在一些经济发达地区，县级市一般都有广播电视台，而且这些县级广播电视台具有较强的经济实力。比如，广东顺德市的顺德电视台、江苏昆山市的昆山电视台、常熟市的常熟电视台，这些城市都是全国百强县中的排头兵，电视台的广告创收有的超过2,000万元，其经济实力甚至超过有些地区的省会城市电视台或地市级电视台。②

第一节　政府主导地方电视台布局阶段

一、地方电视台初步创建

20世纪50年代末，从国际形势来说，我国正处于社会主义和资本主义两大阵营激烈竞争的国际环境中，且电视发展已成为国际热潮；在国内，"大跃进"运动正在全国范围内开展。正是由于国际局势的迫切需求和国内政治形势的助推，我国电视事业由国家主导、政府出资筹建，在经济基础薄弱、技术相对落后的情况下诞生了。

1958年5月1日，我国第一座电视台——北京电视台（今中央电视

①② 孙丽萍.地方电视台创新与融合战略研究[D].北京：中国艺术研究院，2014：6.

台的前身）开始试验播出，标志着中国电视事业的诞生。同年，上海电视台、哈尔滨电视台（今黑龙江电视台的前身）相继成立，这是我国最早成立的3座电视台。

1958年12月召开的全国电视台基建工作座谈会决定，由点到面在全国各地建立相应行政级别的电视台。由此，在政府主导下，依托中心城市以行政区域和级别划分的电视台在全国范围内陆续建立。1959年至1961年前后，天津电视台、广东电视台、吉林电视台先后建成并开播。随后，陕西、辽宁、山西、江苏、浙江、安徽、山东、湖北、四川、云南等地也相继建立了电视台。“1961年底，全国已建成电视台、实验电视台和转播台26座，预计1962年发展到50座。”①

我国电视台的创建与西方国家以经济和技术为支撑的发展模式不同，我国电视台是以行政因素为主导，在经济基础和技术水平都相对落后的情况下艰难起步的。在政策性因素主导下，各级地方政府积极调动资源，全力投入电视事业建设。从全国范围来看，我国电视台在短时间内，规模迅速扩大、数量迅速增多。同时，正是在政府主导力量的作用下，我国电视事业在创建之初就形成了与西方国家不同的电视台制度和布局，即国有国营电视制度和以地方行政区域级别划分的电视台布局。

但是，当时我国许多地方电视台的创办条件并不成熟，存在一定程度的盲目性，且后续发展所需的经费和技术也很难持续保障。

创建之初，由于经济、技术发展水平和资源的限制，我国电视台主要建立在中心城市，例如北京、上海、广州、哈尔滨等地；电视台信号覆盖面十分有限，例如，“北京电视台创办之初，覆盖仅北京一地（半径25公里）”②，并且电视节目内容单一、电视节目自制能力不足，“开办之初，北京电视台播放电影的时间占全部节目时间的75%，戏剧转播占15%”③。

此时，我国许多地方电视台在先天不足且后续经济、技术力量难以为继的情况下，发展缓慢且过程曲折。

20世纪60年代初，国家经济困难的危机日益逼近，各地广播电视事

① 赵玉明，艾红红.中国广播电视史教程[M].北京：中国广播电视出版社，2009：97.

②③ 郭镇之.中外广播电视史[M].上海：复旦大学出版社，2018：175.

业随之进入低潮期。1960 年底，广播系统开始精简机构、压缩节目。“1963 年 2 月，全国广播事业调整，电视台、试验台仅留下北京、上海、广州、天津、沈阳、哈尔滨、长春、西安 8 座电视台，不到原有的 36 座的四分之一。”① 20 世纪 60 年代中后期，随着国民经济形势好转，太原、武汉等部分电视台陆续恢复试验或转为正式播出。

二、“二级”电视传播格局形成

我国电视事业初创的 20 年，也是努力打造全国性的电视覆盖网的 20 年。受限于当时的经济、技术发展水平，电视台信号覆盖十分有限，最初仅部分中心城市居民能收看电视，且多为集体收看。因此，进一步扩大电视传播力和影响力必须依托中心城市分区域覆盖、分散建台、独立运行、统一管理。在这一时期，我国电视台主要由中央和省级主办，形成了分级覆盖的二级办电视的格局。

在中央级电视台层面，北京电视台承担着国家电视台的宣传重任，且从内容和覆盖范围上逐渐转变为真正意义上的国家电视台，从 20 世纪 60 年代中期开始陆续向全国传送电视节目。天津、太原等北京以外的电视台陆续开始转播北京电视台的节目。1976 年，北京电视台的节目通过微波线路，已达到除山东、内蒙古、新疆、西藏以外的 25 个省、直辖市、自治区。② 1978 年 5 月 1 日，北京电视台改名为中央电视台。此时，我国拥有了真正意义上的国家电视台。

在省级电视台层面，自从 1978 年北京电视台更名后，西安、哈尔滨、成都、太原、武汉、兰州、长春等地的电视台，陆续改成以省的名称命名的电视台。1979 年，各省、自治区、直辖市都已经建立了电视台。③至此，我国地方电视台中的省级电视台网络已基本覆盖完成。同时，在国家集中统一的管理下，在中央级和省级电视台的协同传播中，二级办电视的布局基本形成。

---

① 郭镇之.中外广播电视史[M].上海：复旦大学出版社，2018：176.

② 赵玉明.中国广播电视通史[M].北京：北京广播学院出版社，2004：321.

③ 杨凤娇.中国电视新闻传播格局的变迁[M].北京：中国广播电视出版社，2009：19.

但是,仅在中心城市建立的中央级和省级电视台无法满足大多数人的需求。1976 年年底,全国共有电视台 32 座[①],全国人口覆盖率仅为 36%[②]。

为进一步扩大电视的传播范围、增强电视媒体的影响力,1983 年,广播电视部提出"四级办电视"的方针,我国地方电视台布局发生重大变化。

第二节 地方电视台传播格局形成阶段

20 世纪 70 年代末到 90 年代初,我国经济体制改革逐步推进,由计划经济向社会主义商品经济转型,生产力不断解放,各地电视台也获得了新的发展机遇。

一、"四级"电视格局形成

自 20 世纪 80 年代初起,我国电视事业进入新的发展阶段。为充分发挥电视媒体在各地的影响力,广播电视部成立后提出"四级办电视"的方针。我国地方电视台在新的政策下全面改革,市、县级电视台迅速建立,地方电视信号覆盖范围不断扩大,全国电视网逐步完善。但是,新的政策给地方电视台的发展带来新的机遇的同时,也带来了新的挑战。

1983 年 3 月底至 4 月初,广播电视部召开第十一次全国广播电视工作会议。会议提出"四级办广播、四级办电视、四级混合覆盖"的政策,规定凡是具备条件的省辖市、县,也都可以根据当地的需要和可能开办广播电台和电视台,除了转播中央和省的广播电视节目外,可以播出自办的节目,覆盖当地。[③]

"四级办电视"的政策极大地激励了市、县政府办电视的热情。电视台的数量从 1982 年不足 20 个市级电视台增加到 1985 年 172 个市、县电视台。电视发射台和转播台从 1980 年的 2,469 个增加到 12,159 个。[④]

① 赵玉明.中国广播电视通史[M].北京:北京广播学院出版社,2004:320.

② 赵玉明.中国广播电视通史[M].北京:北京广播学院出版社,2004:321.

③ 郭镇之.中外广播电视史[M].上海:复旦大学出版社,2018:204.

④ 郭镇之.中外广播电视史[M].上海:复旦大学出版社,2018:205.

1988年年底，全国电视台的数量达到442个，电视人口覆盖率达到75.4%。[①]至此，我国电视事业由中央、省、市、县四级分布的格局逐渐形成。

从本质来说，中央、省、市、县四级办电视是对原有二级电视格局的重大突破，打破了原有的过于僵化集中的电视媒体管理模式。此前，只有中央和省级获准办电视，“四级办电视”政策使地方获得更多的电视主办权，地方电视台自主性更强，电视主体更加多样化。此后，我国地方电视台根据行政级别划分，由单一的省级电视台扩展到省、市、县三级电视台，地方电视传播格局不断完善，电视传播力不断加强，这也是我国电视事业的进一步发展。

从客观来看，“四级办电视”极大地调动了地方各级政府，尤其是市、县级政府办电视的积极性。在“四级办电视”的政策之下，我国的电视覆盖网络在地方迅速扩展，电视台的信号范围从原有的中心城市区域拓展到市、县级区域；地方电视台数量激增，电视收看人数翻倍，收看人群也由中心城市居民拓展到县级居民。我国电视传播力在地方迅速增强。

但是，此次改革仍然是在政府主导下进行的，以政治性导向为主，缺乏由市场规律引导的资源配置，在地方办电视的过程中也出现了许多脱离实际而盲目办电视的情况。“广播电视开放也带来了新的问题，主要集中在县级电视台。”[②]许多县级政府并不具备开办电视台的条件，却在政治和经济利益的驱动下盲目兴办，造成了电视台长期低水平运行和大量的资源浪费。“电视是宣传党和政府方针政策的工具之一，但政治与经济两本账都要算，各级政府都要设立自己的电视台似无必要。浪费钱财，实际上是增加了政府及纳税人的经济负担。”[③]目前，有许多县级电视台缺乏节目自制创新能力，仅为完成政治宣传任务而保留。

与此同时，四级电视格局仍然与我国行政区划的层级结构相对应，各级地方电视台受当地党委政府和上级广电部门双重领导。政策规定，“广

① 赵玉明.中国广播电视通史[M].北京:北京广播学院出版社,2004:386.
② 郭镇之.中外广播电视史[M].上海:复旦大学出版社,2018:205.
③ 徐舫州.中国电视改革的问题与对策[J].现代传播,2000(4):9-16.

电宣传工作受当地党委领导和上级广电行政部门指导;广电事业建设受当地政府和上级广电行政部门双重领导,以当地政府领导为主"[①]。从管理体制来看,四级电视管理仅是原有电视管理体制的延续,原有体制中不利于电视产业化、技术发展及内容创新的因素依然存在。

二、城市电视台的兴起

"四级办电视"政策实施后,在地方电视台中,城市电视台兴起最为迅速,并获得了引人注目的发展。

在各级地方电视台分级、分区域覆盖情况下,城市电视台相较于县级电视台而言,往往拥有更好的经济基础和社会基础。许多省辖市大多是某一区域的政治、经济、文化中心,资源丰富,人才荟萃。这里往往是城乡经济的结合部,是资源、信息和资金的交汇点,通讯发达,交通便利,群众易于参与。[②]

相较于省级电视台而言,城市电视台更贴近市民生活,更容易关注市民共同面临的社会问题。"位于省会城市的电视台常常比同在一市的省电视台收视率高。"[③]

这一时期,许多城市台在发展过程中形成了自身的特色,并开辟出一条独特的发展之路。

广播电视部在 1984 年 224 号文件中进一步规定:"市县电视台以转播或录放中央和本省的电视节目(包括文艺节目)为主,有条件的可以插播本地的新闻性、知识性和服务性节目。"此时,城市电视台获得了部分自制节目的权利。20 世纪 80 年代中后期,城市台从内容到形式进行了探索式的改革与创新。

上海电视台的节目具有"海派"色彩,注重吸取西方文化,努力与商品和市场结缘。[④] 1986 年,上海电视台开设了国内第一个新闻杂志栏目《新闻透视》,下设"当代人""纵与横""社会广角" 等子栏目。[⑤]此外,《大世界》

---

① 黄勇.试论广播电视行政管理体制改革[J].南方电视学刊,2005(5):60-62.

②③ 郭镇之.中外广播电视史[M].上海:复旦大学出版社,2018:206.

④ 郭镇之.中外广播电视史[M].上海:复旦大学出版社,2018:207.

⑤ 张译之.城市电视台新闻节目的定位和发展[D].广州:暨南大学,2006:15.

《大舞台》《国际瞭望》等节目也办得丰富多彩。

杭州电视台于 1986 年 10 月推出了服务市民的早间新闻《早晨好》，这是一档具有新闻性、服务性和知识性的节目。

1988 年，广州电视台开播后提出“欲知广州事，请看广州台”的口号，突显了城市台贴近城市生活、服务当地居民的特点。随后，广州电视台创办的《今夜 300 秒》《长焦与广角》《城市见闻》等新闻节目以“关注城市生活、提供信息服务、讨论社会问题”为特色。

第三节　地方电视台的市场化改革阶段

1992 年 10 月召开的中国共产党第十四次全国代表大会明确提出，中国经济改革的目标是建立社会主义市场经济体制。至此，我国明确了社会主义市场经济体制的发展方向，真正开启了发展市场经济的序幕。

在经济体制改革的大潮下，我国电视事业开始了市场化的改革。首先，电视台的功能和定位发生了变化，电视台既履行党和政府的喉舌职能，又是信息产业主体，实行“事业单位，企业化经营”，通过市场化运作获得经济效益。①

20 世纪 90 年代末，在国家广播电影电视总局统一部署下，我国电视行业开始了全国范围的集团化改革。1999 年 6 月，作为广播电视集团改革试点，无锡广播电视集团成立，这是我国第一个广播电视集团。② 1999 年 9 月，国务院办公厅转发了信息产业部国家广播电影电视总局关于加强广播电视有线网络建设管理意见的通知(国办法[1999]82 号)，规定在省、自治区、直辖市组建包括广播电台和电视台在内的广播电视集团。2000 年，第一家省级广播影视集团——湖南广播影视集团成立。2001 年，上海、北京、浙江、江苏、山东、四川等地先后成立了广电集团，这一年成为中国电视史上的集团化改革年。2001 年 12 月 6 日，在中国正式加入“世贸”前一个星期，由中央电视台、中央人民广播电台、中国国际广播

---

① 杨凤娇.中国电视新闻传播格局的变迁[M].北京：中国广播电视出版社，2009:39.

② 杨凤娇.中国电视新闻传播格局的变迁[M].北京：中国广播电视出版社，2009:51.

电台、中国电影集团公司、中广影视传输网络有限责任公司、中国广播电视互联网站6个单位组建的中国广播电影电视集团挂牌成立，[①]该集团被称为中国传媒业的航空母舰。

这一时期，影响我国地方电视台传播格局的另一个重要因素是卫星技术的发展。20世纪90年代，卫星技术迅速发展，已经具备市场意识的省级电视台纷纷上星，开拓观众市场。

从全国范围来看，央视市场研究股份有限公司（CTR）提供的《2003年卫星频道覆盖率报告》显示：在全国卫星频道中，市级行政单位落地率在70%以上的一共有15个，除了中央电视台的11个频道外，还有浙江卫视、湖南卫视、山东卫视、广东卫视等省级卫星频道；区县级行政单位落地率在70%以上的卫星频道共有12个；山东卫视、浙江卫视、湖南卫视等省级卫视也进入了全国性入户的门槛。[②]

与此同时，各地方电视台的传播内容也发生了很大变化，政治宣传的内容比重下降，服务性、民生性新闻以及舆论监督类、评论类新闻节目增多，泛娱乐化电视节目迅速兴起，各地电视台的传播生态有了新的变化。

从电视整体传播格局来看，在市场化改革大潮中，广电系统进行集团化改革，省级卫视纷纷上星，我国电视传播格局发生变化，各地方电视台面临着越来越残酷的市场竞争环境。省级电视台、城市台、区县台在新的传播环境和传播格局中面临新的挑战。

一、省级电视台：竞争性电视主体出现

20世纪90年代初，随着国家市场经济体制的确立和技术的进步，省级电视台的传播结构发生重大改变。“1992年到2000年间，中国电视新闻传播格局，在既有的政府直接兴办和财政支持的电视台系统中，增加了经济电视台、有线电视台等新的传播主体，甚至直接增加了与原有省级台并行的无线电视台。”[③]

① 《中国广播电视年鉴》编辑委员会.中国广播电视年鉴[M].北京：中国广播电视年鉴社，2002：24.

② 袁方，谢颖.2004年：卫星频道分化与新生——兼谈全国性频道的市场化建立[J].大市场（广告导报），2004(5)：106-108.

③ 杨凤娇.中国电视新闻传播格局的变迁[M].北京：中国广播电视出版社，2009：45.

此时，电视台不仅仅承担着党和政府的宣传任务，也被列为第三产业，实行产业化的经营管理。1992 年 6 月 16 日，中共中央、国务院发布《关于加快发展第三产业的决定》，广播电视所属的文化事业被纳入除工业、农业以外的“第三产业”。所有“第三产业”都可以而且必须搞创收，从而自负盈亏。[①]因此，20 世纪 90 年代以后，新出现的电视台具有了明显的市场特征。

20 世纪 90 年代，在新的市场环境下，各地兴办经济电视台。经济电视台实行自收自支管理制度和全员聘用制，依靠自己的力量办台。以湖南经济电视台为例，湖南经济电视台创建于 1995 年，启动资金 100 万元，电视台包括台长在内的员工实行全员聘用制，采用自收自支的财务管理体制。[②]“1996 年湖南经视创收 3,200 万，1997 年创收 6,300 万，1998 年创收 8,200 万，1999 年广告创收超过一个亿。”[③]欧阳长林评价湖南经济电视台的影响时曾说：“湖南经济电视台没有分割湖南电视台原有的行政、财政资源，但给湖南电视带来了强大的竞争压力和危机感，最终促进了全行业改革的深化。1992 年湖南广电集团的资产是 4 亿元，到 2005 年集团资产陡增至 86.4 亿元。”[④]

此外，上海电视台也引入竞争机制。1993 年，上海成立了具有独立法人资格的省级无线综合电视台——东方电视台。“东方电视台出现后，上海台的广告收入并没有减少，两台的广告收入持续增长，说明竞争带动了上海整体电视市场的发展。”[⑤]

可见，在新的市场环境下，竞争机制的涌入给省级电视台带来了新的机遇。20 世纪 90 年代，我国电视事业中出现多个竞争性主体，即有线电视台、经济电视台、教育电视台以及由政府直接出资主办的无线电视台，打破了原有省级电视台一家独大的传播格局，给各地电视事业注入了新的活力，也激发了省级电视台的变革。

---

① 郭镇之.中外广播电视史[M].上海：复旦大学出版社，2018：220.

② 杨凤娇.中国电视新闻传播格局的变迁[M].北京：中国广播电视出版社，2009：47.

③ 罗霆.湖南电视产业发展模式研究[J].现代传播，2002(3)：88-92.

④ 侯严峰，陈黎明.湖南文化成大势[J].瞭望，2006(39)：52-53.

⑤ 杨凤娇.中国电视新闻传播格局的变迁[M].北京：中国广播电视出版社，2009：45.

随着地方各类频道的先后创建,政府推动有线电视台和无线电视台进行合并,整合地方电视台资源。2000 年 12 月,国家广播电影电视总局下发《关于有线广播电视台和无线电视台合并的有关事项的通知》。2001 年 7 月 1 日,广电系统宣布全国有线广播电视台与无线电视台的合并工作已全部完成。[①]

综上所述,在市场化改革与政府政策手段的共同推动之下,我国省级电视台在引入竞争机制的同时,其机构规模进一步扩大,资源配置不断优化,市场性与竞争性不断强化。

二、城市电视台:区域性竞争凸显

"城市电视台是我国电视传播系统中覆盖面积最为有限的群体,同时也是数量最多的电视群体。"[②]

从城市电视台在我国电视媒体的层级构成中的地位、作用,以及在各地发挥的信息传播、舆论引导、文化娱乐作用来看,其面对着各地城乡观众,既是当地信息文化传播中心,又是当地党委、政府推进经济与各项社会事业健康发展、维护城乡社会稳定、实现社会公共服务的主要舆论阵地和有力工具,因而很受各地社会管理者和普通百姓的欢迎。同时,城市电视台还承担着为中央台、各省级台转播大量节目的重要而艰巨的任务。[③]

然而,城市台电视信号覆盖面有限,城市台只能面向本地市场。20 世纪 90 年代,随着经济体制改革和技术的发展,不同类型的省级电视台先后创办,原有的省级电视台也陆续上星。此时,省级非上星频道和城市电视台同属于区域性电视台,主要面对本地观众,省级非上星频道与城市电视台便形成区域竞争的态势。

因此,在本地市场的区域范围内,城市台一方面面对着省级非上星频道的区域市场竞争,另一方面面临着来自中央电视台的竞争压力。

从城市台当前的生存与发展的现状来看,城市电视台数量众多,其数

---

① 钱蔚.政治、市场与电视制度——中国电视制度变迁研究[M].郑州:河南人民出版社,2002:158-159.

② 杨凤娇.中国电视新闻传播格局的变迁[M].北京:中国广播电视出版社,2009:65.

③ 郑西帆,罗钟炉,郑征予.中国地方电视台市场化之路[M].杭州:浙江大学出版社,2012:4.

量大约是中央电视台和省级电视台数量的10倍，整体上看似乎实力强大，它和中央台、省级台之间的竞争生态甚至被电视业界戏称为“群狼和狮子”的关系。[①]

此外，城市电视台的发展与当地的经济文化发展水平息息相关。由于城市发展程度不同，各城市电视台实力差异很大。目前，东部经济发达地区的城市电视台，尤其是省会城市、东南沿海城市和内陆中心城市的电视台，实力较为强大。例如，杭州电视台的新闻节目就主导了当地的新闻市场，[②]而中西部地区的城市电视台的实力较弱。在沈阳、南昌、哈尔滨、西宁、兰州等相当一部分城市，市场主要由中央电视台和省台占据，城市电视台面临着越来越激烈的市场竞争，仍需要依靠当地政府的财政支持。

三、县级电视台：精简数量 优化布局

在世纪之交，我国正积极调整经济发展战略，很多领域都在强调资源整合和资源的优化配置。在这样的局势中，我国的电视行业也积极调整结构布局，优化资源配置。

此时，各地电视台多年的建设与发展，在使电视信号覆盖面迅速扩大、电视传播力不断增强的同时，也使电视台在建设过程中出现了“散、滥”的问题。

我国电视台的数量在1997年达到高峰，仅广电系统内的无线电视台数量就高达近千座，还有1,000多座有线台，593座教育台。[③]其中，县级无线电视台为608座，其数量占到全国无线电视台数量的三分之二左右。[④]县级电视台数量多、规模小、广告收入少，部分县级电视台入不敷出，只得靠向银行举债度日，债务负担很重。[⑤]

面对我国地方电视台的低水平重复建设问题，政府出台了一系列治散治滥的措施。

---

① 郑西帆，罗钟炉，郑征予.中国地方电视台市场化之路[M].杭州：浙江大学出版社，2012：4.
② 杨凤娇.中国电视新闻传播格局的变迁[M].北京：中国广播电视出版社，2009：67.
③ 广播电影电视部社会管理司.广播电视事业管理概况[M].北京：中国广播电视年鉴社，1999.
④ 《中国广播电视年鉴》编辑委员会.中国广播电视年鉴[M].北京：中国广播电视年鉴社，1999：64.
⑤ 张健.公共频道运行中的问题及对策分析[J].南方电视学刊，2003(1)：36-39.

1997年,广电部下发《关于县(市)播出机构合并的意见》《关于企事业有线台改为有线广播电视站》的意见,重点治理县级台、部分地市级台和企业有线台。1998年,全国广电系统内的无线电视台数量下降到347座,较1997年减少了62%;558座企业有线电视台全改为有线电视站。①

2000年,广电厅(局)长会议进一步明确了对传播结构的纵向调整:"除省会城市和计划单列市外,地(市)及以下各电台、电视台、有线广播电视台逐步转为主要转播中央和省台的节目。今后广播影视系统实行中央和省(区、市)两级管理体制。"②

2001年7月,广电系统进一步提出调整市(地)电视台自办节目的频道数量,规定省会市、计划单列市和GDP超过1,000亿元的市(地)电视台,可保留现有自办节目频道,其余一律只办一个频道。县级电视台则不再保留自办节目频道,省级电视台设立的公共频道应当划出一定时段供县(市)台播出当地新闻、重大专题、有地方特点的文艺节目以及广告等。③

经过这一系列由政府主导的结构优化调整,县级电视台大量减少,但保留了新闻和专题制作能力。

在社会主义市场经济环境中,许多经济欠发达地区的县级电视台既没有良好的节目制作能力、足够的收视规模,也无法获得充足的经济支撑,电视台无法维持良性运作。

从经济角度看,政府对县级电视台的结构性调整是对于不符合市场发展规律且难以产生良好传播效果的小规模电视台的一种整合手段,同时可减少地方财政负担、优化资源配置;从政治角度看,优化结构、精简数量有利于对电视事业的集中管理。

---

① 《中国广播电视年鉴》编辑委员会.中国广播电视年鉴[M].北京:中国广播电视年鉴社,1999:53.

② 《中国广播电视年鉴》编辑委员会.中国广播电视年鉴[M].北京:中国广播电视年鉴社,2000:34.

③ 钱蔚.政治、市场与电视制度——中国电视制度变迁研究[M].郑州:河南人民出版社,2002:158-159.

第四节　地方电视事业发展新格局

进入 21 世纪，有两个重要因素影响着我国电视事业的发展。一是技术的革新带来信息传播与接收方式的变革，互联网、移动互联网不断发展，电脑、手机、平板电脑等终端设备的革新逐渐改变了媒体传播格局；二是中国社会日益多元化的发展趋势。前者改变了媒体内容生产方式、传播渠道、经营方式和受众的信息接收方式，而后者改变了电视事业发展与竞争的格局。

21 世纪，网络信息技术飞速发展，新媒体迅速崛起。艾瑞咨询发布的《2016 年中国网络新媒体用户研究报告》显示，新媒体正在取代传统媒体成为使用率最高的媒体形式。[①]另据国家新闻出版广电总局统计，近 5 年来，全国广播电视行业广告收入增幅逐年收窄，2016 年这一增幅同比下降 3.28 个百分点。到 2017 年第一季度，全国广播电视行业广告收入出现负增长，降幅为 9.77%，其中，电视广告收入同比下降 13.54%。[②]一方面，电视事业面临着来自互联网的挑战；另一方面，网络技术逐渐深入到电视内容生产、传播及营销过程中。

21 世纪对我国电视事业产生更为深远影响的社会因素是社会多元化发展趋势，即社会分化的进一步加剧，这主要体现在社会阶层和群体数量的增加。社会学家杨继绳认为当下中国社会主要由以下阶层构成：上等阶层（政府高级官员、国家银行及其他国有大型事业单位负责人，国有大型企业或大型股份公司经理，大中型私有企业主等）、中上阶层（高级知识分子、中高层干部、中型企业经理和大型企业高层管理人员、中型私有企业主、外企白领等）、中等阶层（工人、农民阶层等）、下等阶层（城乡贫困人口和失业人员等）[③]。另一位社会学家陆学艺认为，这些阶层之间的收入、生活方式、教育水准以及由此造就的媒介接受习惯都是有很大差

①② 新华通讯社课题组.习近平新闻舆论思想要论[M].北京：新华出版社，2017：225.

③ 杨继绳.中国当代社会各阶层分析[M].兰州：甘肃人民出版社，2006：341-344.

别的①。

此外,我国不同地区由于经济发展水平、社会文化的不同,形成了不同地区信息传播与受众接受程度的差异。同时,我国分层级、分区域的电视分布格局使得各地电视台根据各地区的特殊情况,探索本地电视台的发展之路,促进了21世纪各地电视事业发展的多元化。

在新的媒介环境和社会环境下,我国地方电视台积极探索自身发展之路并取得了傲人的成绩。有学者将21世纪地方电视台的发展策略称为"兼顾两头"的发展策略。一方面,在新闻传播上突出地方性,即本地服务性,促使民生新闻崛起;另一方面,在电视剧等文娱节目上,力图打破地域性,融入更大规模的文化市场。②

以江苏广播电视总台为例,在新闻方面,2000年城市频道成立,随后民生新闻节目《南京零距离》开播。该节目以报道南京、服务南京、宣传南京为宗旨,由社会新闻、生活资讯、读报、现场调查等构成。该节目受到广大观众的好评,被誉为"南京人的电视晚报"。《南京零距离》最大限度地突显新闻的"接近性",并结合实用性、服务性和趣味性,将收视群体锁定为本地市民,获得了很好的口碑与收视率。而在文娱节目上,江苏广播电视总台面向全国,打造了《天龙八部》《人间正道是沧桑》等优秀电视剧,在全国都取得了不俗的成绩。此外,江苏广播电视总台积极投资文化创意产业,突破"媒介"概念,向更广阔的领域发展。

此外,许多地方电视台纷纷走上"兼顾两头"的发展模式。例如,江苏常熟电视台作为一家县级电视台,一方面用方言民俗的新闻节目《春来茶馆》吸引观众,另一方面与中央电视台合拍电影《柳如是》,力图引进更大规模的文化产业市场。③

与此同时,随着互联网的发展,各地电视台开始布局网络发展空间。一时间,各地电视台都兴起了网络电视台的创办热潮。许多地方电视台也努力探索新媒体发展之路。

在新的媒介环境中,如何强化优势,如何实现融合转型升级,是地方

① 陆学艺.当代中国社会流动[M].北京:社会科学文献出版社,2004:5.

②③ 孟建,黄灿.当代广播电视概论[M].北京:中国传媒大学出版社,2011:87.

电视台在21世纪面临的重大课题。在转型发展过程中，地方电视台不仅面临新媒体的竞争、技术革新带来的变革压力、受众信息需求的变化，也面临来自各地固有体制机制的挑战以及各地经济文化发展差异造成的传播差异。各地方电视台能否运用本地资源和新的信息技术完成转型，决定了其今后发展的成败。因此，在媒介发展的关键时期，各地电视台纷纷投入转型升级的探索之路。

第二章　地方电视台的区域特色化发展

电视事业是我国社会主义新闻事业的重要组成部分,既具有服务性,也具有上层建筑的功能,是整个社会发展的一部分,因此也受到各类社会因素的影响。

在中国特色社会主义发展道路中,电视事业受到中国特色社会主义的政治、经济、文化、科技等各类因素的影响,同时也受到自身发展规律的制约。多种力量共同作用于我国电视事业的发展,中国的地方电视台形成了具有中国特色的发展形态。

我国地方电视台经过艰苦的创业和多年的市场化改革,从内容、产业、人事、管理体制等各方面形成了自身的发展特色。

第一节　内容生产的特点

我国电视事业的传播格局是"中央—省—市—县"四级电视台分区域、分层级传播。其中,中央级电视台和省级卫视为最主要的全国性电视信号覆盖平台。地方电视台,即省级地面频道、市级城市电视台、区县级电视台,为区域性信号覆盖平台。经过多年的探索与改革,我国地方电视台在内容生产上形成了自身的发展特色。

一、发展战略——以"本土化"策略打造地方电视节目品牌

"本土化"策略是指各地方电视台依据当地特定的社会和文化现实,遵循特定区域人群的收视习惯,制作播出极具本土特色的电视节目产品,

并形成品牌效应。这一策略以地方电视台本土受众资源为基础，以具有"接近性"的节目内容为特色，使地方电视台成为与中央级电视台和省级卫视相抗衡的有力武器。

在媒介资源丰富、市场竞争激烈、观众注意力资源稀缺的传播环境下，各地方电视台面对市场竞争所带来的生存压力，促使各地方电视台努力寻求优势资源以获得突破性发展。

目前，我国电视台在分层级、分区域的四级电视传播格局下，仅有局部区域覆盖地方电视台，即省级地面频道、市级城市电视台和区县电视台，无法在覆盖范围上与中央级电视台和省级卫视抗衡。但是，塞翁失马，焉知非福。在区域性的收视市场竞争中，正因地方电视台信号辐射范围十分有限，往往仅限于一省、一市或一区县，其受众特性更为明确、传播内容更具有针对性。因此，地方电视台内容生产的"接近性"便成为信息传播中的优势所在，地方电视台的"本土化"策略正是充分运用地方电视台在信息传播中的"接近性"优势的具体体现。

地方电视台"本土化"传播策略的核心内容是："充分遵循新闻资讯、文化娱乐信息传播中的'接近性'原理，最大限度地挖掘、利用、倚重本土化内容传播资源与形式传播资源，其中包括本地社会的政治时事、经济民生、人文风俗、历史地理、人物事件、宗教信仰等各领域的内容资源，以及本地社会文化中独特的话语系统、言说方式、叙事特征、审美评判、价值认定等每个传播元素，并把这些本地内容资源与本地传播元素整合、制作成大量具有本土文化特色的、充满本土平民气息和地域文化多样性吸引力、形式丰富多彩、本地化包装的电视节目，去赢得本地观众的喜爱，从而最大限度地占有本地电视收视市场。"①

现阶段，地方电视台"本土化"策略主要从节目内容"本土化"和表达方式"本土化"两个层面展开。

节目内容的"本土化"是指地方电视台在采集、制作、编排节目的过程中，立足本土，注重吸取并表现本地区特色化的风土人情和发展变化。一方面，各地方电视台要做好新闻和资讯的本土化。另一方面，各地方电视

---

① 郑西帆，罗钟炉，郑征予.中国地方电视台市场化之路[M].杭州：浙江大学出版社，2012：5.

台要努力挖掘本土故事,包括各行各业的人物故事、城市历史文化故事等,讲好城市本土故事,用镜头记录城市的发展。

以南京台为例,在较长的一段时间内,《直播南京》《南京新闻》是南京电视台主打的新闻栏目,也成为全国城市台的标杆。这两档节目致力于南京本土新闻,每天第一时间将南京本地发生的新鲜事件传达给市民,同时传达观点,可以说是将本土新闻做到了极致,形成了对地方主流舆论的强势引导。

在寻求新的发展进程中,南京台逐渐超越局限于本地发生的新闻意识,提出"本土化"应该包含内容本土化和视角本土化两个层面的理念。一方面要对本地信息高度重视,另一方面强化对外地信息的本地化解读能力,从而将新闻类节目和频道的定位确立为:国际视野、国家高度、本土特色。

表达方式的"本土化"是指地方电视台在节目的叙事方式和语言风格等方面,符合当地电视观众的需求,叙事方式要建立在当地居民的传统思维基础上,语言风格与当地的语言特征密切相关,可以制播极具地方特色的戏曲节目和方言新闻,以方言为依托,创设地方化的方言情景节目,努力寻求与城市居民生活习惯的一致性,并且融入市民生活的日常,同时注意提升本土化节目的品质。

央视索福瑞(2003—2008)调查数据显示,地方电视台"本土化"策略的效果十分显著:

从静态市场份额占有率来看,相较于中央电视台、省级卫视,许多地方电视台在本地收视市场上占有很大优势。例如,苏州广播电视总台、扬州广播电视总台、温州广播电视总台等,它们获得的市场份额占整个市场的 1/3 以上,有的甚至超过或接近 50%。[①]

从市场份额占有率的动态发展上看,地方电视台的市场份额占有率呈上升趋势。

因此,从目前的发展情况来看,地方电视台的"本土化"战略十分必要且行之有效。一方面,"本土化"战略使地方电视台在激烈的市场竞争中

① 郑西帆,罗钟炉,郑征予.中国地方电视台市场化之路[M].杭州:浙江大学出版社,2012:17.

赢得一席之地，获得了良好的经济效益的同时，也找到适宜的发展路径。另一方面，“本土化”战略保留和传承了地方特色文化，例如地方语言、地方戏剧、地方美食等极具地域特色的文化。

二、文化借势——塑造“区域性”电视文化名片

在疆域辽阔的中国，每个不同区域都根植着各具特色的区域文化，作为文化产业的一部分的电视媒体必须发挥其文化特性，一个省级电视台是一个省文化特色的体现，一个城市电视台也应当集结一个城市文化的精华，以区域特色构建地方媒体品牌。因此，城市电视媒体纷纷主打区域特色节目，并进行频道化编排，使节目由点及面呈现，使观众的遥控器能够锁定本地节目。

霍尔认为“文化的功能之一便是在人与外部世界之间树起一面选择性很强的网筛”[①]，受众在接受信息时会有选择性地接近与自身文化背景贴近的部分，自动过滤其他无关内容，这就为地方媒体发挥区域文化特色，打造区域文化品牌提供了理论支撑。

党的十九大报告指出，我国社会主要矛盾已经转化为人民日益增长的美好生活需要和不平衡不充分的发展之间的矛盾，人民的美好生活需要日益广泛，对物质文化生活提出了更高要求，这说明我国人民对精神文化的要求日益增长。

党的十七届六中全会审议通过了《中共中央关于深化文化体制改革、推动社会主义文化大发展大繁荣若干重大问题的决定》，确立了建设社会主义文化强国的战略目标，对推动社会主义文化大发展大繁荣作出了战略部署，奠定了我国文化产业发展的主题基调。

2017 年 5 月初，中共中央办公厅、国务院办公厅印发的《国家“十三五”时期文化发展改革规划纲要》指出，文化是民族的血脉，是人民的精神家园，是国家强盛的重要支撑。坚持“两手抓、两手都要硬”，推动物质文明和精神文明协调发展，繁荣发展社会主义先进文化，是党和国家的战略

① 霍尔.语境与意义[M]//莫滕森.跨文化传播学：东方的视角.关世杰，胡兴，译.北京：中国社会科学出版社，1999.

方针。

作为文化产业的一部分，地方电视媒体与受众有天然的地理接近性和文化亲和力。在激烈的市场竞争中，建构区域特色文化是地方电视台的一大优势。因此，全国各地的地方媒体都充分发挥自身这一地缘优势，挖掘城市历史文化，利用地方文艺资源，有些地方媒体还打造了反映地方特色文化的方言节目，拉近与本地受众的距离，打造区域文化名片，在提升本土影响力的同时，还担负着带着区域文化走出去，推广区域文化特色的职责。[①]

以佛山电视台顺德频道为例，顺德频道经过多年的励精图治和精心打造，从区域文化特色出发，目前已经初步形成了“新闻类”“服务类”和“活动类”三大节目带。品牌栏目《顺视新闻》《涛哥话事》《顺商传奇》《生活与法》《滋味叹世界》等在顺德地区已经深入人心，具有相当的影响力。此外，依托于顺德地区火热的经济文化发展，顺德频道每年举办、直录播的重大活动、大型晚会超过40场。同时，顺德频道致力于实施品牌战略，“欢乐龙舟文化节”“南国书香节之顺德书展”已成为顺德规模最大、影响最广、参与人数最多的文化品牌活动。

三、功能转型——强化地方电视台“服务性”

在我国，作为现代传播媒介的电视媒体，不仅是党、国家和人民的喉舌，具有明显的意识形态属性，也是保障百姓基本文化权益的重要途径，具有显著的公共属性。随着我国行政管理体制改革和政府职能转变的逐步推进，公共服务已经成为政府的基本职责和主要任务。因此，尽管我国电视台不是完全意义的公共电视性质，但是大都承担着公共服务的角色和任务，一方面承载着为城市或区县的公共文化建设进行服务的功能，另一方面也要争夺市场份额。

在当前的公共服务范畴中，电视媒体公共服务既是重要内容，也是重要分支。在构建公共服务体系的进程中，广播电视始终处于先导性和基础性的地位。它以满足百姓文化需求、传承民族文化和提高国民素质为

① 严克勤.解析城市广电[M].北京：中国广播电视出版社，2010：177.

目标，以无线、有线、卫星等传输覆盖网络为基础，以频率、频道等传输渠道为载体，以新闻报道、信息服务、知识普及、娱乐生活等为内容，具有内容服务和平台服务的双重属性。

课题组调研过江浙一带的民生节目，其中最重要的概念就是大家都做“帮忙”，如《马大姐帮忙》《钱塘“老娘舅”》等。其他的比如河南台经济生活频道的《小莉帮忙》、安徽经济生活的《帮女郎》、南京台的《陆姐帮忙团》、山东台的《生活帮》等，都在当地产生了收视高潮。“帮忙”就是服务，是一种基于公共媒体平台的社会服务。把服务做足，才能让老百姓觉得这个媒体是他们生活中的必需品，时刻可以相伴。这就像我们理解各地城市交通广播普遍都受到欢迎一样，节目是伴随性的，是人们生活中必需的一部分。我们认为，城市台的贴近性和服务性，就是发挥媒体手和脚的功能，让老百姓觉得有用。

此外，在提升地方电视台服务性的同时，地方民生节目也努力从“小民生”转向“大民生”。从百姓的角度看待百姓的生活，此为“小民生”；新闻工作者从平民百姓的角度，去反思国家的各项政治经济、社会政策及其对百姓生活的影响，此为“大民生”。因此，民生新闻不仅要关注地方性事件，也应当关注重大的社会议题、热点现象和政策解读。为了提升民生新闻的公信力、美誉度、引导力，增强自身的核心竞争力，民生新闻积极吸收了公共新闻的这一价值理念，认真关注公众的公共利益，避免平民意识形态的过量渗入，以达到民众关心与政府满意之间的平衡。以河南台民生频道《民生大参考》为例，该栏目 2004 年 1 月 1 日开播，开播至今，收视率节节攀升，目前已成为省会电视台民生新闻的领军栏目。它播发的新闻《李香荣寻亲》(系列报道)、《暗访注水猪》、《名牌牛奶如此制造》等，引起了强烈的社会反响，一度成为老百姓街谈巷议的话题。《民生大参考》发起的民生服装节开创了中西部的服装会展品牌。栏目组织的九月圆梦、创业之星等大型公益活动，已经成为贫困学子和创业者的荣誉盛典。

在新媒体时代，受众资源被网络大量抢占是地方电视媒体必须面对的现实。但是，新媒体在给地方电视媒体带来挑战的同时也为地方媒体的创新发展带来了机遇。近年来，地方媒体通过打造全媒体移动客户端，实现内容多渠道分发,增加问政通道、资讯宣传、生活服务等功能,利用移动终端的便捷性与地理位置的接近性,最大限度地强化了地方媒体的公共服务功能。

苏州台重点打造的城市生活服务类手机 App“无线苏州”突破了苏州广电媒体原有的单一平台传播模式,运用移动终端智能应用推送资讯、服务使广电网、物联网、通讯网、因特网“四网”进行了真正的“融合”,达到了新媒体和传统媒体的真正融合,实现了电视屏、电脑屏、手机屏及车载屏“四屏互动”。截止到 2013 年 7 月,“无线苏州”的用户下载量达到 100 万,其中,苏州本地用户占 90% ,这说明“无线苏州”的融媒体尝试取得了成功。

顺义区官方政务微博“绿港顺义”于 2011 年 12 月正式登录新浪、腾讯和人民网三大微博平台,成为北京市第一批 87 家政务微博群成员之一,依托新浪平台优势,着力打造以“绿港顺义”官方微博为核心的政务微博矩阵。截至目前,微博“绿港顺义”拥有粉丝 51 万余人。由顺义区委区政府支持的顺广传媒公众微信号(sytv1994)自 2015 年元旦正式上线。该公众号是顺义广电中心旗下的新媒体部推出的最大、最权威的资讯、娱乐、社交综合服务流媒体平台,顺义广电中心着力将其打造为“群众交流平台”“群众管理平台”“宣传引导平台”和“融合服务平台”。新版手机版网站于 2014 年 9 月 15 日正式上线,采用最新的 HTML5 手机网站开发语言,设置“魅力顺义”“政务公开”“投资新城”和英文版“区情介绍”4 个频道。该手机版网站依托顺义地区的特色资源优势,整合区域发展现状,以服务和宣传为主要目的。

第二节 体制构建的沿革

体制是指国家机关、企业、事业单位等的组织制度。我国广播电视行业均属于事业单位,因此,地方电视体制就是指各地方电视事业单位的组织制度,包括管理体制、制播体制、人事体制等各方面的管理系统。①

---

① 张寿康,林杏光.现代汉语实用搭配词典[M].北京:商务印书馆,1992:1123.

20世纪80年代，我国广播电视体制基本确立，此后，历经多次改革，以下从管理体制、人事体制、制播体制3个方面进行阐述。

一、管理体制

1991年，财政部印发关于《广播电视事业单位财务管理办法》的通知指出，有能力自收自支的广播电视事业单位，实行“核定收支，以收抵支，定额上缴，减收超支不补，增收节支留用”的自收自支管理办法，实质上确立了广播电视台自主经营、自负盈亏的管理制度。此时，我国虽未明确提出事业单位企业化管理，但已出现企业化趋势。①

1992年邓小平南方谈话后，我国由计划经济转向市场经济，明确要求我国第三产业能够做到基本的自负盈亏，广播电视行业名列其中。自此，我国广播电视体制“事业单位，企业化管理”的步调基本确立。

1999年，为了解决我国广电资源较为分散的情况，我国开始大范围地实施集团化战略，以提升市场竞争力和抗风险能力，从1999年成立的无锡广播电视集团开始，我国先后有20多家广电集团成立，对全国的电视台体制产生了影响，过去分散的各类地方媒体资源开始合并。

综合来说，目前我国广播电视实行“双领导”体制，省级及以下的广播电视台政治上受辖区内党委宣传部的领导，行政上则受地方广播电影电视局的领导，虽然集团化、企业化的管理模式已经开始实施，但在地方媒体并没有真正得到体现，部分成立了集团的地方媒体也基本上仅仅是“一套班子、两块牌子”，从机构到管理都仍实行“局台合一”的管理体制。②

2009年5月19日，《国务院批转发展改革委关于2009年深化经济体制改革工作意见的通知》（国发〔2009〕26号）指出：“落实国家相关规定，实现广电和电信企业的双向进入，推动‘三网融合’取得实质性进展（工业和信息化部、广电总局、发展改革委、财政部负责）。”根据《2014年中国广播电视年鉴》所述，2014年，三网融合进入全面推广阶段。

如今，在新媒体技术发展和三网融合的广泛推进下，实行“事业化单

---

①② 李作鹏.中国广播电视体制的改革及其突破向度研究[D].长沙：湖南大学，2016：16.

位，企业化运行”的广电集团所采用的相对封闭保守的管理体制与机制已经不再适用，在媒介融合的进程中，要进行关键机制的创新。根据《2016—2017 中国电视媒体融合发展报告》，上海广播电视台改革人事组织机制，创新内部组织结构和运行机制，按照新的业务流程调整部门设置、人员配备，破除部门之间的藩篱与壁垒，以此支撑“中央厨房”的发展。但是，这样的创新改革仅停留在中央及各省有影响力的媒体中，许多地方电视媒体仍止步不前。地方电视媒体也应敲响警钟，顺应时代发展趋势对自身体制做出改变。

二、人事体制

在我国电视事业刚刚起步时，电视台的属性是完全的事业单位属性，人事制度也采用与政府机构相同的事业编制。在中国向市场经济转变以后，市场竞争活跃，我国各地方电视媒体也开始进行事业单位企业化运行改革。电视媒体进入高速发展阶段后，也成为了市场竞争的主体，过去人数受到限制的事业编制已经不能再满足当今大量的电视人才需求，于是各地电视媒体的人事制度也随之被调整。

如今，全国各个地方电视媒体已经基本完成全面推行聘用合同制度，完全或者部分地打破了事业编制给电视媒体人才引进带来的桎梏，改变了“养老式”的终身制用人制度。目前，各地方电视媒体机构可分为两种属性，一种是仍属于事业单位性质的广播电视总台，另一种是分离出去转制为企业的广电集团。① 领导层诸如总台台长或者集团董事长的一级任命权在党委，其余人员一律采用合同制，合同也不再是终身制而是按需求分为长期、中期和短期，根据能力竞聘上岗，双向选择。在分配制度方面，采用基本工资加绩效工资的工资组成方式，由工作能力和工作质量来决定收入，有些地方电视台对部分人员采用了“零基本工资”制度，以此来刺激形成人才竞争机制。

2017 年初，中央全面深化改革领导小组第三十二次会议审议通过《关于深化中央主要新闻单位采编播管岗位人事管理制度改革的试行意

---

① 李作鹏.中国广播电视体制的改革及其突破向度研究[D].长沙：湖南大学，2016：33.

见》，要求既充分发挥事业体制凝聚人才的重要作用，又善于运用灵活用人机制激发新闻舆论工作队伍活力，探索新形势下吸引使用人才、评价激励人才、培养管理人才的有效措施。同时，加强对互联网新闻、移动直播的监管力度，以应对当前媒介环境下人才竞争激烈，传统媒体人才流失的严峻现状。

三、制播体制

2004年，国家广电总局公布《2004年广播电视工作要点》，正式在中央文件中提出促进制播分离改革的政策，我国在全国范围内推进制播分离。制播分离的概念来自于英文“Commission”，即“委托制作”，是指电视播出机构将部分节目委托给独立人或独立制片公司来制作[①]。我国最早采用制播分离的是电视剧领域。如今，制播分离的制播体制已经成为我国广电发展的一大趋势，中央及各大省级卫视都进行了试验并取得成功，例如浙江广电集团与灿星文化传播制作公司合作引进的《中国好声音》成为了一档现象级娱乐节目。

制播分离可以分为外部分离和内部分离两个方面。外部分离有两种形式，一种是委托民营制作公司或独立制片人来制作，例如《中国好声音》；另一种是直接通过购买播放权的形式进行版权购买并播出。内部分离是指各电视台将自身的播出机构和节目制作相对分开：播出机构主要负责节目的购买、审查和编排播出；而节目制作机构则成为财务独立核算的公司，是台属、台管、台控的企业，负责节目的策划、投资、制作、营销等环节，其生产的节目既可提供给所属电视台，也可以卖给其他电视台播出。[②]

地方电视媒体具有天然的地缘优势和亲和力，其主打节目和优势是发挥区域文化特色的自办节目，所以在制播体制方面还仍然采用制播合一的方式，部分地方电视台进行了制播分离的改革尝试，大多是采用第二种内部分离的方式，以此来规避大规模资源投入和尝试可能带来的风险。

---

① 严克勤.解析城市广电[M].北京：中国广播电视出版社，2010：177.

② 李作鹏.中国广播电视体制的改革及其突破向度研究[D].长沙：湖南大学，2016：32-33.

第三节　产业发展的特点

在经济体制改革的大潮下,我国电视事业开始了市场化的改革。首先,电视台的功能和定位发生了变化,电视台既履行党和政府的喉舌职能,又是信息产业主体,实行“事业单位,企业化经营”,通过市场化运作获得经济效益。①

进入21世纪以来,我国文化产业在政府主导下呈现出快速发展态势。十九大报告指出,十八大以来的5年,我国公共文化服务水平不断提高,文艺创作持续繁荣,文化事业和文化产业蓬勃发展。在全面深化改革的背景下,我国文化产业升级的首要任务是释放产业价值,将文化产业的精神价值与经济效益深度融合,充分发挥社会资本的作用,并让全体社会成员都能够共享发展成果。②

广播电视媒体作为我国文化产业的重要组成部分,强化自身文化引领地位,顺应文化体制改革的大方向,在产业发展上实行集团化战略以实现资源集成。地方电视媒体作为各地方宣传思想的重要阵地和文化产业的重要部门,充分利用政府在文化产业方面给予的优惠保障,立足于区域文化资源和特色,开发相应的创意品牌栏目,并开展一系列线下活动形成品牌效应,孵化区域文化产业链,开发延伸产品,利用电视媒体的传播优势,以文化特色反哺文化产业,完成了地方文化产业的转型升级。

在新的媒介环境中,我国地方电视台正积极探索尝试新的产业发展路径。

一、以新型合作模式深化电视媒体产业化

在融媒体时代,广告合作如果只谈内容与收视是远远不够的。头部省级卫视的广告合作模式都有了新的探索,一方面将传统电视最大的优势——公信力变现;另一方面将内容对应于渠道和终端,转化成可销售的

---

① 杨凤娇.中国电视新闻传播格局的变迁[M].北京:中国广播电视出版社,2009:39.

② 张振鹏.我国文化产业转型升级的四个核心命题[J].学术论坛,2016(1):142.

营销资源。比如湖南卫视利用自身原创节目团队，为企业和客户拍制原生广告；江苏卫视将实行剧场销售 IP 化，在剧场冠名、首席特约、剧场特约三大常规产品之外，全新力推大剧独家巨献、大剧彩蛋秀、微博话题榜、大剧明星说、大剧联合献映、大剧衍生产品等多种创新广告产品；北京卫视开拓了垂直细分产业的周间栏目带，直接延伸至广告品牌的下辖领域，提供精准化的投资报偿，同时每周六晚间播出一档名为《超级新发布》的新节目，目的是为各个品牌的新品发布会提供服务。省级卫视的多种新型广告合作模式的探索与尝试为其他省级电视台提供了经验，并且这种将公信力变现的主要理念也将成为指导。

海南广电通过“媒体＋产业”进行深度融合，通过台网融合形成线上线下的联动，扩大媒体影响力。2017 年，旅游卫视和腾讯体育共同投资设立了股份制合资企业——北京微动空间传媒有限公司，以旅游行业投资服务、时尚旅行、休闲体育及跨屏新媒体运营发展为主要业务。2017 年开播的《健跑中国》是旅游卫视与百视互动体育合作创办的旅游新形态“体育＋”节目，以第一视角呈现马拉松现场，并与咕咚 App 和赛事服务平台等线上企业广泛合作。“自由行海南”由海南广电旗下新闻频道新媒体部门创办开通，主要为粉丝提供自由行攻略和特惠服务，以“服务＋推广＋分成”的营销模式联系品牌商家，与免税易购、希尔顿酒店、海口万春会等多个品牌合作，进行广告推广。

与此同时，在台网融合方面，海南广电也做出了不同的尝试。《鲸鱼旅游排行榜》与 YY 直播合作，由旅游卫视主持人与网红进行合作，挖掘各地美食与有趣旅游景点并进行推介，打造业内权威旅行榜单。旅游卫视还打造了首档跨媒体午间旅游直播节目《旅游大视野》，与直播平台合作直播旅游事件，并且发动自媒体拍客上传视频进行用户内容生产，推荐新鲜旅游地点。

在当下移动终端用户增长、用户消费习惯变更的大背景下，广东广播电视台做出推进媒体融合、占领移动终端的供给侧调整。除了广东网络电视台与“南方新媒体产业群”外，从 2016 年开始，广东广播电视台重点打造媒体融合“拳头产品”，并陆续推出“荔枝直播”“触电新闻”两大重点标杆产品。

二、以市场化手段加强电视媒体融资能力

改革开放以后,我国开始进行广播电视体制市场化改革,引入了商业运作经营,在遵循党和政府的指导的同时,开始不断制作符合市场竞争需求的媒介产品。近年来,国家也在不断调整相应的政策,比如制播分离、建立影视集团等,给予电视台更多的市场化运作空间,电视台的体制机制也更加灵活。正如童兵教授的比喻一样,经济建设和媒体就是水和鱼的关系,强大的经济基础为媒体提供了强大的广告市场,媒体也为社会经济发展提供了推动力。① 改革开放以来,我国经济稳定持续发展,为电视台提供了强大的物质保障。

积极投身市场化运作的地方电视媒体运用市场化手段,加大了媒体融合资金支持。例如,上海广播电视台借助SMG集团和东方明珠新媒体,在媒体融合过程中树立了自己的平台优势和生态产业链。阿基米德项目正在实行二轮融资,该项目利用内部制播分离和混合所有制改革等市场化手段,推动五星体育、炫动传播进行市场化转型。在未来,上海广播电视台还将投资5个亿用于媒体融合转型、技术研发,对优质项目和内容提供资金支持,为媒体融合繁荣发展奠定基础。

广东电视台在2010年开办南方新媒体公司经营业务,与百视通等公司合作开发手机台、增值业务,与邦信基金合作引入8,000多万的资本融资。

2016年3月27日,总规模百亿的首支媒体融合投资基金——广东南方媒体融合发展投资基金在广州成立,广东广播电视台作为共同发起人之一,重点支持媒介融合典型项目“触电新闻”App等。基金设立专业团队进行管理,建立科学规范的决策投资机制,还将主要面向工商企业、投资机构、保险公司、银行等机构募集资金,积极吸引社会资本参与,创新资金来源。

---

① 李双龙,张志安.聚焦传媒入世 探索经营创新——2002首届上海传媒高峰论坛热点话题[J].新闻记者,2003(1):6-9.

广东广播电视台旗下的南方新媒体公司积极发展 IPTV、互联网电视业务，其中 IPTV 业务用户数达到 500 万户。南方新媒体公司开发出自主终端“@视”互联网机顶盒，并与腾讯共同推出“云视听·企鹅APK”，同时也引入了腾讯公司资本，2016 年市场估值已达 16 个亿。

2016 年 11 月 17 日，广东广电举办“广东台全媒体嘉年华”，将传统媒体资源与新媒体资源融合，面向广告客户进行推广，吸引了来自全国各地的广告公司、互联网企业、合作伙伴等数千人参加，现场签约项目 14 个，金额超过 20 亿元。

近年来，广东广播电视台通过参与发起投资基金、推动旗下新媒体子公司建设、新媒体广告营销等方式来推进媒体融合产业纵深发展，形成了资本联动与经营创收。

三、以集团化发展实现电视媒体资源集成

集团化是市场经济中的一种制度安排，广电产业集团化是一个按市场化原则进行资源整合的过程，即由若干广电产业实体及其相关的经营实体按照市场运作规律和现代企业制度，通过联合、兼并、控股等方式形成广电产业集团的过程。①

20 世纪 90 年代末，在广电总局统一部署下，我国电视行业开始了全国范围的集团化改革。1999 年 6 月，作为广播电视集团改革试点，无锡广播电视集团成立，成为我国第一个广播电视集团。② 1999 年 9 月，《国务院办公厅转发信息产业部国家广播电影电视总局关于加强广播电视有线网络建设管理意见的通知》（国办法[1999]82 号）规定，在省、自治区、直辖市组建包括广播电台和电视台在内的广播电视集团。

与美国电视业以私有制为主的情况相比，我国电视媒体是国有制，但这并不意味着我国的电视行业完全不参与市场竞争。事业单位与企业单位的划分是我国特有的模式，最初，作为拥有重要政治属性的舆论阵地，电视媒体实行的是事业单位管理的运行模式，由国家直接拨款，这样的模

---

① 方瑛.广电产业集团化运作研究[D].杭州：浙江大学，2004：2.

② 杨凤娇.中国电视新闻传播格局的变迁[M].北京：中国广播电视出版社，2009：51.

式有其优点,但是我国市场经济繁荣后,弊端凸显。于是2001年,中共中央办公厅、国务院办公厅转发的中央宣传部、国家广电总局、新闻出版总署《关于深化新闻出版广播影视业改革的若干意见》(中办发[2001]17号文件)规定,我国广播电视集团属于事业性质,实行企业化管理,并要求建立健全党委领导与法人治理结构相结合的领导体制及宣传业务与经营业务相对独立的组织结构①。

在这一政策背景下,也基于经济形势的驱动,媒体的经济属性开始凸显,电视媒体也开始走向产业化,为发挥其产业价值,成立更便于企业化运营的广播电视集团就成为了地方电视媒体的必然选择,这是市场竞争的结果。

这种发展战略有利于将长期以来处于分散式"条块分割"状态的各级地方电视媒体集合起来,包括广播、电视在内的不同媒介之间进行资源整合,各自利用自身不同的媒介优势,互相促进发展。在新媒体时代,这种发展战略更有利于抓紧发展契机,依托广电集团推进媒介融合,开辟网站、两微一端、IPTV等新形式,形成台网联动。

---

① 罗霆.中国电视媒体的系统战略研究[M].北京:中国广播电视出版社,2011.

第三章　地方电视台受众的构成与变迁

第一节　地方电视台受众的构成

受众(audience)这一说法最早出现在威尔伯·施拉姆所著的《传播学概论——传媒、信息与人》一书中，其含义是在传播过程中的另一端的读者、听众与观众的总称。[①] 电视受众，顾名思义就是指电视观众。

在传播学家拉斯韦尔提出的5W传播模式中，受众研究是不可或缺的一环，作为传播内容的接收者，受众虽然处于传播链的末端，但是会对传播内容做出反馈，甚至影响今后传播者的传播行为。

作为传播者的媒体对受众的态度经历了一个漫长的发展时期。在早期强效果的"魔弹论"时期，媒体将受众视为对媒介内容毫无抵抗力的"靶子"，后来发展到"两级传播论"时期，媒体又认为受众对媒介内容具有极强的抵抗力。

随着媒介资源不再稀缺，越来越多的媒体开始为了赢得受众而展开激烈竞争，"受众本位"逐渐回归。同时，媒介技术的发展、互联网的出现打破了线性传播范式，受众可以随时随地搜索自己想要的内容，并且，受众也可以通过社交媒体发布信息，快速互动反馈，反过来对电视传播产生影响，这也进一步使得受众主体性地位充分得到重视。

传播学者施拉姆曾提出一个著名的受众选择公式："受众选择的或然率＝报偿的保证/费力的程度。"从中我们可以得出结论，即受众如若选择某

① 陈力丹，白贵.解读受众：观点、方法与市场[M].保定：河北大学出版社，2001：116.

个媒体，必定会对这个媒体所能提供的信息、娱乐或服务提出要求，也就是说越能满足受众需求的媒体，就越容易被选择。在媒介资源丰富的今天，受众接触每一种媒介都是轻而易举的，在这种情况下，能否满足受众需求就成为了一个决定性因素[①]。尤其是在当今互联网的冲击下，电视媒体必须充分重视受众的主体性地位以重新获得被网络所分散的受众注意力。

地方电视媒体熟知这座城市或区域长期积淀下来的文化特色，最了解区域受众的收视习惯、生活方式和文化需求，这是城市台得以安身立命的最大优势，也是核心竞争资源的获得之处。反过来，了解地方电视台的受众构成情况，也是电视媒体发现自身不足，“对症下药”以改进自身的最好办法。

由权威的尼尔森数据可以发现，城市电视台的观众群体整体年龄偏大，中老年、离退休的收视群体是城市台的忠实受众，而年轻、高学历群体到达度、忠实度都偏低。

CMS媒介研究调查数据显示，2016年，25岁以下年轻观众群的收视量降幅收窄，而35—54岁中年观众的收视量加速下降，55岁以上观众的收视量有所上升。可以看出，电视台的受众构成以中老年为主要人群，并且电视台还面临着中年人群快速流失的风险。

根据《中国电视收视年鉴(2014年)》，2014年，吉林电视台的乡村频道65岁及以上的受众占21.5%，55至64岁的受众也占到了21.3%，25至34岁的年轻收视群体仅占7.3%，这表明地方电视台还是以老人为主要受众，对年轻人缺乏足够的吸引力。

第二节　地方电视台受众变迁成因

习近平总书记在党的第十九次代表大会上指出，经过长期努力，中国特色社会主义进入了新时代，经济建设取得重大成就，经济保持中高速增长，在世界主要国家中名列前茅，国内生产总值从五十四万亿元增长到八十万亿元，稳居世界第二，对世界经济增长贡献率超过百分之三十。

扎实的经济基础为开放多元的社会文化发展提供了动力源泉，我国文

① 张春朗.区域性广电传媒发展研究[M].北京：中国广播电视出版社，2009：57.

艺创作也处在高速发展时期，文化事业和文化产业蓬勃发展。此时，习近平总书记提出了文化自信的正确道路。我国向国际开放经济的同时，也引入了国外各行各业的先进思想和理念，为中国社会注入不一样的活力。

经济和文化的共同繁荣促成了现今多元包容的社会环境，几乎每个领域、每种文化都有无数拥趸，而每天来自不同地方和国家的新思想相互交融，也使受众对信息的需求急剧增加，信息需求不仅包括过去的与身边环境相关的信息需求，而且正在向多样化和细分化的方向发展。

同时，随着义务教育的普及，中国的受教育人口比重明显上升。截至2015年，根据国家统计局数据，同2010年第六次全国人口普查相比，每10万人中具有大学教育程度的人数由8,930人上升为12,445人，这表明受众的媒介素养正在提高，受众接触媒介的可能性和能力在增加，并且在使用媒介时更加敢于展现主体诉求，也更具有辨别是非的能力。

一、媒体融合的深度推进

过去，受众与媒体的距离是非常遥远的，反馈也是通过电话或者问卷调查这种极其缓慢并且效率低的形式，媒体的传播内容几乎不会被受众左右，在传受关系中，媒体处于权威地位。卫星传输、互联网、手机等技术成熟后，首先改变的就是受众的反馈速度，在网络上，受众可以在收看节目的同时发表评论，实时反馈。媒介资源不再稀缺，各式各样的媒介共同抢夺的受众注意力成为稀缺资源，当今的传受关系是受众在用遥控器选择传播者。

媒介技术的发展从根本上改变了受众的地位，智能手机的出现几乎是将所有形式的内容集合到手机这一终端上，并且使互动的可能最大化。如今，无论是报纸的读者、电视的观众、广播的听众，还是网络用户其实都可以被统称为手机的用户。

就电视媒体而言，数字化电视、交互式网络电视（IPTV）、手机电视为其提供了新的发展模式。在网络电视上，受众可以自行搜索想看的内容，并且能够根据喜好订阅甚至定制内容。同时，网络电视还能提供互动功能，做到实时反馈，例如上海网络电视台就向用户提供了即时互动功能，用户可以一边看电视,一边在播放框旁边的聊天室里“评论节目”“分享电视”,同时还能将喜欢的视频截成任意片段,直接发给好友分享。

过去电视上播什么受众就看什么,而现在,受众想看什么媒体就要提供什么,受众需要什么样的服务就会有相应的媒介形式应运而生。可以说,随着媒介融合的深入推进,受众地位发生了颠覆性的改变。

二、受众主体性愈发突出

开放多元的社会发展、繁荣璀璨的大众文化、日益深入的媒介融合都促进了受众地位的提升,受众主体性越发突出,具体表现在 3 个方面。

(一)受众知情权得到极大满足

拉斯韦尔曾经总结出大众传播的三大功能,其中第一大功能便是环境监测。作为社会中的主体,受众会格外关心与自身生存环境直接相关的信息,以观测生活中的危险或危机状况,以此来指导自身行为。在现代社会中,每一个公民都拥有知情权,即拥有获取有关社会公共领域信息以及与本人相关信息的权利。具体到受众知情权,就是指受众通过电视媒介获取上述信息特别是公共生活信息的权利[①]。

在媒介形式比较单一的过去,信息传播也较为集中,并且议程设置的主动权掌握在媒体手里,虽然媒体从业人员致力于报道与受众息息相关的事实,但是媒介资源有限,受众的诉求也不够凸显。

如今,我们来到了一个信息爆炸的时代。就网络而言,各种类型和世界各地的信息在第一时间被发送上去,满足受众的信息需求。就电视而言,我国各层级电视媒体数量众多,各自都有不同的发展战略和内容定位,在不同角度和领域全方位地满足受众的信息需求。技术的发展也使得直播常态化成为现实,受众不仅可以第一时间了解事件,还可以同步参与事件。

另外,在社交媒体上,受众可以发表观点,表达自己的主体诉求,以此来左右媒体的议程设置。在一些重大的公共事件上,受众经常自发集结

---

① 胡颖.中国电视受众主体地位的确立与提升[D].南京:南京师范大学,2008.

形成舆论声势，倒逼媒体满足受众的知情权。因此，在当今时代，受众的知情权已经得到极大满足。

（二）受众选择性变得极为丰富

根据尼尔森发布的《2018中国家庭大屏产业生态发展白皮书》，我国已经迎来了泛媒体时代，无论是家庭还是个人终端都呈现出多样化渗透（见图3-1），这里的“泛”指的是从内容的表现形式到内容的承载平台，从涉猎主题的广泛到行业渗透的广度与深度，都正在走向泛化。如此多样的媒体和大量的内容给受众提供了极其丰富的选择空间，可以说，无论受众有何种类型的需求，都能够在泛媒体时代得到满足。

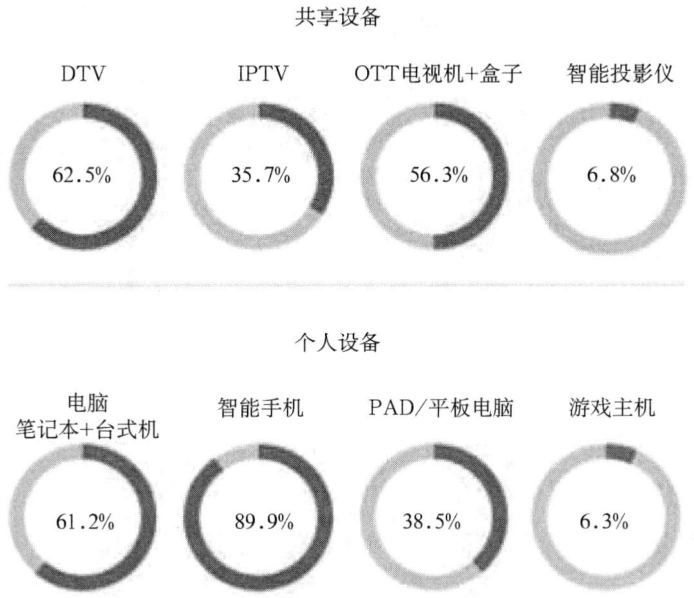

图3-1　终端种类及受众占有率

（三）受众的反馈得到足够重视

前文提到，受众可以通过多种方式和渠道对所观看内容进行实时反馈，为了获得并保持受众的忠诚度，这种反馈都会得到媒体的重视。这种重视有两种表现形式：一是在节目播出后，根据受众反馈对节目内容或形式进行快速调整;二是在节目播出时,实时邀请受众参与并反馈,让受众来决定节目的发展走向。例如,东方卫视 2014 至 2016 年推出的季播综艺节目《女神的新衣》,采取了即看即买的 T2O(TV to online)模式,电视牵手电商,来自电商的“四大买手”有权选择哪位女神能够继续留在舞台上,并有权选择要买下哪些服装设计在网络销售平台上出售。电视节目的高收视率会转化为电商平台的高销售量,高销售量又会营造网络热度,反哺收视率。

第三节　地方电视台受众变迁的主要表现

一、媒介层面:多屏互动改变了受众的收视习惯

随着技术的推动和经济的发展,受众参与传媒活动和获取传媒产品的方式和要求也随之发生了巨大的变化,促使新的媒介形式不断涌现,以微信、微博与移动应用客户端为代表的“两微一端”移动互联网新媒体日臻成熟。智能手机的便携性使得内容传播趋向于碎片化,改变了过去对时间和场景有严格要求的媒介接触形式,受众的收视习惯因此产生了巨大的变化。

中国互联网络信息中心(CNNIC)2017 年 8 月 4 日发布的第 40 次《中国互联网络发展状况统计报告》显示,截至 2017 年 6 月,中国网民规模达到 7.51 亿,互联网普及率为 54.3%,在 7.51 亿网民中,手机网民占比高达96.3%,规模约为 7.23 亿。根据艾瑞调研数据,有近九成中国网民会在观看电视时使用其他智能终端,其中以智能手机为主要终端。网民使用多终端的最主要原因是已养成使用智能手机等终端的习惯,且指出养成这一习惯的原因之一是社交需求的增强,见图 3-2。

以智能手机、平板电脑为代表的移动互联网屏幕终端,冲击着以电视为代表的传统媒体,电视媒体的深度改革势在必行。传统电视媒体在与移动互联网媒体或屏幕终端的竞合中,三网融合逐步推进,催生了多屏互动的传播方式。

多屏互动指的是在不同的终端设备之间可以相互兼容、跨越操作,

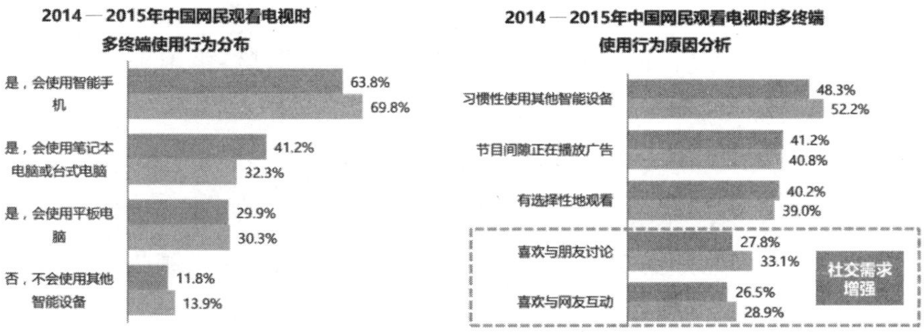

图 3-2　2014—2015 年中国网民观看电视时多终端使用行为分析

实现数字多媒体内容的交互，可同步不同屏幕的显示内容，通过智能终端实现控制设备等一系列操作。① 虽然新媒体的出现对传统媒体造成了冲击，但是若传统媒体能够合理运用新媒体与自身融合进行多屏互动，也能反过来使其有机会重获受众的注意力。

如今，电视节目开始重视受众的社交需求，尝试与微博、微信等社交平台的手机屏幕终端互动，运用二维码技术发布节目幕后或者周边资讯，以利用受众多终端的收视习惯抓取受众注意力。

以南京台为例，南京台新闻综合频道依托在全国领先的全媒体演播室，注重打造所有品牌节目的全媒体传播特色。《民声》栏目融合了多种新技术、新理念，借助演播室大屏、电视屏、电脑屏、手机屏等，通过短片播放、微博发布、微信参与、视频连线、网络投票等多种互动手段，实现公仆、市民面对面倾听、心连心交流。此外，该节目从选题确定阶段就充分体现互动性，栏目组会提前公布候选选题，市民可登录南京广电网参与投票，得票最多的选项将被确定为下期选题。市民还可通过南京广电网、新浪江苏网等途径，报名参与并有机会走进演播室。在节目录制时，南京交通广播 FM102.4、新浪江苏网、南京广电网等媒体同步全程直播。

二、频道层面：卫视崛起丰富了受众的频道选择

卫视指的就是卫星电视，我国的卫星电视从 1985 年中央电视台通过

① 湛亚莉.电视节目多屏互动发展研究[D].长沙：湖南大学，2015：7-8.

卫星发送开始，1989 年，西藏和四川两家县级电视台节目相继被批准上星，1999 年，我国 31 个省级电视台全部实现频道上星，中国的卫星电视取得了极大的发展。①

由此，中国电视业形成了中央电视台—省级卫视—省级地面频道—地方电视台的基本结构。在省级卫视出现之前，地方电视媒体竞争优势明显，一直处于地方受众的收视前三名之列。但是，省级卫视借助卫星技术实现了本省的强势覆盖和外省的部分覆盖，在传播范围上独具优势，并且之后也借助更多的媒介资源和更高水平的节目制作能力，实现了省级卫视的崛起。

根据《中国电视收视年鉴（2014 年）》，2014 年，省级上星频道的收视市场连续两年保持增长，以 32.6%的市场份额领跑全国收视时长，稳固了自己在全国市场的领先地位。与此形成强烈对比的是，省级非上星频道和市级频道的生存空间进一步受到挤压。2014 年，省级非上星频道市场份额由 2013 年的 21.0%下降到 20.1%，市级频道的市场份额也有 0.6 个百分点的下降，仅获得 9.5%的市场份额。以南京台为例，一直以来，南京台凭借优秀的本土化节目在本地市场独占鳌头，但是在江苏卫视出现后，南京台的收视份额逐年下滑，直至不再具有优势。2002 年，南京台的收视份额为 42%，江苏台是 27%，到 2006 年，南京台下滑至 29%，江苏台上升为 40%，②发展到 2014 年，在江苏的收视市场中，江苏卫视以 10%稳居收视份额第一位，第二、三名分别是江苏电视台综艺频道和江苏电视台影视频道，作为城市电视台的南京台已经不见踪影。

目前，我国中央电视台仍在收视市场中处于主导地位，省级卫视的实力也不容小觑，省级地面频道、城市电视台在夹缝中生存。面对这样竞争激烈的电视媒介市场，受众不仅可以收看到覆盖全国的中央台，还能在省级卫视、省级地面频道、城市电视台等多种多样的频道中进行选择，甚至还包括网络电视台。受众的选择性大大丰富，地方电视媒体必须加紧变革才能够在激烈的竞争中找到立足之地。

---

① 熊忠辉.中国省级卫视发展战略[M].上海：上海人民出版社，2005.

② 陈正荣.中国城市电视台发展报告[M].北京：中国传媒大学出版社，2007.

三、内容层面：受众对于传播内容的品质要求愈发突出

随着网络的发展，各式各样的内容在各个发布平台上呈现爆炸式的增长，但是受众的注意力是有限的，巨大的信息量对于受众来说是一种超负荷的覆盖式传播，过于碎片化和短平快的信息呈爆发式增长其实是对受众的一种负担，因此，在这种错综复杂的传播背景下，内容依旧为王，只有真正有品质的内容才能够在海量的信息中成功抓取受众的注意力。

由尼尔森发布的《中国家庭大屏产业生态发展白皮书》的调查数据不难发现，内容消费越来越成为用户选择的关键，用户在选择家庭大屏时更多地呈现出内容导向趋势，尽管现阶段智能电视和手机能够提供多种服务，但受众的核心需求仍然是内容。

2015 年被称为 IP 元年，IP 的英文全称是 Intellectual Property，意为知识产权，无论是电视台还是网络，只有打造出拥有知识产权的独家特色内容，才会吸引大量的关注者，成为热门 IP，这也从侧面说明了内容已成为媒体必须重视的核心竞争力。内容的丰富性、高质量和独特性成为吸引受众的关键。

总之，受众作为媒体变革和技术更新最直接的参与者与被影响者，其含义已经发生了巨大的变化。现在，受众不再仅仅是信息的被动和消极接收者，相反，当代受众是主动地、积极地获取需要的信息，同时将自己所见所闻发布到网络平台上，成为信息的发布者。可以说，技术赋予了受众一种新的权利，任何人都能够表达自己的诉求，并且根据自身需求自主选择所收看的内容，“受众本位”已经回归。

随着 90 后成为我国的一代社会主力，这一批受过高等教育的受众不再以“本能快感”为主要诉求，而更偏向于“理性追求”。根据艾瑞公司的《2016 年中国电视台转型研究报告》，我国受众在电视上和网络上，偏爱收看的节目类型是新闻资讯类的占比分别为 49%和 34.85%。

电视媒体的责任是体现媒体核心价值，即发挥对舆论的主导权。在电视媒体的发展过程中，电视媒体始终坚守着广电新闻媒体作为社会舆论把关人的角色，发挥政治属性，对上级政府和领导的政策方针进行及时

的宣传和解读。一直以来,电视媒体的发展方向都偏于单一的舆论主导而忽略了受众自身的需求。在时代发展快速的今天,电视媒体应及时调整宣传策略,更加重视受众的主体性地位。

在电视台数量众多、层级分布极其复杂并且相互之间竞争激烈的中国,受众的需求就是各种类型的媒介赖以生存的基础,与过去相比,受众的需求更加明确,诉求也更为理性。因此,媒体应充分尊重受众的需求,信任广大受众的选择,丰富传播内容,扩宽传播渠道,凸显受众的主体地位。

与此同时,中国的年轻群体已经成为了媒介的主要使用群体,这一代人从小就在各种媒介接触中长大,相对来说媒介素养比较完备。但是,在我国还有广大的中老年群体以及网络普及率较低的农村地区的受众群体,相对来说受众的媒介素养水平较低,而这一部分群体正是地方电视媒体的主要收视人群。因此,媒介素养教育变得尤为重要。

媒介素养指的是掌握各种媒介特性及使用技巧,并能有效利用媒介创作传播产品的能力;或是控制自我行为和媒介信息的能力;或是人们对各种媒介信息解读、批判及使用媒介信息为个人生活、社会发展所用的能力。[①]媒介技术的发展改变了当今受众获取知识的方式和接收信息的习惯,对多种媒介的使用和对媒介内容的解读已经成为一种必备技能。

前文已提到,全国各地的各级地方媒体正在顺应媒介技术发展趋势,进行媒介融合的深度推进,终端设备上推出交互式网络电视等通过网络直接收看的电视大屏;内容设计上注重互动性,利用"两微一端"实现多屏互动;渠道上进行内容的碎片式处理,多元分发和集成,打造手机移动应用来实现台网联动,增强自身服务功能。这些变革无疑为地方电视媒体发展提供了新的思路,但也成为了媒介素养不成熟群体接触媒介的阻碍。

因此,媒体应当注重媒介素养教育,打通受众与当代媒介之间的技术障碍,尤其是将重点放在电视收视的主要群体上,打造能够吸引受众兴趣的互动交流平台,并依托社交媒体打造传者与受者的交流平台,及时接收受众反馈并给予回应,促进媒体自身发展。

---

① 强月新,陈星.我国媒介素养的研究视角及其现状[J].新闻与写作,2017(6):5-11.

中　篇

中国地方电视台的发展现状与创新

第四章　构建公共服务传播体

——成都广播电视台个案研究

成都自古就是天府之国，经济富庶，文化醇厚。凭借独特的地缘、经济、文化优势，成都一直是中国西南部的中心。在当前中西部崛起的过程中，成都迎来了前所未有的发展机遇。由于具备巨大的发展潜力，成都被称为“第四城”和“最具经济活力城市”，其发展方式将对整个中西部经济社会产生强大的引领和辐射力。

在全国数百家城市台中，成都广播电视台（以下简称“成都台”）作为行业翘楚，其综合实力一直居于全国城市广播电视台前列。成都台不仅打造出了一批具有全国影响力的广播电视栏目，更重要的是，这里聚集了一批实力雄厚、抱负远大的广播电视人。

然而近年来，面对强势崛起的新媒体带来的挑战，面对中央电视台、卫视台、省级地面频道组合的夹击，成都台的发展遇到了前所未有的压力和困局。

为了迎接挑战、破解困局，2013 年，中国传媒大学新闻传播学部电视学院曾组织专项课题研究团队前往成都电视台进行实地调研考察，集中学界与业界的优势资源，形成专项课题研究团队，参考国内外城市电视台的最新发展趋势，把脉成都台的现状和问题，对成都台的未来发展提出规划，并形成了兼具学理和实践指导意义的《成都广播电视台战略目标与发展定位项目研究报告》。

此项研究在实地调研、问卷调查的基础上，以对比研究、实证研究的方法为主，同时结合定量分析的方法，紧紧围绕当前成都台的现状和问题展开，尽量使本战略规划做到有的放矢、目标清晰。此项研究从 2013 年上半年开始进入实际操作,历时半年,全面发放纸质问卷,多位成员四下成都,开展焦点小组访谈,进行实地综合调研。同时,为了参照其他城市台的成功经验,课题组先后派出调研小组,分赴南京电视台、杭州电视台、武汉电视台、四川电视台和北京电视台等地,直接对这些台的台长、总监、部门主任、制片人以及编辑记者进行专题深度访谈。在实地调研和文献研究的基础上,项目组还在北京召开了十余次专题研讨会和专家咨询会,对研究中发现的问题进行深入分析,对研究报告的框架反复推敲,对研究形成的结论仔细论证。在保障本项目研究成果具有强烈针对性、实用性的同时,也使本研究具有较强的指导性和前瞻性,希望通过成都台的改革,对中国城市电视台的整体改革产生推动。

本部分内容正是基于这一时期成都台的调研成果,希望从个案着手深入剖析我国地方电视台在媒体转型时期的发展状态及改革举措,一方面保存地方电视台发展的珍贵史料,另一方面为我国地方电视台改革发展提供借鉴。

第一节　传播发展环境

一、国家环境:社会主义文化强国建设与创新驱动发展

2012 年 11 月,党的十八大顺利召开。这是我国进入全面建成小康社会决定性阶段召开的一次十分重要的会议,在我们党和国家历史上具有重要的里程碑意义。“会议确立了科学发展观的历史地位,提出夺取中国特色社会主义新胜利的基本要求,确定全面建成小康社会和全面深化改革开放的目标,对新的时代条件下推进中国特色社会主义事业作出全面部署,对全面提高党的建设科学化水平提出明确要求。”①

党的十八大在新的时代条件下对国家发展进行全面战略部署规划,这对我国各行各业的发展产生了深远的影响。“胡锦涛同志在十八大报

① 中共中央党史研究室.党的十八大以来大记事[EB/OL].(2017-10-16)[2018-09-18].http://cpc.people.com.cn/n1/2017/1016/c414305-29588223.html.

告中提出，扎实推进社会主义文化强国建设。他指出，一是要加强社会主义核心价值体系建设；二是要全面提高公民道德素质；三是要丰富人民精神文化生活；四是要增强文化整体实力和竞争力。”①电视事业作为我国新闻传播事业中重要的文化传播载体，在社会主义文化强国的建设中须肩负起应有的社会责任。在新的发展形势下，我国各地电视台须努力“构建和发展现代传播体系，提高传播能力”②。

此外，党的十八大明确提出“科技创新是提高社会生产力和综合国力的战略支撑，必须摆在国家发展全局的核心位置”，强调要坚持走中国特色自主创新道路、实施创新驱动发展战略。科技进步带来媒介形态变革，媒介技术的改进带来信息传播方式的重大革新。在信息传播过程中，互联网、移动互联网、智能手机、VR技术等逐渐改变人们的信息传受方式，信息接收模式不断向碎片化、移动式发展，传播主体平民化，话语权不断下沉。在节目内容生产中，由于技术进步，制作成本降低；节目内容生产主体从传统电视台作为唯一的生产主体转化为民营制作公司、视频网站崛起后，内容生产主体更加多元化；节目内容呈现形态的多样化。在新的媒介环境下，各地电视台面临全新的发展课题。此时，各地电视台经历着从体制机制到节目形态的变革与新模式的探索。对于各地电视台而言，这种探索就是探索如何适应科技创新带来的变革，如何适应文化体制创新带来的变革。

2011年5月5日，国家广电总局发出《关于开办网络广播电视台有关问题的通知》，要求“各级广电影视行政部门积极创造条件，争取财政、税收、金融等支持，推动广播电视播出机构加快网络广播电视台建设”。

2011年9月27日，国家广电总局在南京组织全国网络广播电视台负责人会议，要求广电播出机构积极建设网络广播电视台，占领新媒体阵地，并将网络广播电视台定位为新型的播出机构。原国家广电总局要求全国广播电视播出机构加快抢占新媒体阵地的政策要求，使成都台既面临巨大的发展空间，又面临全新的挑战。广电行业在全媒体阶段的转型，

---

①② 扎实推进社会主义文化强国建设[EB/OL].(2012-11-08)[2018-09-23].http://cpc.people.com.cn/18/n/2012/1108/c350821-19526764.html.

势必成为产业经营面临的行业大环境。

因此,在新的国家形势、政策条件与媒介环境下,成都台的发展首先要顺应国家的发展形势与发展要求,肩负地方广电媒体的社会责任。同时,成都台作为我国城市台的行业翘楚,须顺应时代与行业发展需求,探索地方电视台媒体融合的发展路径。

二、行业环境:全国城市广播电视台正面临生存困境

我国城市电视台普遍于20世纪80年代前后建台。在这阶段,我国有地市级以上城市广播台284个、电视台333个,县级广播电视台2,851个,此外还有一批城市频道。这些城市台的职工人数多,产业规模约占全国广电产业的1/4。连续几年来,城市台在中国新闻奖和中国广播影视大奖的获奖作品占到1/3。所以,无论从产业经营还是节目内容生产来说,城市台都是我国广播电视的主体之一。

但是,近年来,随着媒介环境的不断变化,城市台在很多方面受到了严峻的挑战,生存环境不断恶化,主要体现在以下5个方面。

第一,政策制度的限制。

首先,我国明确将广播影视产业列为第三产业,鼓励电视台转向产业化经营。但是,在产业化的创新浪潮中,真正的主导者仍旧是中央电视台和各省级台的卫视和地面频道。除极少数地处经济发达地区的城市台以外,大多数城市电视台与央视和省级台的差距越来越大。

其次,根据有关规定,城市电视台的传播范围只能限定在某一个城市;广电主管部门要求地市级电视台必须转播中央和省级广电媒体的内容。因此,城市台一方面在和中央台、省级台竞争,另一方面又要承担着转播中央台和省级台的任务。这种以行政为导向的分类方法,使得处于行政级别底层的城市台,在资源、政策分配中长期处于相对劣势的位置。

最后,在广告经营方面,城市电视台受制于覆盖困局,在广告影响力和广告市场运作方面均逊色于中央级和省级电视台。由于长期以来缺乏对品牌广告的吸引力,城市台难免会对诸如医疗、药品之类的“低端”广告和电视购物广告产生依赖。2011年11月,广电总局下达“限广令”,对广

告的播出内容和播出时段、时长作出严格限制，该政策在净化电视屏幕的同时，对城市电视台的广告经营与播出提出了更高的要求，并在一定程度上加大了城市台的创收压力。

第二，新媒体的挑战。

近年来，媒体环境最大的变化就是新媒体的强势崛起。如今，网上影视资源空前新鲜而丰富，吸引了大批人群在线观看，使得城市台多年培育起来的受众群受到分流。2012 年是中国视频行业并购、重组、整合的一年，中国的视频行业在广告收入、用户规模、内容合作方面都实现了爆发性增长。同时，我国也在积极推进广电行业的格局重组。2010 年 6 月，《三网融合试点方案》终获国务院通过，试点方案基本实现了广电、电信双向进入的目的。为了自身利益，广电部门曾牢牢把控内容生产、节目传输这一命脉。如今随着三网融合的推进，电信企业加速发展内容分发、节目传输等服务，攻势逼人。在这阶段，城市电视台不仅要与众多省级卫视抢夺收视份额，还要与电信、移动、迅雷、苹果等公司争夺音视频用户。

第三，受众结构老龄化。

城市台和其他传统媒体一样，都采用角色固定的单向传受模式，互动性差。传播者掌控播发主动权，接受者完全处于被动地位。由于没有对等交流的地位，活跃的年轻受众日益缺乏对电视的兴趣，相继投向网络媒体的怀抱，这导致电视人群日趋老化。艾瑞咨询的数据显示，面对个人PC、互联网、平板电脑、智能手机的冲击，在北京，电视的开机率仅仅为30%，越来越多的人离开了电视，电视已经成为客厅的一个摆设。电视观看人群的年龄结构也开始“老龄化”。根据 CSM 调查数据，2012 年，不同年龄段观众收视量与上一年较为接近，仍然以 45 岁及以上的中老年观众为电视重度收视人群。与前两年相似，15—24 岁青少年观众的收视量持续减少，但 35—54 岁中年观众的收视量停止下降，重新出现略有上升的趋势。老年观众的收视时间仍然持续上升。

第四，缺乏创新内容和机制。

一般来说，城市电视台市场化程度不高，与独立的市场主体有较大差距，许多传播资源的配置仍然依赖行政手段。产业收入结构没有根本改变,地方电视台的经济命脉和投资驱动仍然还是广告收入。地方电视台满足于眼前生存,缺乏超越现实的冲动和开辟疆土的追求,缺乏创意人才,节目样式千篇一律,都是上演“旧瓶换新酒”的老戏,给受众带来程度不同的审美疲劳。

虽然有的地方电视台已实现政企分开,但管理者的角色尚未转变,组织内部结构不符合市场需要。有的系统缺乏合力,人浮于事,管理水平和资源整体效益差,媒体功能黏连度低下;新媒体发展迟缓,对三网融合持消极和对抗情绪,甚至观望怀疑,网络意识、合作意识淡薄。

第五,技术支撑乏力。

在以现代计算机信息技术为背景的三网融合大潮推动下,各种新技术、新媒体不断涌现,使业已形成的城市台技术生态系统遭到前所未有的挑战,这种原本脆弱的平衡随之被打破,并由此产生影响。

由于创新能力不足、受制于资金投入,城市电视台制播手段缺乏有效的现代技术支撑,对新技术反应迟钝,在发展高新技术、推动产业升级方面缺乏超前意识,研究开发投入较少,创新能力不足。缺乏核心技术,新媒体新业态也只能局限于在产业底端上无序“蹦极”,产生不了太大的经济效益。

三、区域环境:区域竞争激烈,产业机遇来临

第一,与四川台形成竞争格局。

近年来,成都台受到中央电视台、卫视台、省级地面频道组合的三面夹击,又遭遇数字媒介融合崛起的严峻竞争态势。上文分析了城市台的困境和突破,应当说,成都台也面临着类似问题,而从成都台的具体情况而言,成都台主要面临四川台的竞争压力。

按照原国家广电总局的统一要求,从 2001 年起各广电集团在整合资源之后纷纷掀起了频道专业化的改革浪潮。纵观全国从中央到地方各级电视台的频道设置,各级电视台似乎都已经完成了频道专业化改革,但是在形式专业化的背后却仍然隐藏着很多问题。最为突出的是专业频道在实质上仍处于一种非专业的状态,即专业频道不专业,具体表现为在所谓的“专业频道”内,节目设置大众化、综合化。此外,各级电视台在同样定位的

专业频道内，节目从设置到编排也都呈现强烈的接近化甚至趋同化趋势。

成都地区电视收视市场可收看的模拟电视频道已经达到了50多个，受众分流严重，而成都台6个频道的主要竞争对手是四川电视台的10个频道(表4-1)。2012年，在四川地区晚间收视前十的频道中，四川广电占据了半壁江山，有3个频道进入前五；在成都地区晚间整体份额中，四川广电占有率接近30%。同样，成都电台共有4个广播频率，包括新闻、交通文艺、经济、文化休闲，它的主要竞争对手是四川电台的7个频率。在2012年全年及2013年1—5月的市场收听率排名前十中，四川电台占据了7个位置，成都电台交通文艺广播、新闻广播、文化休闲频道分别位列第4、第6和第7。

表4-1 四川台与成都台频道划分比较

四川电视台	SCTV-1 卫视	SCTV-2 文化旅游	SCTV-3 经济频道		SCTV-4 新闻资讯频道	SCTV-5 影视文艺频道	SCTV-6 体育频道	SCTV-7 妇女儿童频道	SCTV-8 科技教育频道	SCTV-9 公共频道	SCTV 峨眉电影频道
成都电视台	CDTV-1 新闻综合		CDTV-2 经济频道	CDTV-3 都市生活频道		CDTV-4 影视文艺频道		CDTV-6 少儿频道		CDTV-5 公共频道	

除四川卫视和成都一套这两个综合频道外，其余14个频道均为“专业频道”。按照专业化程度划分，四川电视台的新闻资讯频道无疑是其中翘楚，从2005年9月19日正式开播以来，作为整个成都地区，乃至整个四川和中国西部第一个全天播出新闻资讯的电视频道，从早上8:30至深夜00:00，四川电视台打造8个时段6小时首次直播，全天不播出任何的电视剧和综艺娱乐节目，极尽“干净”。相比于成都台将优质新闻节目分散于综合频道与2、3、5等专业频道之间，SCTV-4以专业频道的优势，重拳出击，抢夺成都市本土收视份额，给成都台造成不小的压力。除了在新闻资讯频道精耕新闻，四川台还通过文化旅游频道主打娱乐，打造7档晚间娱乐情感节目拉动受众年轻化，目前该频道15—44岁观众比例达到4

成;将影视文艺频道打造成西南首家全高清播出的电视剧频道，全天 6 个剧场不同定位，进行分众化编排，牢牢锁定观众眼球。

与四川台相比,成都台在资源分配上有局限性,更应该下大功夫,立足于频道的覆盖收视情况,确立频道分级结构,实现“你无我有,你有我变”,在重点打造强势频道的同时,进一步深化频道的专业改革,与省级电视台进行错位竞争。在规划上,成都台应实行电视资源的标准化管理,实现精准的频道定位、时段定型、风格节目定向、收视定量、经济定额,将电视剧、新闻栏目和其他主打栏目进行错位编排,保证观众在转换频道的同时,依旧将遥控器锁定在本土频道当中。

第二,“十二五”推动文化体制改革,发展机遇期来临。

中共“十二五”发展纲要中大力推动文化产业的大政精神与成都市委下达的《关于深化文化体制改革加快建设文化强市的意见》(成委发〔2011〕23 号)中,都明确提出将传媒作为文化产业发展的重中之重。依照发展目标规划,“十二五”期间,全市传媒业增加值年均增长 20%以上。到 2015 年,成都传媒集团年产值达到 70 亿元,集团资产规模达到 200 亿元,成为国内知名的以全媒体深度融合为特色的综合传媒集团,打造全国领先的传媒数字内容基地。在加强传统媒体建设,进一步扩大报纸、广播、电视、杂志、广告等传统媒体传播力和影响力的同时,加大对新媒体内容产业的扶植,引进国内外影视制作机构,建设现代传媒基地,进行跨界资源整合,这一系列宽松、扶植的文化体制政策,无疑将为成都广电行业带来难得的快速发展机遇。

第三,数字新媒体的挑战和机遇。

当前,电视发展的必然趋势就是要全面推进数字化进程并采用新的媒介技术。而传统的地方电视台要想继续保持自身的地位,就必须积极地整合有效资源,并做到顺应发展趋势,不断地与网络服务、手机电视及移动电视等相融合,以通过与新媒体的融合,实现地方电视台与其他传播媒介之间的优势互补,同时提升城市广播电视台的品牌效益。

我们了解到,为了更好地顺应技术发展潮流,2010 年 9 月,成都台着手与中国网络电视台合作,成功地实现 CDTV-1 和 CDTV-5 在网络上实时同步全球直播发布，成为全国城市电视台中首家创新突破行政区域覆盖的电视台；积极紧跟“三网融合”产业政策和多业务融合的发展趋势，迅速搭建新媒体发展平台，打造“成都网络电视台”，并与电信、央视等合作，全力发展成都特色的IPTV产业，培养受众的忠诚度。在全媒体过渡期，各种变化纷至沓来，成都台应根据本地实际情况，开展跨区域、跨行业、跨平台合作运营，从而为自己的生存发展创造更好的环境。

第二节　产业发展概况

新媒体的迅猛发展，给地方电视台带来了空前的生存压力。电视台的广告份额和收视率被新媒体分流的情况严重。2011年后，卫视、地方台强者愈强、弱者愈弱的马太效应不断凸显。如何科学、有效地向全媒体进行战略转型，是各级从业者都必须认真思考和面对的问题。结合成都广播电视台的产业经营情况与新媒体发展情况，其发展大致情况如下。

一、拥有良好的经济基础，广告总收入突破10亿

成都人杰地灵，为文化产业的发展提供了良好的基础。成都台覆盖人均GDP超6,000美元的成都及周边市县，这为成都台的发展提供了极好的经济基础。近年来，成都台的广告收入一直稳定，并未出现广告创收乏力、财政捉襟见肘等问题。

2012年，成都台广告经营总收入突破10亿元大关，资产总额达21.07亿元。2013年一季度，成都台市场份额为14.47%，四川台为25.34%，卫视组合为26.05%，中央台为24.53%。

伴随着我国广电行业内部的重组，城市台的产业经营处于比较活跃的态势，但也呈现出地区性的差异。在中东部地区，深圳台、潮州台、苏州台、无锡台等在本地市场上拥有超过30%甚至高达40%的市场份额；而在西部地区，有的城市台的市场份额仅占5%左右。

位于人口众多、经济富庶的川渝地区的成都台在西部城市台中可

谓首屈一指,有着颇大的影响力,成都台的市场份额与全国其他城市台相比处于中等水平。成都台的产业经营仍有较大的发展空间。一方面,成都台依托成都深厚的历史文化底蕴、蜀地特色风俗传统,在内容上有利于打造蜀地特色品牌,强化地区竞争力。同时,员工对于内容生产上的蜀地文化特色的认同感较强。另一方面,成都拥有良好的经济基础。据《中国总部经济发展报告(2012～2013)》的评定,成都的总部经济发展能力综合得分居中西部地区主要城市第1位。① 2013年,成都市经济保持平稳较快发展,经济总量突破9,100亿元。② 成都市第三产业增加值占比超全市"半壁江山",第一产业、第二产业、第三产业占比分别为:3.9%、45.9%、50.2%。③地方电视台的产业发展程度与当地的经济发展情况是息息相关的。成都良好的经济发展水平和产业结构都为成都台的产业发展提供了有利的经济条件及受众基础,使其在城市台的发展中占据优势。

二、各频道收视收听情况差别较大

在这阶段,成都台自办节目日播出量达105.3小时,其中,电视28.5小时,广播76.8小时。电视共有6个模拟电视频道(新闻综合、经济资讯服务、都市生活、影视文艺、公共、少儿),2个数字付费频道(美食天府、每日电视购物),还有1个成都数字移动电视。广播有4个广播频率:新闻、交通文艺、经济、文化休闲。

第一,各电视频道市场份额的差距大,经济资讯服务频道优势明显。

2013年1月1日—6月3日,成都电视晚间平均收视率为:二套1.22%、三套1.07%、四套0.97%、一套0.77%、五套0.75%、少儿0.12%。由此可见,各频道收视率差别较大。其中,经济资讯服务频道优势较为明显,而少儿频道关注度较低,收视率仅为0.12%(见表4-2)。

---

① 王楠.成都总部经济发展能力 中西部第一[N].成都商报,2014-04-30(7).

②③ 祝楚华.成都经济总量破9100亿非公经济占近6成[N].成都商报,2014-03-05(15).

表 4-2　成都台 2013 年 1 月 1 日—6 月 3 日 18:00—24:00 收视率及市场份额

频　道	收视率%	市场份额%
新闻综合频道(一套)	0.77	2.23
经济资讯服务频道(二套)	1.22	3.55
都市生活频道(三套)	1.07	3.10
影视文艺频道(四套)	0.97	2.83
公共频道(五套)	0.75	2.19
少儿频道	0.12	0.35

第二,在广播频率市场中,新闻类和文化休闲类广播成为关注点。

根据对成都台调研获得的数据,成都交通文艺广播的新闻广播频道、文化休闲频道市场份额在全省的排名分别是第 4、第 6 名。除去交通广播环境的特殊性,此数据说明新闻广播和文化休闲是人们的关注点(见表 4-3、表 4-4)。

表 4-3　2012 年成都广播市场收听数据排名

频　道	市场份额(%)	收听率(%)	排名
四川人民广播电台新闻频率 FM98.1/AM1116	15.37	0.589	1
中央人民广播电台第一套节目中国之声	13.46	0.516	2
四川人民广播电台交通广播 FM101.7	12.06	0.462	3
成都人民广播电台交通文艺广播 FM91.4	9.22	0.353	4
四川人民广播电台岷江音乐 iRadio FM95.5	8.03	0.308	5
成都人民广播电台新闻广播 FM99.8/AM792	7.06	0.270	6
成都人民广播电台文化休闲频道 FM94.6/AM1485	5.69	0.218	7
四川人民广播电台新闻频率 FM106.1	5.00	0.192	8
四川人民广播电台旅游生活广播 FM97.0	4.55	0.174	9
四川人民广播电台城市之音 FM102.6	4.47	0.171	10
四川人民广播电台经济频率 FM89.4	3.76	0.144	11
成都人民广播电台经济频道 FM105.6	2.34	0.090	12
成都唯一音乐频率 Only radio FM103.2	2.24	0.086	13
四川人民广播电台文艺广播 My Radio FM90.0	2.17	0.083	14
四川人民广播电台经济频率 FM94	1.95	0.075	15
四川人民广播电台天府之声 FM92.5	1.52	0.058	16
成都环球资讯频率 FM96.3	1.09	0.042	17

表 4-4 2013 年 1—5 月成都广播市场收听数据排名

频　道	市场份额(%)	收听率(%)	排名
四川人民广播电台新闻频率 FM98.1/AM1116	15.01	0.500	1
四川人民广播电台交通广播 FM101.7	14.86	0.495	2
成都人民广播电台交通文艺广播 FM91.4	10.21	0.340	3
中央人民广播电台第一套节目中国之声	9.41	0.314	4
四川人民广播电台岷江音乐 iRadio FM95.5	6.95	0.232	5
成都人民广播电台新闻广播 FM99.8/AM792	6.92	0.231	6
成都人民广播电台文化休闲频道 FM94.6/AM1485	6.13	0.204	7
四川人民广播电台新闻频率 FM106.1	5.48	0.183	8
四川人民广播电台城市之音 FM102.6	5.12	0.171	9
四川人民广播电台旅游生活广播 FM97.0	4.46	0.149	10
四川人民广播电台经济频率 FM89.4	3.82	0.127	11
成都环球资讯频率 FM96.3	2.36	0.079	12
成都人民广播电台经济频道 FM105.6	2.10	0.070	13
四川人民广播电台文艺广播 My Radio FM90.0	2.09	0.070	14

据数据统计,由于广播与电视的信息接收环境不同、受众分布差异等因素,广播与电视的受众关注点呈明显差异分布。电视观众的关注点主要是经济服务类信息,生活类信息次之;广播听众的关注点主要是新闻资讯和文化休闲类信息,经济类信息次之。

总的来说,成都受众的关注点符合成都的经济发展情况和地区文化特性。城市台最大的优势在于与受众共处于同一社区,同根同源,有着共同的生活维系力。而成都经济发展稳定的同时,“慢生活”也成为成都市民的特色生活方式,形成了成都市的鲜明城市特点之一。因此,经济类、资讯类、文化休闲类信息都是成都市民的重要关注点。

第三,整体收视率下降,但收入增加。

电视观众减少、收视率下降,但收入增加,已经成为国际趋势。因此,成都台不必为收视率下降的现象所困扰,而应该在增加收益上实施相应举措。

根据权威的尼尔森数据,我国城市台的观众整体年龄偏大,中老年、离退休的收视群体是城市台的忠实受众,而年轻、高学历群体到达度、忠实度都偏低。从 2011 年开始,城市台所有年龄段的受众都出现了减少,这一趋势在不同地区的城市台都有所反映，成都广电也不例外，一些频道和栏目都出现不同程度的下降。

第三节　体制机制中的改革困境

成都台于2006年与成都日报报业集团合并组建成都传媒集团，成都台归集团统一管理。同时，成都台是隶属于成都国资委管理下的企业。成都台接受成都传媒集团及成都国资委的双重领导，这就形成了成都台的多重领导模式。

在此阶段，成都国资委对成都台的管理是多方面的，具体体现在员工工资、广播电视台的经营收入以及“三公经费”审核方面。例如，成都国资委管理成都台员工工资总额、奖励机制，并对规定成都台每年营收总量。

成都台一方面执行国资委按照事业单位运作管理模式，另一方面按照成都传媒集团企业化运作的管理模式运行。因此，在集团改制后的一定时期内，成都台在多重领导的模式下，存在运营管理方面的困境，难于“事业单位，企业经营”的预期目标。这也是我国许多地方电视台在市场化、集团化改制初期所面临的困境。

第一，“频道制”与“中心制”混合的组织结构。

成都台成立新闻中心后，负责统领一套新闻综合频道和五套公共频道。作为成都台的两个强势频道，一套是以新闻类节目为主，兼顾其他类节目，其代表节目《成视新闻》《今晚8:00》《新闻背景》《新闻18点》等都是新闻类节目；五套则定位为新闻资讯频道，以“平民化的新闻视角，大容量的新闻故事，零距离的新闻现场”作为其频道宗旨。然而新闻中心将两个频道资源整合后，两个频道仍然受到一些因素的制约，具体反映在以下几个方面：

在新闻采编方面，成都台一套综合频道与五套公共频道的融合是为了综合频道的主流价值体系与公共频道的民生元素更好地结合。按照以往的工作经验来看，一套的记者更注重理性，在内容上更精耕细作，而五套的记者更注重时效，在内容上更注重贴近民生。两支记者队伍各有特色，各有所长，在融合过程中，应该注重发挥自己原本的优势和竞争力，从而实现1＋1＞2的效果。采集的内容应注意突出内容特色，明确新闻语态，在两个频道新闻节目的时间安排上，应该注重协调和配合。合并的应有之义是优势互补，一套和五套的融合要在保留各自特色的基础上进行，人员融合的模式以及节目内容的时间编排都需要优化和磨合。

在人力资源结构方面，中心制是为了打破部门界限，把组织内部相关的部门合并，节约人力、物力，使生产方式向先进的集约化生产方向转化，资源统筹调度、管理、共享，实现低投入、高产出。部门扩张后更应注意供需协调，从而优化人力资源配置，从节目中心、部门到栏目组，应当匹配合适数量的办公室和行政人员、服务人员，从而节约人力和管理成本。在此阶段，中心有总编室和办公室两个综合部门，频道有总编室与办公室，总体工作人员并未减少，但办公室、总编室的人员比例增加了，新闻中心约有员工500人，一线工作的记者占一半，另一半则是行政人员。五套负责人表示，一套及五套合并后收视率和产出还未达到预期效果。对新闻内容生产部门来说，人员结构应该适当向一线人员倾斜，提高一线工作人员所占比例，以保证节目质量及产出。

在薪酬管理方面，急需设计科学立体的薪酬管理体系。在这阶段，成都台薪酬体系仍沿袭原有事业单位的薪酬管理办法，需要制定科学详细的考核标准，以实现不同岗位薪酬的科学衡量。具体体现在以下两个方面：(1)工作量与员工薪酬应实现强关联。例如，一线记者的薪酬是按照采访对象等级来划分的，需要将其衡量标准质化、量化；技术部门工作量增加，薪酬也应相应上涨。(2)员工薪酬应实现弹性制，2004年以来，台里员工工资未涨过，对有突出贡献的劳动奖励也不足，“优劳多得”不明显。

在绩效管理方面，有待完善绩效管理和评估体系。在这一阶段，成都台在绩效管理与节目评估体系方面主要存在两方面的问题：一是以收视率作为节目质量及绩效的单一衡量标准，二是多层级的节目评估管理体系，制约节目内容生产。以新闻中心为例，其考评部门“今日工作室”会对每天的节目进行总体评判，但“今日工作室”隶属于策划评论部，其考评办法应符合一线人员的工作特性。

第二，关于人力资源管理。在人员管理方面，需要提升人员招募、配置、培训系统化管理水平。

据了解，成都台各部门普遍反映人才不足，不仅仅是广告经营人才，还包括大型节目活动策划人才、新媒体人才、舞美灯光人才等，其中主要表现为一线编辑记者和专业人员不足（如图4-1所示）。

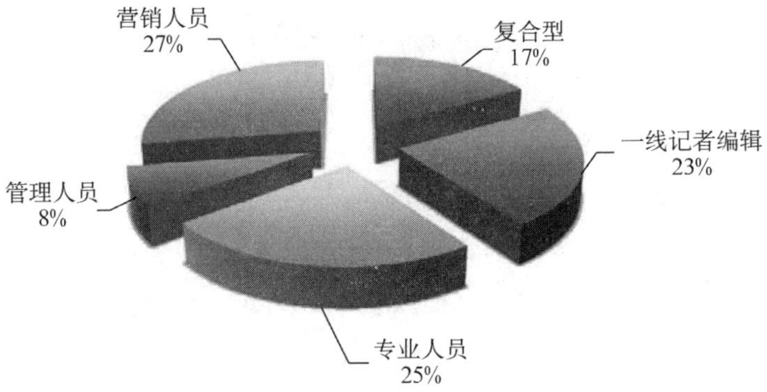

图4-1　成都台各部门人才缺乏占比情况

在人力资源匮乏的情况下，成都台人员需要对原有按照事业单位的招募方法来进行改革。另外，还需改变依靠行政命令来安排的人员配置方法，充分发挥竞聘及双向选择的效果，释放人才的优越性，避免出现人力资源浪费的现象。在人员培训上，需要建立系统的员工培训计划，制止零散且无针对性的培训，保证培训集中统一，且有目的性和针对性。均衡开展中宣部、记协要求的教育性培训和提升人员业务能力的专业培训，积极鼓励员工参加，给予员工充分的自主培训选择权，避免员工的实际培训需求被忽略。

第三，关于现代企业化运营管理。在此阶段，成都台在经营性节目资产、资源及业务管理上，应加强现代企业化管理。

在财务成本管理方面，合理分配投入与创收，完善成本管理方法。

成都台每年年底单独核定全台运营成本,注重运营成本的资金分配与使用,忽略了生产经营活动的全过程。全台每年项目多成本大,需要后期加大力度研究有效成本预测方法。不进行成本预测与成本控制,就无法随时发现并克服在节目生产经营过程中的损失浪费情况;不展开定期的成本分析,就无法找出成本升降变动的原因,挖掘投入与创收之间的内在联系。因此,成都台需要加大力度做好成本控制工作,发展精益成本管理。成都台项目审批及预算申请仍是按照事业单位管理流程进行的,需要经过上级领导部门层层审批,因此下一步还需简化审批流程,鼓励重点项目重点审批申请。另外,机器设备属于国有资产,报废旧设备无折旧管理,下一步需要引进现代企业折旧方法,提足折旧后,不管能否继续使用,均不再提取折旧,避免资源浪费。

在广告经营管理方面,优化广告经营与节目生产两者之间的关系。

据了解,成都台广告中心负责经营管理全台的广告销售,注重广告经营带来的广告效果。而在媒体资源的多次售卖过程中,作为一次售卖的节目内容资源决定了二次售卖的观众群结构,进而决定了所吸引的广告主构成,因此,成都台的广告销售量很大程度上取决于节目质量,反之广告经营部门也能从广告销售市场角度为节目创作提供建议。成都台的广告经营部门会给策划的栏目提供些许关于广告收入的建议,但参与节目研发和生产精力有限,因此,无法充分发挥广告销售市场竞争力。另外,广告中心经营销售人才短缺也是导致全台广告经营在科学市场调研、评估和计划方面捉襟见肘的主要因素。

第四节　转型期的创新路径探索

一、战略目标——新型现代城市传播载体

为顺应国家建设社会主义文化强国、构建现代传播体系的新形势,应对媒介变革带来的挑战,成都台基于成都市的经济发展和城市建设水平,结合现有的资源条件、规模和影响力,积极探索新的战略目标并调整发展

定位。

成都广播电视台的战略目标应是“肩负社会责任；领军媒体转型；凸显蜀地特色；创新公共服务；繁荣文化产业；联通全球传播；力争成为西部第一、全国领先、世界知名的新型现代城市传播载体”。

肩负社会责任，以公信力立台，牢固树立责任意识、正确舆论导向意识，牢牢把握正确舆论导向，巩固壮大主流思想舆论，弘扬主旋律，传播正能量。

牢牢把握“理论是根本、舆论是前沿”，以中国特色社会主义理论体系为根本指导思想，全面引领成都台的改革与发展。积极推进正确的舆论引导，充分发挥正面宣传鼓舞人、激励人的作用，提高正面宣传的质量和水平，增强吸引力和感染力。坚持核心价值体系，正确认识社会思想多元发展，做好突发事件与热点、难点问题的两个引导工作，打通主流舆论与草根舆论两个舆论场，形成良性互动。加强正面宣传与舆论监督，提高舆论引导的权威性，以问题意识为工作指向，以积极建设的态度，积极配合国家推动以人为本的全面发展所需要的经济建设、政治建设、文化建设、社会建设、生态文明建设五位一体的发展观，推动媒体促进社会、城市和谐发展。

坚守主流媒体的社会责任意识，科学把握媒体观、受众观、传播观，加强社会信心、信仰、信念的树立与发展。积极探索媒体社会责任与市场良性竞争的平衡发展，促进经济效益与社会效益双向发展，推动成都台更快更好地发展。

遵循新闻传播规律，加强媒体自律，树立行业道德标杆，积极探索当代主流媒体公信力与影响力提升之路；弘扬人文精神，注入人文关怀，加强“三贴近”，坚持“走、转、改”；从传统单一的制作播出机构转为贴近地缘的服务型媒体，全面提升成都台的信誉度与美誉度。

实施创新驱动战略，领军媒体转型，全面建设与完善体制机制、技术、内容生产、管理运营、融资的创新平台；提升传统业务、聚焦优势业务、拓展新兴业务。创新驱动，适应新形势下我国发展的总体规律，实现动力转型，积极推动成都台从要素驱动向创新驱动转型，在制度、技术、管理方面全面创新,建设新型城市媒体。

在体制机制创新方面,完善适应市场竞争的生产、管理、运行、经营体制与机制,创新适应媒体融合发展的体制与机制;做好顶层设计,促进台、频道(频率)、栏目协调运作,建立可管可控、适应市场变化的灵活生产运营机制;推动科学管理体制与机制建设;推动资源配置机制改革与建设;改革人事制度,推动人力资源管理激励体系建设;完善人才培养、培训制度,全面提升团队员工素质;建立节目生产与运营的创新激励机制,积极调动各方面积极性,加强节目创意、生产、推广运营等方面的创新;推动科学的节目评价、评估体系建设。

在技术创新方面,以数字信息技术为核心,全面推动成都台的全媒体技术转型。加快台内全媒体制播一体化网络建设,改革线性制播流程;重视和加强高清制播技术研究,积极主动争取高清节目播出;建成有地域特色的新一代市级全媒体节目集成播出分平台;以内容为纽带,紧密台网关系,充分发挥各自功能;形成市县广电联合发展一体化机制,打造"都市广电云平台"。

在内容生产创新方面,建设资源共通共享的"中央厨房",推动数字内容资源的多次开发,形成电视内容、广播内容、数字出版内容的层级有效利用,创新内容资源增值模式;建设内容生产标准化流程,确立标准化体系,提高效率,提升质量,形成城市媒体内容生产工业标准。

同时,提升广播、电视、网站等传统业务,精细开发广播、电视、网站等传统业务潜力,提升区域品牌影响力。把网络舆论工作作为宣传思想工作的重要内容,加大网络内容建设,唱响主旋律。聚焦优势业务,集聚优势资源,避免平均用力,着力打造特色频道、频率、网站,以品牌频道(频率)、品牌产品、品牌网站带动全台发展。积极拓展,做强动漫游戏、精品影视剧、尖端技术产品、大型特色活动、大型文化产业园等新兴业务。推动网站从单纯的新闻信息服务向商务应用、生活应用转型,合作开发社交网络、即时通讯、电子商务、生活服务、网络游戏、搜索引擎、移动互联网、网络广告等多元产业。

此外,依托"大成都",以成都为基点,辐射资阳、简阳、眉山等城市带，拓展区域范围，建设“大媒体、大内容、大服务、大融资、大产业”五大运营平台，五大平台融合互动。“大媒体”，即整合广播、电视、网络、数字出版、户外媒体等服务内容，形成大媒体格局，立足于细分市场，满足多种层次受众的需求；跨媒体深度融合，在集团内部打造“资源情报超市”，各媒体共享信息，最大化利用资源，延伸产品链。“大内容”，即掌控视频、动漫、网络原创作品、游戏、音乐及其延伸产品等数字内容资源，建设高效媒体资源系统，拓展内容经营新产业，形成产业发展新支柱。“大服务”，即以大数据营销为基础，以电视购物为试点，整合集团客户资源，形成区域范围内覆盖最广的渠道，在此基础上建设客户信息资源管理系统并进行专业分析，形成咨询服务、专题策划、特色广告、数据营销等新的增值服务和新资源，最终形成完整的服务产业链。“大融资”，即建设完善资本管理运营中心，引进财务投资、战略投资；完善财务管理体系，建设完善的集团资金结算管理中心（内部银行）；实现资金集中管理、融资统一管理、投资统一决策管理的科学管理制度。“大产业”，即形成线上线下产业双轮互动，延伸优质内容产业链，在文化、体育、旅游等领域提供信息增值服务，构建网上交易平台，实现产业延伸和有效衔接。整合现有多元产业，以文媒互动为手段，通过打造文化产业园、成都文化产业高速增长带，实现成都文化产业的爆发式增长。

凸显蜀地特色。成都文化历史底蕴深厚，尽享蜀国好故事，拥有传媒文化的根基、创作灵感的来源。以“彰显蜀地特色，讲好成都故事”为魂，凝聚“成都精神”——“和谐包容、智慧诚信、务实创新”，紧密依托成都历史、文化、经济、政治、社会等本土资源凝练特色，集聚优势。以品牌强台，以“成都故事”为品牌概念，实施“1、10、3、4”的品牌战略，打造品牌文化，打造资讯信息、体育、天气、少儿节目、学习、数字广播、搜索服务、文化、纪录片、电视剧等10类优势品牌产品，贯穿品牌频道（频率）、品牌节目带、品牌产品3个品牌集群，打通电视、电脑、智能手机、平板电脑4个品牌终端。

创新公共服务，以服务立台。充分发挥广电媒体在提供公共信息服务、维护社会稳定，促进文化大发展、大繁荣，建设和谐社会的重要作用。

创建城市新型公共服务传播体。各频道(频率)围绕城市公共服务定位展开建设,形成核心诉求。大力发展流媒体电视、网络电视、网络广播和手机电视,形成信息服务、商务服务、生活服务的多层次公共服务体系,积极打造社区公共服务体系,满足不同层次用户需求,培养成都台的用户黏合力。

建设城市、社区服务综合系统。着力建设城市、社区服务综合系统,为政府决策、城市建设、经济发展、市民生活助力。

繁荣文化产业。以内容为体,以文化引领与产业经营为两翼;以创新为驱动力,以数字内容为核心竞争力,以大平台为凝聚力;聚集传统优势产业,做强新兴产业,三力齐发,两业并举,为成都文化产业发展增强助力。

做强传媒核心产业,控制关联产业,扩张多元产业;控制关联交易业务比例,降低产业风险;积极加强产业外向扩张力度,探索多元盈利模式,寻求新的产业增长点。积极参与推动城市文化产业项目开发与建设,积极推动与国际国内文化产业战略合作,参与开发跨区域项目建设。未来五年,成都广播电视台将成为文化产业、城市文化的传播媒体。

联通全球传播。首先,扩张区域影响力,在内容视野与背景等方面努力寻求区域乃至全国的链接与跨越;实施内容出口的区域性扩张,实现内容的跨区域营销和新媒体渠道开拓;积极拓展城市媒体周边区域的合纵连横,在资源、技术、出口等方面展开跨区域合作。其次,树立全球传播号召力,借助成都作为中国西部之心、财富之都、休闲之城的独特魅力,努力将成都台打造成为世界连接中国西部的窗口,凸显"世界城市·开放成都"的文化风范、"蜀地文化·韵味悠远"的文化气质、"西部重镇·引领发展"的文化追求,形成具有国际独特影响力的传播媒体。最后,形成全球传播凝聚力。积极开拓与国内、国际大型传媒集团的战略合作,形成内容、产业、资本等多方面的互动与合作,打造具有国际视野、独特魅力的城市新型媒体。

二、发展定位——构建新型公共服务传播体

成都台的发展定位的内容为:始终与新技术同步;秉持新闻强台理

念；构建核心品牌体系；凸显蜀地人文气质；构建多层次、全空间、立体化的新型公共服务传播体，成为全国城市广播电视台在新媒介生态背景下战略转型的领军者。

始终与新技术同步。广播电视是技术依赖型行业，在当前的新媒体环境下，技术力量的重要性更加凸显。成都台应该重视广电技术力量和技术人才，始终与新技术同步，主要在以下几个方面着力：

第一，以技术更新带动节目、产品、服务更新。立足城市电视台向全媒体转型的前沿，结合成都台实际，着眼下一步发展战略规划，在技术更新上加大投入，实现节目、产品及服务的全面更新。第二，建立技术投入长效机制，走出"技术投入要立竿见影"的短视误区，将常规力量投入和重点项目建设相结合，使各类型节目制作手段均衡发展，提升节目、产品和服务的竞争力。第三，改变技术部门是保障部门的观念，确立技术同样是第一生产力的意识。科学定位技术部门的职责功能，提升技术力量在全台制播中的地位，树立确保节目安全生产和安全播出的核心理念。第四，整合技术人力资源，完善人员配置，强化团队意识，落实细化分工，明晰岗位职责，建立奖惩制度。提高技术人员的专业素质，广泛开展技术培训，提升业务水平，进一步完善专业化制作能力，切实提高节目制作水平。

秉持新闻强台理念。这不仅是对媒体社会功能的重申和回归，实际上也是广电媒体对市场需求的积极回应。对于处在信息时代的城市台而言，秉持新闻强台，利于厘清思路，切实前行。

成都台的新闻团队经历了汶川、雅安地震等重大事件的检验，日常新闻节目也以麻辣鲜活的地域特色和务实贴近的亲民特征在全国城市台的各类评奖中屡创佳绩。就新闻强台而言，成都台具有组织基础、传统优势和参与竞争的可能性。

第一，秉持新闻强台理念以完善直播体系为突破。主流媒体在第一时间、第一现场发布信息，抢占话语权，是一个必然趋势。成都台要建立"立足蜀地、辐射西部"的区域性资讯中心，新闻中心应以"新闻本地化、报道资讯化、资讯现场化、现场直播化、直播常态化"为诉求，强化"现场、贴近、即时、追踪"等要素，形成新闻强台的核心竞争力，做信息量大、区域影响力强的常态化直播。第二,秉持新闻强台理念以建立大编辑部为保障。要实现新闻强台,新闻部门应以大编辑部、流水线生产方式进行运作。以往的部门划分只考虑到新闻制作的分工,没有考虑到各部分的协调,造成效率低下和资源短缺。按照现代媒体的运营理念,无论是从工作效率的角度考虑,还是从成本效益的观念出发,新闻生产应设置大编辑部。所谓“小记者、大编辑”,就是要加强统筹运作,注重资源共享,充分利用采访资源,强化编辑部的前期策划和后期整合功能。

构建核心品牌体系。当下,城市台大多停留在栏目品牌化阶段,但某一时段、单个栏目的收视率只能够成就个别品牌栏目,不能成就一个频道和媒体的整体品牌。成都台需要审视现有资源和优势,进行品牌化整合,摆脱低层次的恶性竞争。一方面要持之以恒地进行品牌频道和品牌栏目的构建,在分析现有频道的基础上,对品牌影响力欠佳的频道和栏目进行改版;另一方面,要在一定时期内实现品牌集群化目标,通过建立激励机制,促进新老节目、各个频道朝着品牌集群化的目标发展。

第一,创新品牌体系要以建设品牌链条为宗旨。建构品牌链条,形成规模效应,有利于媒体气质和核心理念的彰显,如江苏的“幸福”、湖南的“快乐”,已经成为媒体文化的代言。品牌集群强调“量”的概念,重视“量”的积累。在成都台的发展策略中,品牌化的道路不是单一的品牌创立,而是要在从台到频道再到栏目的整个系统中,形成一个完整的品牌链,各有特色又相辅相成,具有统一的品牌归属。具体操作要重视编排,树立标杆,产生拳头效应,在重点时段形成“播出带”和“节目群”,以强带弱,全面提升。

第二,创新品牌体系要以品牌衍生开发为策略。与其他城市台相比,成都台的优势在于基础厚、传统好,现有品牌栏目数量多、质量好,《谭谈交通》《成都全接触》等栏目在蜀地甚至全国范围内已有较大影响力,拥有相对固定的收视群体。成都台可以在这些品牌栏目的基础上,进行衍生开发,分出层次、逐步实施。在第一层面,成都台可通过“拳头产品”凸显城市特色,为城市代言。在第二层面,成都台要发挥“拳头产品”的引领作用,完善品牌体系化建设,为品牌集群化奠定基础。

具体而言，成都台要统筹全台和各个频道的编排时段，精心安排集群播出，在“播出带”和“节目群”的基础上，逐步建立“品牌带”的编播概念。另外，在实地调研过程中，研究团队了解到，成都台设有品牌推广部，但重点在做主持人的推广，在接下来的改革中，建议品牌推广部加大节目推广力度，重视在内容层面建构成都台的影响力，从而提高全台的品牌整合力和影响力。

凸显蜀地人文气质。成都有着独特的区位、地缘、经济、文化特性，成都台的发展必须立足这种独特性，彰显蜀地人文气质。

成都不仅独享四川盆地、成都平原的资源优势，更有着悠久的历史文化传承。杜甫草堂、武侯祠、薛涛井等历史文化胜景，宽窄巷子、锦里等具有独特城市文化特质的街巷，作为成都后花园的青城山、峨眉山、乐山等众多世界自然和文化遗产保护地，具有历史传说故事的遗迹等都为传媒发展提供了丰富的历史文化底蕴和传媒文化题材。成都台在向全媒体转型的过程中，必须把这些资源开发为传播素材，并为当代传媒的发展、转型和提升提供灵感与文化历史底蕴。

而更难得的是，成都人有坐茶馆、摆龙门阵的历史传统，具有深厚的言说历史和资源。言说本身就是一种传播形式，幽默的语言和言说习惯为媒体提供了良好素材来源和受众基础。在向全媒体转型的过程中，成都台需要利用好这种独特的优质资源，将蜀地文化资源与民众言说传统紧密结合，成为区域特色鲜明和受众黏合度高的传播媒体。

构建多层次、全空间、立体化的新型公共服务传播体，成为全国城市广播电视台在新媒介生态背景下战略转型的领军者。

第一，构建新型公共服务传播体，成为创新突破口。在新一轮改革中，成都台要超越原有的广播电视公共服务的理念和模式，在全国树立公共服务媒体标杆，成为全国城市台学习的典范；要建立城市台与公众之间的新型视听服务关系，在政府、社区、公众、媒介之间搭建多向性互动平台，引领城市台公共服务新理念，拓展城市台传播功能，在中国新型城市建设中发挥媒体的榜样作用；要利用新媒体技术平台实现事业和产业发展的转型和升级，成为全国城市台在新的媒体生态中进行全媒体转型的领军者。

第二,创建一个新型的公共服务频道,尝试以全天候直播方式运行。成都台要构建全市医疗、教育、交通、文化、房产、天气、养老、火警、治安、社区、商场、菜场等公共服务传播体系,打造信息传递平台、咨询交流平台、实用服务平台,以全方位、互动性、接地气的服务品质,拓展媒介的公共服务新功能。

第三,拓宽取材渠道,以日常生活作为公共服务类节目的源头活水。公共服务类节目,不管形式大小,都要取材于衣食住行的方方面面。如今,这类节目不再把视点局限在家居生活的范围之内,而是从社会生活的各个层面来挖掘选题,这就使公共服务类节目具有了更大的包容性。从城建设施的更新到金融投资的趋势,从街头巷尾的细微变化到市场格局的震荡起伏,所有会影响到观众生活方式、生活规律、生活节奏以及生活态度的因素,都是公共服务类节目的题材源泉。

第四,拓展媒介功能,组织公益性服务社团。在办好栏目、形成频道特色的基础上,成都台应组织建立有特色的公益服务团体,并使之成为一种媒介行为,在和谐城市建设中发挥积极的媒介功能和作用。调动社会力量,组织一些长期的公益性公共服务团体,比如成都广电退休老人服务社团、成都广电保健医疗健康公益服务团体、成都广电教育公益服务团体、成都广电社会救助公益服务团体、成都广电交通服务公益团体等。这些团体的活动要与节目互动,电视台策划系列主题日活动,争取在全国产生影响,为全国城市台公共服务的发展树立标杆。

三、产业经营升级方案

依据成都市“十二五”发展规划,传媒业增加值年均增长将达20%以上。成都台要实现这个增长目标,升级产业化经营水平和规模是必由之路。传统媒体与新媒体深度融合,将成为产业发展的特色。大力培育新型媒体的内容产业,成为产业经营的核心驱动力。

鉴于成都广电在整个媒体行业所处的地位,今后5至8年期间,成都广电要力争年均增加值达到20%—25%。根据今后的增长目标,成都广电的产业布局可以是多元化的。

笔者认为,多元化经营应该厘清主要的思路,抓关键,抓突破,抓成长,围绕大的布局展开:探索多维度的合作模式;打通广告、营销、融资渠道;研发品牌节目、增加广告效益、延伸节目产业。

(一)探索多维度的合作模式

第一,引领行业联盟,发挥平台效益。成都台作为城市电视台协作体副会长,应该更好地利用城市台联盟的平台,在联盟中发挥引领作用。

成都台要在开发本土优势的基础上,发挥作用与号召力,尝试与其他实力相当、有文化接近性的城市电视台合作,寻求更为宽广的发展空间,互利共赢;可以通过节目联播、联合制作输出微电影、举办大型公益活动等方式进行广告招商和融资,进行多种维度的跨界合作。近年来,央视网推出了招商频道。央视在招商频道的建设投入上拨款 150 亿元,试图在全国建立 300 个城市视窗。这一举动对于仅在本土性上稍胜一筹的城市台来说,似乎使其面临着丧失唯一优势的危险。此外,电视媒体之间的竞争愈演愈烈,新媒体强势进入市场,这一切都意味着成都台需要进行多种维度的跨界合作。

第二,寻找 CUTV 的合作盈利空间。

2010 年 3 月,深圳广电集团在业内会议上提出建立“新媒体联合体”的倡议,迅速得到全国数十家城市电视台的积极响应。随后,成立“城市联合网络电视台”的申请得到原国家广电总局的高度重视和大力支持。

2010 年 12 月 28 日,国家广电总局下发批复文件(广局[2010]586 号),正式同意开办“城市联合网络电视台”(China United Television,CUTV)。

2011 年 1 月 8 日,CUTV 正式成立,获发国家广播电影电视总局网络电视台正式牌照,其合作电视台见表 4-5。CUTV 是以视听互动为核心、融网络特色和电视特色于一体,整合广播电视频道资源,结合互联网、电信网的传输优势的新型媒体。CUTV 的成立既弥补了城市电视台新闻时效性弱的不足,又打破了视频类网站节目播报资质的局限性。CUTV 致力于联合全国有影响力的城市电视台,将优质的电视媒体资源融合于先进的网络运营平台,实现总台与分台之间、各分台之间的媒体资源共享,合作开发,扩大各分台的影响力,在网络电视新媒体趋势下快速成长。

表 4-5　CUTV 合作电视台列表

1. 深圳广播电影电视集团	23. 石家庄广播电视台	45. 新疆大晨报股份公司
2. 南京广播电视集团	24. 唐山广播电视台	46. 上海新闻晚报传媒有限公司
3. 苏州市广播电视总台	25. 西宁电视台	47. 时尚传媒集团
4. 南通电视台	26. 厦门广播电视集团	48. 华夏传媒集团
5. 宁波广播电视集团	27. 烟台广播电视台	49. 黑龙江日报报业集团
6. 台州广播电视总台	28. 阳泉市广播电视台	50. 金昌电视台
7. 大连广播电视台	29. 郑州电视台	51. 威海市广播电视台
8. 济南广播电视台	30. 安庆市广播电视台	52. 温州广播电视传媒集团
9. 青岛市广播电视台	31. 蚌埠广播电视台	53. 信阳电视台
10. 珠海广播电视台	32. 郴州电视台	54. 澳门广播电视股份有限公司
11. 南宁电视台	33. 邯郸电视台	55. 滨州电视台
12. 绍兴广播电视总台	34. 合肥市广播电视台	56. 成都广播电视台
13. 武汉广播电视总台	35. 济宁广播电视台	57. 大同广播电视台
14. 安阳广播电视网络总台	36. 晋城广播电视台	58. 佛山广播电视台
15. 贵阳广播电视台	37. 六安市广播电视台	59. 哈尔滨电视台
16. 荆州电视台	38. 牡丹江新闻传媒集团有限公司	60.丽水市广播电视总台
17. 太原广播电视台	39. 渭南电视台	61. 临沂电视台
18. 泰州广播电视台	40. 西安电视台	62. 洛阳广播电视总台
19. 吉林市广播电影电视总台	41. 襄阳广播电视台	63. 潍坊广播电视台
20. 昆明广播电视台	42. 玉溪电视台	64. 黄石广播电视台
21. 兰州市广播电视总台	43. 淄博电视台	65. 鄂尔多斯广播电视台
22. 柳州市广播电视台	44. 湖北广播电视台	

目前,已公布的数据显示,已有 65 家媒体加入城市联合网络电视台,成都广电也在其中。但是,城市联合网络电视台的运营和盈利空间还没有打开,成都广电应该深入研究这一平台的优势,顺势而为,探索合作盈利模式。

第三,开展跨地区合作。

城市台如果对决财雄势大的央视及湖南卫视、东方卫视等媒体,单打独斗,几无胜算。随着时代的发展,依靠一个好制片人、好编导、好主持人做好节目打天下的时代已经过去，当下节目的研发生产靠的是资源整合。与省级卫视相比，城市台在覆盖范围、人力、物力、财力上都与其有一定的差距。因此，更加需要打破以邻为壑的观念，树立“大媒介观”，走跨区域、跨媒体、跨产业之路，才能既盘活原有资源，又有效汲取市场和社会资源。

2010年，湖南卫视与青海卫视进行了深度合作，湖南电视台的非上星节目可以通过青海卫视上星，而湖南电视台的一些自制剧也会在两台同时播出。长于内容生产的湖南卫视与拥有渠道资源的青海卫视的合作，实现了资源的互相置换，达成了共赢，为电视媒体的跨地区联合提供了极好的案例。

城市台相对于省级卫视而言，有着“船小好调头”的灵活性。成都台尝试跨地区联合可以有效整合资源、共享资源。同时，跨地区联合可以依据实际情况，灵活地选择多种方式。

第四，实施内容经营联盟。

依据CSM（央视－索福瑞媒介研究）调查，地方新闻节目和电视剧是城市台提高收视率的两大利器。与其他城市电视台结成联盟，共同购买优质电视剧，可以有效地提高议价能力，压缩购剧成本。目前，辽宁电视台和沈阳电视台已经基于文化同源性做出了联合的尝试。

除了共同购买电视剧外，城市电视台更可以以联盟的形式，共同投拍有地方特色的电视剧，一则可以解决单个城市台资金不足、技术力量薄弱的问题；二则可以分担风险，积极创新。电视剧拍摄之前及完成之后还可以以联盟为主体举办招商洽谈会，有效吸引投资商及关注度，提高议价能力。

徐州台从2010年就开始借势借力，走联合拍摄之路。2010年，徐州台获知编剧赵冬苓手中有一份名为《小小飞虎队》的剧本，认为该剧本有极大的市场价值，但当时该剧本已被购买，即将拍摄。徐州台便找到拍摄方山东影视制作中心与枣庄电视台，要求联合拍摄。该剧拍摄播出后，获得了美誉度和投资回报上的双丰收：2011年，该剧在央视1套晚8点黄金档播出，创下央视同期最高收视纪录，还获得了徐州市、江苏省、全国等不同级别的奖项，该片投资1,600万元，最后发行收回4,000万元。

(二)打通广告、营销、融资渠道

首先,组织广告经营联盟。

成都台的频道资源较为丰富,频道资源丰富意味着广告时间较多,这也给广告部门的广告经营带来了压力。如果仅仅将眼光局限于成都市区及郊县,一则会因区域受限而导致广告主的数量、质量有限;二则由广告部门单枪匹马进行广告时间零售,人力成本高,效益较低。因此,成都台可以组织广告经营联盟,将与成都台经济实力相匹配的其他城市台各自的广告时间进行打包批发。这一方面可以提升广告覆盖的地理范围,另一方面可以提高城市台的议价能力,扩大城市台自身的影响力。

其次,开展跨媒体营销。

成都广电拓展受众群的有效方法之一就是联手新媒体,一方面利用Web1.0的门户网站、BBS,另一方面利用Web2.0的微博、微信等。

对此,一些卫视和城市台已经做出了尝试。浙江卫视与人人网、56网联手开发了美食节目《爽食行天下》,杭州台旗下的"葫芦网"和土豆网合办了杭州频道,河北卫视联合风行网推广了自己的电视剧和其他栏目。

近年来,视频网站纷纷试水电视剧内容制作,城市台还可以以较为低廉的价格向视频网站购买其制作的优质电视剧,减轻在电视剧购买上的经济压力。安徽卫视就尝试购买了土豆网自制电视剧《爱啊哎呀,我愿意》,AGB尼尔森调查显示,该剧在安徽卫视首播收视率为1.26%,周日档收视排名第2。爱奇艺自制科幻情景喜剧《奇异家庭》在江西影视频道的播出也引起了热烈反响。

就成都台而言,联手新媒体也有多种形式。一是可以利用旗下的"橙网在线"扩大受众的参与,如设立生动有趣的互动栏目,鼓励受众参与,打造接近性。二是需要鼓励以台里的知名栏目、知名主持人的名义开设微博,积极与粉丝互动,形成名人效应。

值得注意的是,并非开设了网络互动栏目、官方微博之后,目标受众便会主动与我们互动。利用新媒体进行推广,在新媒体上发布的信息要符合新媒体的风格。湖南卫视的网络推广十分值得模仿与学习,他们的官方微博首页介绍中就有这么一句话:"在这里你将第一时间了解到大量芒果台内幕。”其重点栏目播出之前，都会在官方微博上进行大规模造势，将该期的主要内容、嘉宾信息进行生动“爆料”，有效吸引了年轻受众的眼球。

再次，进行多元化经营并主攻电视购物盈利模式。

城市台原有的经营方式过于简单，单纯依靠广告收入容易受到经济波动的影响，况且，央视和强势上星卫视对于城市台广告份额的蚕食，也使得城市台必须开展多元化经营。

目前，苏州台、常州台、威海台等东部地区城市台已将多元化经营常态化，如在全面了解区域观众细分需求的基础上，在不同时期举办 TV 团购活动等。在这些活动中，城市台凭借信息采集以及良好的公信力的优势，实现与商家、消费者的三方共赢。

除此之外，开办购物频道也是不少城市台的选择，如长沙台、株洲台、湘潭台三家城市台联手打造嘉丽购物频道，实行风险共担，利益共享。

电视购物这一形式本为舶来品，最初于美国出现，后经日本、韩国传入我国的台湾地区，再经台湾地区登陆内地电视台。我国最初的电视购物节目为电视直销的形式，也就是厂商或者代理商购买电视台的播出时段，播出由他们制作的有情节、有故事性的产品推销节目。

以电视直销形式出现的电视购物从 20 世纪 90 年代出现在内地电视荧屏之后便引起了消费者的浓厚兴趣，厂商和代理商也获取了丰厚的利润。但电视直销普遍存在着过分夸张产品效果、信誉度不高、售后服务欠缺等问题，甚至有不少企业借电视直销之名行诈骗之实，这一切都导致了电视购物的名声不佳，有些电视观众甚至将电视购物与欺诈画上了等号，这一切都导致我国的电视购物产业逐渐走低。

2003 年起出现了转型契机。从 2003 年起，我国的广电系统开始直接运作电视购物，采取电视直播与录播相结合的方式，摒弃了暴利销售，转而走细水长流的理性发展之路。这种电视购物是一种新型的商品销售形式，分为四大环节，分别是选择产品、节目制作、呼叫中心、物流配送。电视台是运营主体，是产品销售的平台，是无店铺的“空中超市”。

2004 年成立的上海东方 CJ 家庭购物、2006 年成立的湖南快乐购都是这一类的代表。湖南快乐购在开办1年之内就实现了4.6亿的营业额,更实现了产品的立体化覆盖,上至高端奢侈品,下至柴米油盐等家庭必需品,都可以在快乐购一站购齐。

快乐购在行业内率先推出“快乐购严选品质保证、24小时免费客服、7天免费送货到府、开箱验货、货到付款/信用卡免息分期、10天鉴赏期免费退/换货”等6大服务承诺。从中可见,湖南快乐购先精准分析出在电视购物各环节中消费者可能会有的顾虑,再有的放矢地提出相应的服务和保障,从而有效地将消费者的购买欲望转化为购买行动,实现了3年累计总营收超过58亿元,日均出货量已经过万件,3年收入增长率达587%的销售奇迹。

湖南快乐购曾经售卖过5台限量的本田CRV,这5台车在5分钟之内便被抢购一空,更有500多个订购电话纷至沓来。同样,中视电视购物有限公司曾经售卖过桑塔纳和帕萨特,仅通过电视购物频道便卖出3,500余辆。

成都电视台在电视购物的运营上是先行者。自2004年开始涉足电视购物领域,成都台经历了与韩国GS购物公司合作、上海友友购物合作的不同阶段,但经营状况一直不甚理想。2011年,成都台开始与上海东方希杰公司达成合作,共同投资成立了名为“每日东方购物”的居家电视购物公司。

据调查,成都拥有8千亿左右的市场零售额,这一市场体量巨大。相比之下,每日东方购物的市场份额仅在3,000—4,000万,这说明成都台的电视购物有很大的提升空间。

目前,成都台的“每日购物”覆盖了四川全省270万用户,还有很大的发展空间和增长潜力。如果成都台在经营电视购物时,能够在进行精确前期调研的基础上,明确主打产品方向,其后遴选优质商品并制作相应节目,科学选择播出时间,完善呼叫中心和物流服务,在1年之内一定会在四川地区实现更广泛的覆盖。

在四川地区形成强势覆盖后,成都台更可以积极利用成都地区的休闲文化、美食资源、旅游特色推出成都台电视购物独有的产品,并争取同时在有线电视数字网、有线电视模拟网及IPTV中播出，一方面突破渠道困境创新运营模式，一方面提供优质独特产品，实现在西南地区甚至全国范围内进行电视购物运营，获得更大的市场份额的目标。

(三)研发品牌节目、增加广告效益、延伸节目产业

节目品牌化是电视台能够持续发展，不断增加影响力的资本。近年来，浙江卫视联合星空传媒旗下灿星制作强力打造的《中国好声音》、上海广播电视台的《中国达人秀》、江苏城市频道的《南京零距离》等节目在全国产生较大影响，同时带来巨大的广告收益。2011年，江苏电视台的《非诚勿扰》节目的广告收入就达到18亿，2012年成为全台广告收入的支柱节目。

成都台须打造出具有全国影响力的品牌节目，以实现突破性发展。

一方面，延伸节目下游产业链。

对于电视台来说，节目的下游产业链延伸指的是电视台制作或购买高质量的节目，其后在电视节目之下配置相应的产品、渠道等产业链条，通过链条来实现利润的获取，从而由单纯依赖广告的被动经营，变成自主经营和获取广告收入双丰收的稳定经营模式。

下游产业链延伸有着不同的形式，近年来，一些省级卫视已经敏锐地采取“捆绑经营”的模式进行下游产业延伸的尝试。如在媒介经营上一贯大胆的湖南卫视，以湖南广播电视为龙头，利用湖南卫视的品牌效应，在旅游、服务、餐饮甚至房地产领域都有所涉足。无独有偶，上海文广致力于对互联网信息服务的开发，其旗下的东方网除了提供一般网站的免费服务之外，还在文化、体育、旅游等领域提供信息增值服务，并在充分开发了自己所占有的信息资源之后，进一步构建网上交易平台，实现了产业的延伸和有效衔接。

成都台作为省会城市台，和省级卫视，尤其是强势省级卫视之间的实力差距不容忽视，照搬照抄湖南卫视和上海文广的举措可能会出现一定问题。但是，从湖南卫视和上海文广的成功案例中，我们可以得到启发：城市台需有效地发挥自己的优势，进行产业链的延伸。

城市台的最大优势在于地方性。城市台虽没有上星卫视动辄千万的

观众,但收看城市台的观众集中于电视台所在的地区,电视台的节目若设置得当,容易使观众产生亲近感,从而提高观众对电视台的黏着度。而一旦观众对节目产生习惯性收视,那么便可以对节目进行有效的线下延伸。

电视台产业链的延伸是建立在相应的电视节目的基础上的,而想要有效延伸,必须为观众提供优质的节目。成都台的栏目种类繁多,涉及房产、家居、汽车、健康、旅游等诸领域,其中大量植入的各类广告,给成都台带来了丰厚的广告收入。但是,此类电视栏目仍是传统的广告售卖模式的产物,节目中充斥着各类生硬的软广告,可看性不高,更遑论在观众的心目中形成品牌,对其进行产业链延伸亦是无从谈起。

另一方面,延伸与节目对应的产业链。

成都台运营中心曾经进行过一种产业链尝试,如 2012 年与红旗连锁围绕着“遛鸡哥”鸡蛋项目进行的合作,以及其后与益民菜市(菜市场名称)、蓉鲜水果、天天海鲜等实体店铺进行共同经营推广活动。其中,较为成熟的是 2012 年末与中央储备粮和红旗连锁进行的三方共同开发运营的“七心”大米项目。中央储备粮负责生产和物流,成都台负责品牌打造、宣传推广,红旗负责终端销售。这样的尝试值得肯定,但是,对于城市台来说,选择何种价值链延伸方式,以及选择何种领域进行价值链延伸,仍然要基于城市台的地理位置、优势节目、人才储备等因素。

电视台产业链之延伸需要与线上节目有相对密切的相关性。作为组织化传播实体的电视台在信息采集、信息整合上有着其他行业所不能及的优势。电视台在前期精心调研的基础上,针对一定的目标受众,有意识地采集所需信息并进行合理编排,制作出相应的节目,自然会受到目标受众的追捧。

节目如果能在一段时间内保持相对稳定的水平,必将形成品牌。建立在品牌节目之上的产业链延伸方能取得良好的效益并形成良性运转,促成节目品质和节目创收的双赢,更能达成电视台社会效益和经济效益的双丰收。

盲目地进行产业链的延伸,没有品牌节目作为支撑,不仅不能够发挥电视台的优势,在与合作商谈判的过程中议价能力较弱,更可能因为急于寻找下游产业，放低对合作商的品牌、实力的要求，一旦出现这样的情况，消费者的权益就可能得不到有效保障，成都台的公信力和影响力也会受到影响。

(四)策划丰富的主题活动，注入收益活力

一方面，立足区域文化特色的大型活动。大型活动可以在一定时间内迅速吸引受众眼球，激活收视率，使城市台获得广告、冠名收入。通过举行各种大型晚会、地面活动，并进行现场直播，城市台可以网聚人气，强化与商企之间的合作。如果说举办 TV 团购、开拓下游产业链是城市台细水长流的创收来源，那么举办大型活动则是城市台提高经营收入的发动机。

但是，举办大型活动也并不简单，选择何种选题，举办何种活动，都要求城市台有相应的优势资源作为支撑，这个资源可以是资金、渠道，也可以是嘉宾、人才。

在策划和举办大型活动之前，必须进行严格的论证，每个大型活动都需要有相应的资源作为依托，没有相应的资源，再好的创意或者点子也没有支撑点，活动的规模和效果也都有限。

比方说，杭州作为浙江省省会，有着悠久的文化积淀。杭州西湖明珠频道看准这一资源，举办了“中国杭帮菜博物馆杯杭帮盛宴”民间厨神选秀会。该活动融合了当下最时髦的选秀元素，又突出了杭帮菜的地域特征，节目环节中还增加了营养专家的讲授环节，集美食、生活资讯、明星等各元素于一身。活动共持续了 2 个月，先是进行民间厨神的选秀，而后举办一场“杭帮盛宴”颁奖晚会。在 2 个多月的活动中，西湖明珠频道集聚了大量的人气和影响力，除了获得“中国杭帮菜博物馆”的冠名费用之外，还获得了多个品牌的植入广告收入，更在杭州地区的收视率前十名中获得一席之地，可称得上是一举数得。

再比如，《西游记》是我国的四大古典名著之一，在其基础上改编的同名电视剧在我国电视观众中有着深厚的群众基础，出现在其中的花果山、水帘洞等地名也为观众耳熟能详。连云港电视台利用本地的“花果山”旅游资源，参与举办了“西游记旅游文化节”大型活动。从前期策划，到中期传播,再到后期营销,连云港台利用资源,有效地提升了连云港台的知名度并获得了大量的广告收入。

另一方面,创新大型活动内容与形式,提高美誉度和效益。成都台在举办大型活动上积累了一定的经验。例如,依托旗下的直属子公司成都成视文化有限公司连续成功举办3届“热波成都音乐节”、第49届至第51届“国际小姐世界大会全球总决赛”、“第14届全球华语榜中榜及亚洲影响力大典”等大型文化活动。这些活动提高了工作人员在舞美设计、流程设计、后期包装和节目录制上的水平,培养出了有较高能力的编导团队、技术团队、运营团队和后勤团队。同时,成都台也因此获得了一定的利润,提升了知名度。

但是,值得注意的是,要使大型活动成为创收的渠道,必须要在内容和形式上不断创新。例如,区域性概念的创新。区域性并不意味着局限于城区和县城之内,区域性所覆盖的区域是在地理位置接近性和文化接近性的基础上形成的。

成都台作为省会城市台,可以覆盖资阳、简阳、眉山等城市带,营造出“大成都”的概念,增强作为“川味文化”代言城市的实力。

成都台的资源极为丰富:成都市及四川省的政府资源、成都市及周边地区的旅游资源、成都市及周边地区的企业资源、成都多数大学中的专家资源,以及活动在四川或籍贯为四川的人才资源。仅就旅游资源而言,成都作为全国休闲文化的代表城市,以及“美食大省”四川的省会城市,周边有着青城山、都江堰等具有历史文化积累的优质景区,更有着熊猫繁殖基地等特殊的物产资源。这些旅游资源可以单独开发,如举办“旅游节”“美食节”“熊猫节”“休闲文化节”等大型活动,更可以与历史资源、企业资源、明星资源进行任意组合,以复合式、连续型大型活动的方式进行呈现等。这样的大型活动不但能跨越成都周边的地域限制,更能覆盖四川省,甚至能够向全国辐射。

通过举行高品质的大型活动,成都台不但可以提升自身的知名度,提高广告收入,更可以对成都市乃至四川省的经济有所推进,产生极好的经济效益和社会效益。

(五)创新管理模式、优化组织结构、提高运营效率

一方面,设立战略研发中心。

在管理上,成都台实行“频道＋中心”的管理架构。台一级设立部门包括:台办公室、台总编室、品视委、计财处。中心分为:节目中心、技术中心、新闻中心、广告中心、产业运营中心、全媒介娱乐中心。全台有6个公司:成视文化传媒有限公司(经营方向:活动会展)、成都广电视讯有限公司(经营方向:新媒体)、成都音像出版社有限公司(经营方向:教育培训、产业中心项目落地)、成都华视移动有限公司(经营方向:成都数字移动电视)、成都每日购物有限公司(经营方向:电视购物)、成都天成广告公司(经营电台广告)。

成都台需在现有“扁平化”管理模式的基础上,进一步优化组织结构,设立战略发展研究中心,负责全台战略的研发、执行和考评。战略发展中心指导和考评节目中心、技术中心、新闻中心、广告中心、产业运营中心、全媒介娱乐中心的工作,确保各中心工作围绕全台的发展战略推进,通过整合资源,支持各频道工作的推进。

各频道是总体战略的执行机构,围绕战略发展要求决定节目的设立、考评和改进,打造成都台的品牌栏目。

产业运营中心根据不同类型节目的特点和与业界可能的结合点,从节目的策划阶段就要考察其市场的影响力,预测收视率;在节目的后续制作、播出等各个环节寻求其与社会资源的结合点;在节目播出后,通过节目版权、进一步开发获取更多的收益。这样,确保全台的战略能够在每一个部门、每一个节目、每一个栏目得以体现和实施,提升电视台的整体实力。

另一方面,强化“大产业”“大媒体”“大成都”概念。

成都台发展至今,在全国的城市台中一直居于前列。

成都作为西南重镇,有着良好的经济基础、深厚的文化底蕴、悠久的历史传承,这一切都为成都电视台更上一层楼提供了可能性。

成都台首先需要扩大视野,树立“大产业”“大媒体”“大成都”的概念。产业经营活动要向“大产业”转化,发挥信息整合、资源整合优势,积极参

与下游产业链的打造;经营模式要从单纯的广告营销转变为产业营销,要将旗下的电视、广播、网络等相结合,形成“大媒体”营销,互相取长补短,获得1+1>2的效果。

在具体的经营活动中,成都台不能仅仅将眼光限定于成都及周边区县,更要扩大到周边城市;不仅仅力争辐射到简阳、资阳、眉山、德阳、广汉等具有极强文化接近性的周边城市带,更要努力成为四川省的一张名片;通过大型活动激活能量、创造品牌,以求在市场中获得更多的资源和利润,在中国的电视媒体中占据重要的一席之地。

四、全媒体战略规划与实施方案

目前,成都台具体的新媒体业务由三部分组成:三网融合业务(IPTV),互联网视听化项目(橙网在线),移动互联网(客户端)业务。成都台现有150余台服务器,50余名团队成员。目前,成都台已经具备覆盖全国的技术基础和人力资源,除承接台内活动、宣传等任务外,也与外界企业进行横向拓展。并且,新媒体的规模颇具实效,成绩斐然。三年内,新媒体部分的盈利能力从最初的54万迅速增长到5,000万。

成都台这个阶段的新媒体业务硬件基础扎实、发展 态势良好,在全国城市台的新媒体发展中具有较大领先优势。在全国城市台的新媒体发展中具有较大领先优势。良好的技术和人员配置,给成都台在新平台上的二次腾飞提供了良好的起飞平台和后续动力。现阶段进行媒体转型,时机已经成熟。

从国际的媒体环境来看,此时主流平台CNN、BBC、中央电视台均开始进行宏观的全媒体转型,以减少风险、扩大影响力,主打栏目也同时进行了多平台、衍生化的营销。省市级电视台在生存空间受到严重挤压后,也纷纷开始了不同形态的转型尝试。可以说,从市场发展上看,全媒体战略转型是大势所趋。

从地区资源来看,成都地区文化资源丰富,成都台具有得天独厚的优势,能够率先完成全媒体信息平台搭建。从横向比较来看,地方台全媒体战略转型大部分仍处于探索阶段,而没有真正的领军者。近两年正是拉开差距、树立行业标准的重要时期。此外，受众信息接收方式已经发生了深刻改变，成都台抓住机遇积极转型，能够先声夺人地有效凝聚受众，赢得未来发展空间。

此外，全媒体转型战略的实施，需要大量资金投入，牵涉人力资源的整合与调配。在大胆尝试全媒体战略转型的同时，成都台也应理性地认识到：①新媒体市场更新速度极快。在态势不清的情况下，投资风险客观存在。②经验不足。以传统媒体经验对抗专业新媒体的庞大现金流，需要更多实践锻炼。③培养周期。全媒体战略的实施不是一蹴而就的，它需要分批次、分步骤，需要宽容度；观众的认知、接受需要一定时间才能取得效果，期间必然涉及动态调整；对不可预见因素需要有心理预期。

总体来讲，基于现有的技术条件和人员配备，成都台具备了进行全媒体转型的主观和客观条件。在近几年内，成都台还需进一步规范新媒体操作、细化成本构成，理顺合作机制，通过新媒体部门和电视台部门的深度合作，整合全台资源，实现集约化共享，打造新型视听关系，共同托起一个品牌。

（一）宏观策略：整体定位及战略规划

综合考虑成都台现有的内容生产能力和扎实的新媒体基础，可以推断：在未来几年，将业界目标定位为“全国城市台向全媒体转型的领军者”、功能目标定位为“城市公共服务平台、都市文化生活之家”，是符合客观实际的、可达成的目标。全媒体发展的基本思路为：以成都台的本土信息生产为依托，大力发展以青年人为核心的媒介文化，全面搭建城市公共生活的服务体系。

在战略规划方面，笔者认为：成都台的新媒体发展可以参考“1＋4＋3”的发展战略，即1个主体、4条主线、3个平台。

1个主体，即都市青年群体。

电视观众的老龄化限制了地方电视台的发展方向，更制约了其规模上的拓展。在新媒体平台上，固守已经发展成熟的巴蜀文化、熊猫符号，不符合开放、包容、繁华的国际都市气息，更不符合新媒体文化的生产规律，无法形成持续的文化生产力。聚焦年轻人群体的意义在于建立多元化、富有活力的城市语境,新媒体战略的主攻方向应是互联网的主力军——都市青年群体。全媒体战略转型的重心,应牢牢锁定为15—30岁的年轻人。

建议全媒体战略主打“青春、活力、创意”主题,体现朝气蓬勃的年龄特征、尊重新一代的生活习惯、关注网络媒体热点。

4条主线,即评论、社交、定制、互动。

评论主线。电视是单向传播的媒体,无法听到观众反馈的声音。评论功能,对观众而言,是一个表达个人观点的渠道。对电视而言,观众的整体评论代表了节目所取得的实际效果,通过集纳观众反馈,电视机构能做到有的放矢。个性化的评论在社交平台上具有很强的传播性,能够附带节目信息,增强观众的参与度,扩散节目的影响力,反哺收视率。大部分电视的网络终端主动集成了这一应用,例如CBS的社交平台CBS Connect就围绕节目设立了一个讨论平台,让观众自由地对播出的节目发表看法和意见。

社交主线。正如马克思的经典论断:“人的本质不是单个人所固有的抽象物,在其现实性上,它是一切社会关系的总和。”在前社交媒体时代,电视是静态的。社交与电视的结合,使过去客厅里一家人的对话转变成千千万万人的实时对话,从私人空间讨论转为公共空间讨论。这种社交化观看,将电视放在了庞大的人际网络的传播之中,给电视打开了一个全新的空间。

定制主线。随着观众现实空间中的时间碎片化,能够用于观看电视的固定时间被反复压缩,且越来越不规律。“最新数据显示,北京地区电视机开机率从三年前的70%下降至30%。”电视整体的节目编排和具体的内容生产针对的是广泛的观众群,以照顾绝大多数观众的理解能力为主。新的融合方式要求电视节目由粗放编排向差异化制作转型,为观众提供个性化的电视定制服务,让观众自由选择自己喜欢的节目、话题,以及收看时间。以CNTV网络客户端CBOX为例,CBOX内置电视台列表、智能节目单、视频搜索等功能,用户可以通过网络观看直播、专题栏目,点播往期节目,并收藏喜爱的栏目以备随时观看,实现了用户预订电视节目、制作自己的节目单、获得播出提醒。

互动主线。由于缺乏回路，传统电视对观众的反馈主要依靠经验判断，存在很大的盲目性和局限性。网络使电视不再对空喊话，变成了实时对话。通过二维码实现双屏互动成为当下的通行做法，双屏互动的基本流程是电视主动提示，第二屏跟进参与，且双屏互动均内嵌了两种机制：奖励机制（赢取积分、奖章、优惠券等）、游戏机制（完成任务、升级等）。双屏互动极大地丰富了电视的参与性，能够非常有效地吸引年轻观众。

3 个平台，即公共服务平台、品牌推介平台、全景信息平台。

公共服务平台。新媒体与电视的融合发展，不是简单地推送电视节目信息，而是搭建起一个覆盖衣食住行的日常生活服务平台，做到“与成都相关，与用户相伴”。除了获取常规和突发地方新闻外，此平台还应该集纳城市交通、物价动态、天气预报、叫车服务、美食信息、购物优惠等服务版块。用大信息量、伴随性、贴近性的内容，使成都台发布的信息成为成都生活不可或缺的一部分。

品牌推介平台。2012 年，腾讯年收入 438.9 亿元，同比增加 54%；百度年收入同比增加 53.5%；央视年收入同比增加 15%。全媒体平台所具有的品牌推介功能，一方面是在融合后的全媒体平台上打造成都台的高端品牌形象，利用知名主持人、品牌栏目的号召力，延展成都台新媒体的品牌拓展优势；另一方面，通过新媒体平台做大用户群、提高用户忠诚度，丰富广告盈利途径。

全景信息平台。传统电视在单位时间内传递的信息量是有限的，且大量枯燥的数据不适于电视呈现。通过新媒体平台，成都台可实现全天候、全方位的信息覆盖。从一对多的单向传播向随时互动传播转变，形成多对多乃至一对一的新型传播架构。同时，手机和电视的协同可实现信息无缝传递。例如信息量极大的仪式庆典（奥运会开幕式、国家元首就职典礼）、突发事件（波士顿马拉松爆炸案、H1N1 流感疫情）、气象灾害（飓风、洪水、地震）等，需要在另外一个平台上开拓辅助叙事空间，协同完成更大体量的全景信息搭建。

上述愿景的最终达成，涉及复杂的制作、播出、传输、接收环节，涵盖传播理念、内容方式、业务形态、管理模式。全媒体战略转型，既不能盲目地追求规模效应，也不能因循守旧地囿于既得利益，科学规划、主动创新才是长久之计。

与此同时，为了确保从宏观上把控全媒体战略转型，成都台的整体新媒体资源部署可以参考几个方向性的调整。

首先，促进现有电视、新媒体合作。实现全媒体运营，首先要打破的就是“电视是电视，网络是网络”的僵化思维。电视和网络的融合需要内在的统合性，电视从业者必须要摒弃门户之见，做到内在统一，协同起来成为新的信息生产模式。成都台的IPTV拥有60万观众、拥有很强的网络覆盖能力。在这阶段，新媒体每年都能为创收作出大量贡献，但除此之外这个优秀的资源并没有得到充分利用。开掘现有资源，促进电视资源和新媒体平台的深度合作，应该是总体方向。

其次，战略纵深前移，新媒体功能前置。现阶段，包括成都台在内的大部分广播电视台对新媒体的调度是居于广播电视生产之后的。也就是说，新媒体部门接力广播电视内容生产。这就引发了一个问题，如果新媒体部门和广播电视部门是彼此分立的，那么新媒体部门就必须重新对内容进行二次解读，时效性、内容深度都受到影响。新媒体的生产重心必须前移至节目生产一线，理想化的状态是网络与广播电视新闻同步生产。

最后，放眼未来，而非聚焦现在。BBC、CNN的新媒体发展战略有一个共性，就是着眼于未来，而不是当下。BBC的在线首席运营官上任后接到的任务是“把所有在新媒体上重要的事情、该发生的事情，一定要让它发生，而不是解决当下最应急的事情”。BBC高层并没有追求短期效益，而是着眼于媒体发展规律，将新媒体作为一个长期战略执行。在这个理性的态度下，BBC的新媒体发展稳健而卓有成效。成都台的新媒体发展富有魄力和高瞻远瞩的眼光，不应以现阶段城市台的通行做法和发展状态为参考，而应着眼于国际，主动尝试、实验，以树立行业标准、领跑城市台为目标。

（二）中观管理：科学合理的运行机制保障

上述宏观战略转移的实施，重点不在于微观层面的创新，而在于中观层面的运行保障，因此，成都台可考虑从如下几个层面具体落实战略。

首先是人才先导的机制保障。成都台的新媒体具体执行人员存在两种情况。一种是由传统媒体转型为新媒体内容生产的相关职务，他们没有网络媒体的从业经验，是用电视的理念套用新媒体，生产的内容并不“地道”，带有强烈的“电视味”。另一种是由电视栏目的编导兼职做新媒体内容发布。这一部分的制约来源于他们的工作量并不由新媒体考核，与点击量、评论量都不挂钩，导致编导执行新媒体战略的惰性很强。同时也应注意到，我国全媒体的硬件发展速度超过了配套的软件发展速度——跨媒介的复合型管理人才、全媒体记者均极度匮乏，相关的培养与引进也应及早提上日程。

其次是全媒体编辑部和多媒体节目部统筹调度人力资源和内容资源。

全媒体的初始概念，即广播媒体、网络媒体、移动媒体等媒介形态，在同一个媒介主体内打破旧有限制，将不同形式的内容资源统一集合到一个平台上，统一策划、采集、生产、发布。而传统媒体组织结构中的业务部门之间泾渭分明、职务固定、工作内容单一，很容易在部门之间产生壁垒，造成企业内部信息交流不畅、高投入低效率、人浮于事的局面。

地方台对新媒体的开发和利用，也容易出现以各节目为单位，分散进行的情况，或者与本台的新媒体部门的直接合作并不多，造成资源外化。微博、微信、客户端这些常规的媒体拓展，并没有形成体系，且存在停用、滞用的情况。一些收视率较好的频道，则并不关注新媒体的使用。电视台拥有新媒体部门，不代表电视台就完成了全媒体转型。资源的统合需要从机制上明确新媒体与电视内容的合作关系、利润分配比例。

而这一切的实现前提是人力资源和内容资源的统筹调度，因此，就传统电视自身而言，建设跨媒体协作机制、搭建全媒体内容资源整合和生产发布平台，使电视台的所有节目、活动内容能够针对新媒体多次发布、多次营销、多次利用，才能放大品牌效应。

BBC 所有的采编系统采用统一制式。一线记者从现场发回的声音、图像和信息都上传至一个文件夹中，所有制作人员都可以自由地采集所需内容。2007 年起,BBC 将电台、电视台和网络三大部门整合成两大编辑部——多媒体新闻编辑部和多媒体节目部。新闻资源在这个体制内得到了有效的循环利用。

最后是科学合理的绩效考核与效果监测。成都台的人员考核机制中并没有和新媒体相关的条款。因此,尽管中高层领导重视,但是在具体的执行中,工作人员会面临非常现实的问题:这个又不是我的本职工作,我为什么要做?而且还有一部分中层领导对新媒体的延展性认识不清,认为新媒体会分流受众,对电视而言是减损收视率的。这有统一思想认识的问题,也有硬性的考评体系的问题。有些城市台正在进行尝试,将10%的新媒体工作计入绩效工资,也值得成都台参考。同时,监测全媒体转型后的实施效果,根据观众反馈及时作出动态调整,也应纳入日常工作体系之中。

(三)微观操作:节目生产与发布方式创新

成都台在微观操作层面,已经做出了一些新媒体与节目嫁接的尝试,主要是开设节目微博和平行拆条。这些常规动作固然是电视新媒体化的规定动作,但并没有深度开掘双方资源,也不能代表前沿动态。具体来说,成都台可从“信息采集”和“信息发布”两个层面来推进。

1.“信息采集”层面

首先,利用网络点击率确定选题。最基础的全媒体信息采集,表现为对社交网络的关注,即跟进网络热点、舆论走向,强调电视内容与新媒体内容的重合率。这种关注主要源于社交媒体的强势影响力,及其所产生的新闻价值。网络热点能够带动收视,但网络热点的出现具有偶发性,内容比较随机。

其次,主动调动新媒体,设计网络话题、征集网络视频。专题征集并不是“被动”等待,而是主动设立特定话题,有选择地调度新媒体,为特定目标服务。专题征集激活了观众与电视之间的双向交流,使闭合的电视形态变为可参与的电视形态,使观众的收看姿态由“后仰”变为“前倾”。其创新性在于“把用户视为积极的创造者,而不是与创新毫无联系的被动消费者”。

话题设置可以笼统地分成两种类型。一是征集型，二是讨论型。传统的电视采访属于小数据时代，只能针对个人或某个群体进行意见采集，数据样本有限，制约了电视的全面性和公正性。而网络允许电视利用社交媒体的可参与性，实现对所有人的采访，再通过海量数据的搜集和整理，描绘出生活原貌。

再次，开展民意调查。新媒体赋予其用户的首要权利就是言说的权利。民意调查是指栏目针对某一新闻事件通过事实报道、背景梳理、相关链接等方式，在介绍新闻事实的基础上，通过电视或手机客户端开展民意调查，通常设置两个或两个以上不同性质的答案，由观众根据自己的意见选择相应的答案。在节目结束前公布调查结果，以此来反映观众对新闻事件的某种态度。

最后，打通数据采纳渠道，进行大数据可视化。“大数据”是源于互联网的概念，指对互联网应用所产生的海量数据（搜索关键词、购买记录、使用时间等）进行整合，找出其中的规律性并形成应用模式，例如分析用户行为模式、预测商品价格、预测疫情等。大数据强调了数据中隐藏的巨大价值，我们正经历“数字化向数据化”的转型，丰富的样本如同高分辨率的镜头，使人们能够对问题进行全面、精细地还原与研判，以前所未有的清晰度展现事件全貌。

电视和大数据结合的运用代表着电视的一次飞跃。发帖数、话题数本是属于社交网络的信息，但是经过电视化处理，它可以反映出观众对电视内容的参与性和倾向性。通过采集发帖人的地理位置信息，以及他们关注的重点话题，电视可以进行单人地理位置的可视化。提升数据量之后，则可以看到某一区域甚至全国不同位置所关注的焦点，形成“舆论地图”，或者以词云的形态展现观众公共对话中的关键词。

2.“信息发布”层面

数字技术、网络的日渐成熟打破了媒介间原有的阻隔，使信息的流动性加大。相对于上述信息整合的“集纳”，全媒体发布强调的是“推送”。例如通过与观众实时互动、策划有奖活动、积分兑换等凝固受众群；通过多种方式拓展电视的播出时段和评议能力等。需要补充说明的是，信息发布不能仅仅局限于电视内容,或者与电视内容的互动,而是要搭建一个符合地域特色的信息交流分享平台,让用户可以在讨论和推荐电视内容之外彼此互动,分享租房、票务、旅行信息,分享个人情感体验,同时获得由成都台发布的城市资讯。因此,信息发布主要通过以下几种形式展开:

第一,平行复制。

平行复制的发布方式是将电视的内容收录下来后不加任何修改,平移至互联网平台。只是在形态上,原有电视内容会被按照更小的信息单位进行"拆条",以适应互联网浅阅读的信息消费习惯。平行复制使电视文本能够在网络环境中长期保存,补足了电视内容易逝的缺陷。传统电视的播出时段固定,平行复制使观众能自主选择观看的时间,补足了电视线性传播的缺陷。尽管平行复制的发布形态相对简单,但是它从根本上结合了网络和电视两种媒体的基础特性,逐渐固化成为全媒体发布的基础模块之一。BBC的iPlayer、央视新闻客户端等均内置了相似功能。但是考虑到网络审美特征,平行复制必须要对话题属性进行筛选,越能激起网民共鸣的越容易取得成功。

第二,扩容。

电视媒体在单位时间内能够传递的信息量是有限的,而网络则不存在体量限制。利用这一特性,电视媒体可以在仅凭电视的单一信道无法全景展现的大型文体赛事、直播中,利用网络拓展多个信道,传递更大的信息量。平行复制的全媒体发布方式并不产生信息的增长,而扩容则可以扩充电视呈现的内容。

我国较早进行了尝试,长江大日食、奥运会直播就分别与新浪网、央视网合作,呈现了全景的新闻场域。国外也有大量案例,例如MTV、奥斯卡的颁奖典礼直播,观众可以通过网络切换到剧场外、舞台后方,看到明星们走红地毯、候场的实时画面。这些融合模式赋予了观众自由选择视点的权利,使直播的收看方式和参与性得到了大幅提升。

第三,多平台发布。

传统的电视播出平台只有单一的电视机,新闻只能抵达有限的平台。多平台发布突破了这种限制,当前阶段存在两种形态:

一种形态是全媒体记者。全媒体记者是指记者并不仅仅进行电视报道，同时在社交媒体、网站等多个平台上发布信息。全媒体记者在运营层面的意义是整合资源、优化生产机制。从新闻角度看，全媒体记者在第一时间调度新媒体，能够补足电视制作流程偏长的缺陷。利用社交媒体的即时性，补足电视新闻的滞后性。在电视新闻还无法发声的情况下，社交媒体多次完成了第一话语权的抢占，尤其是突发事件的报道，例如雅安地震时设立“雅安地震”话题，H7N9 被发现时第一时间使用快讯通报疫情。中央台已经建立了新媒体首发机制，近千名记者变身全媒体记者，第一时间向新媒体供稿；微博发稿计入工作量，纳入评奖体系。国际上，美联社、路透社都已经制定了完善的新媒体使用规则。美联社的 Social Media Guidelines for AP Employees，路透社的 Social Media Guidelines 均明确提出在保证新闻公正性的前提下，鼓励员工多平台发布信息，并细致地规定了如何处理网民评论、如何通过社交媒体核实新闻线索等。

另一种形态是在所有下属平台上同时播发节目。例如凤凰卫视《全媒体全时空》、南京台《城市晚高峰》由电视、网络、广播三平台联合制作并同时发布，CBS 的全媒体娱乐新闻节目《OMG！Insider》综合了 CBS Yahoo、社交媒体和下属杂志的全平台报道。这种发布形态的实验性较强，尤其是电视的视觉传播和广播的听觉传播之间如何兼顾、收效如何尚待讨论。

第四，双屏互动。

双屏互动，不是重视发布信息，而是强调以趣味性的方式参与节目。例如 Yahoo 的 Into Now 整合了一个声音识别功能，观众将正在观看的电视节目的声音录制下来之后，手机就可以自动识别是哪个节目。这个应用实际上并没有多大的实用性，但是它以一种创新的形态邀请观众与节目产生互动。我国以家庭梦想为主题的央视答题类娱乐节目《开门大吉》成功地应用二维码进行了双屏互动，并取得了明显效果。“《开门大吉》1 月 1 日首播，收视率达 1.86%，同时段第一，进入全国综艺节目排名第一阵营，同时获得大量网络好评。国内首次运用二维码邀请观众实时同步答题，在线人数达 16 万，网页访问 180 万人次。”总制片人刘正举认为:“通过二维码邀请观众参与节目,进行同步互动,实际上是为观众提供了一个开卷答题的机会,观众可以借助互联网和身边亲朋好友的帮助,来完成闯关问答和游戏。”

第五,社交类应用。

Zeebox 是典型的社交型电视应用,它的基础功能就是让用户知道什么人正在看什么,并互相分享观看体验。Zeebox 与社交网站 Facebook 合作,用户用 Facebook 账户登录后,除了能看到哪些人正和自己观看同样的内容,也能看到自己的亲属、朋友、同事、素不相识的普通人,乃至社会名流的观看、评论情况,和他们实时聊天或离线留言。Zeebox 项目负责人 Schmitt 表示:“这跟 Facebook 社交平台的道理是一样的,我们认为电视周围也会有平台的空间……为了营造相互关联的体验。”

国外的 Miso、GetGlue,国内的蜗牛 TV、电视 e 族等电视社交应用也同样是让用户对所观看的电影、电视节目或频道进行签到;向好友发送节目信息、截图;向好友推荐节目,与社交媒体上的粉丝群、朋友圈起到的作用相同。

第六,产品衍生。

伴随《舌尖上的中国》的热播,淘宝网上相关食物的成交量陡然增高。淘宝网的数据启发了《舌尖上的中国 2》的互动思路。可否由节目组运营一个美食文化的客户端,凝聚更多的观众?推而广之,电视栏目可否开发相关产品的电子商务,通过增值服务盈利,打造全网产业链?

央视体育频道的“央视体育”App 率先实现了电视的衍生价值,除定制内容、推荐观看之外,也开辟了积分商城版块。“积分商城商品涵盖了国际一线体育用品品牌旗下的足篮网羽及户外等热销产品。为用户提供积分兑换,积分换购等超值服务。”美国 FOX 出品的《美国偶像》,“歌曲在 iTunes 上进行下载,其官方在线商店出售选手 CD”,同时结合 O2O 的商业模式,“每年决赛选手均会参与全美巡回演唱会 American Idols Live”。这些全媒体的运营并没有局限于传递信息,而是围绕内容主题,积极探索台网融合的盈利模式,为制约传统电视融合的经济因素开拓了一条可操作路径。

此外，在全媒体的信息发布中必须实践官方媒介形象“人格化”。现阶段的全媒体转型存在一个误区：重资源重组，轻用户体验。实际上，无论投入多少资金、引进多少理念，战略转型的最终评审者仍然是每位普通用户，尤其是在新媒体平台上，用户对信息的接受需要一种基础语态，即人际交流语态，而非官方语态。所以融合后的全媒体平台应追求“官方机构人格化”。换言之，必须包装产品，使之富有人文气息。两组可供参考的概念如下：

概念一：“i 成都”。

“i 成都”有两个含义，一是“我的成都”，二是谐音“爱成都”，其核心都是凸显年轻人在城市文化中的主体地位，充分发挥其思想活跃、独立自主、情感外露的年龄特征。

这是符合当前媒介发展潮流的。自 iPhone 出产后，以 i 为首命名媒介成为了时尚，如苹果公司的 iPhone、iPod、iPad、iTouch、iTalk、iTunes，CNN 的 iReport，ABC 的 iCaught，气象频道的 iWitness，Google 的个性化主页 iGoogle；我国本土媒体的凤凰网 iFeng，央视 iXiyou（爱西柚），新浪网 iAsk，《解放军日报》的 iNews，土豆网的 iTudou 等。在一个个不断涌现出的“i”之后我们看到一个充满人性力量的主语：我。在一系列的 i 式命名之后，媒介开始有越来越清晰的服务意识：把话语权和选择权交给受众，将观众置于传播的主体地位。

概念二：“快资讯·慢生活”。

资讯的生命线在于其时效性，尤其是在社会转型期，信息爆炸式增长，占有信息的速度直接决定了个人和企业抢占先机的机会。“快资讯”的理念是成都台作为权威发布机构，始终以职业态度、专业精神，随时随地服务于百姓的信息需求，永远在第一时间提供最新鲜的、最本土化的高质量信息，永远在社会生活的第一线提供最具参考价值的资讯服务。

与之相对的是富有成都特色的“慢生活”。在摆脱了工作压力之后，生活不再是紧张有序的，而是轻松的、丰富多彩的。成都的“慢生活”，是特有的生活方式和生活态度，彰显了本土特色。成都台可通过提供演出、美食、旅行等信息，成为休闲文化中的重要组成部分。

五、机制体制改革探索

第一,机制上要明确上级管理主体,应该主要对谁负责。

我国的广播电视行政管理结构看似简单清晰,从中央到省市县政府,均设立了广播电视局,对广播电视播出机构的权利和操作细则进行管理,但实际的管理操作情况远远没有这么乐观。首先是播出机构管理五花八门,各级领导都广泛地参与进来。其次是行政部门垂直管理的力度不够,管理末端鞭长莫及。最后是随着广播电视领域集团化的改革进程的推进,广播电视管理组织结构形成了多样化的管理内容。

从管理学角度分析,科学有效的管理结构应符合以下两个原则:一是管理分工明确原则,决策、执行、监督及咨询工作明确分工;二是管理跨度适宜原则,实质就是管理系统纵向分工,这个原则对于决定组织的层次和组织的定位有着至关重要的含义。因此,成都台应明确其上级市场管理主体,明确各上级主管部门管理的具体分工,明确广播电台的人、财、权的决策、执行、监督及咨询哪些归国资委管理,哪些归成都传媒集团管理。

第二,体制上明确自身的市场主体行为,真正将事业企业分开。

在我国经济体制改革带动社会其他领域改革推进的大背景下,广播电视机构应该首先明确我国广播电视体制改革的方向。国家财政的"断奶"——支持广播电视运作的财政分配系统被打破,广播电视机构要学会自力更生,这可以说是我国广播电视体制改革的直接外部动因,其内部动因则来自于广播电视自我发展的内在压力。随着经济市场化和社会多元化的发展,信息需求急剧增加,通过有条件地建立自由交易关系,以及市场机制的调节,广播电视这种准公共产品可以获得可观的经济利润,实现广播电视的自力更生、自主经营、自负盈亏。因此,广播电视机构应该明确自己在传媒市场中的主体地位,转变依靠国家财政补贴的宣传部门身份意识,树立起自力更生、优胜劣汰的市场经营身份意识,将事业与企业分开,进行经营管理。

具体来说,除了具有意识形态色彩的新闻宣传事业外,成都台可以将那些符合大众娱乐及服务需求的非新闻宣传类节目资源剥离出来,使其回归市场，按照传媒市场的经济规律来运作经营，实现节目创收。由市场机制来主导经营性节目的资源配置方式，对节目的制作和播出进行深入的市场调研。优秀节目的制作和广告效益是电台、电视台财政收入的关键性渠道，如可采用制播分离的方式，以市场为基础运作，整合内部资源，优化产业结构，节目制作从为了简单完成播出任务转变为制作适合市场需要的精品节目，并对节目的形式反复讨论，委托其他传媒制作公司或者同其合作制作，从而实现增长和发展方式的重大转变。

第三，管理上确立以“频道制”运营管理为主，“中心制”为辅的混合组织管理模式。

在如今传媒产业化趋势不断加深的行业背景下，依据电视台自身的特殊需要和业务重点，成都台应确立以“频道制”为主，“中心制”为辅的混合组织管理模式，可尝试从以下两方面思考。

做好充分授权，明确频道的自主权。频道实行总监负责制，实行相对独立运作，掌握频道节目的定位、创作及播出等日常工作；具有实质意义上的人事权，在符合总台制定的人数标准下，根据频道需求进行人员的录用分配、业绩考核及奖励等；拥有频道自己的广告经营部门，专门负责频道的广告业务经营。频道总监对频道各项工作全面负责；频道节目总监管理频道节目的生产、播出等方面的工作；频道运营总监负责频道的行政、人事、财务、推广、经营等方面的工作。

明确中心的资源整合调配职能。在人事管理上，中心只负责对频道总监的人事控制及为各频道制定人数标准；在广告经营上，中心只作年度广告经营指标、广告合同审计及统计、广告监播制度、广告经营政策、各频道的广告刊例价格、广告折扣、广告到款结算和财务管理方面的统一管理，不接业务，广告业务由各频道自行负责；在节目生产管理上，中心统一协调、整体把握全台人力、物力资源，中心牵头重大事件和活动。

第四，机制上建立事业企业双轨的人力资源管理体系。

薪酬体系多层次。成都台可以在对全台发展方向的定位和对相关工作人员进行价值评估的基础上，根据岗位的总体分类，确定薪酬差距标准、薪酬与福利的比例分配。可以采用目前国内多数电视媒体实施的以

"基本工资＋职务津贴＋岗位津贴"为基础的"三元"薪酬模式,在具体实施中应注意以下几点:(1)从原有的以资历和职称为主要分配要素向以岗位、业绩为核心的薪酬分配制度转变。鼓励员工的竞争意识,在集团内树立完全以工作量、工作难度、工作质量为分配标准的理念,增强薪酬制度的公平性。(2)突出薪酬制度的激励目标。在基本工资、职务津贴和岗位津贴中,根据员工岗位的重要程度、工作质量和数量调节三者的比例,如加大绩效工资和福利的比例、加大浮动工资的比例、灵活的弹性工时制度、以技能和绩效作为计酬的基础而不是工作量、体现激励功能。(3)优劳优得。对于处于关键岗位做出特殊贡献的员工在薪酬分配上给与照顾,鼓励员工充分发挥特长,在各自岗位上做出贡献,实现个人目标和组织目标的一致。

绩效考核严密量化。广播电视台内部组织绩效考核主要以节目传播效果评估为基础。电视研究学者陆地认为,中国评估节目的方法、方式和标准经历了一个从政治到经济、从简单到复杂的变化过程。从最早的政治标准第一,到后来的收视率挂帅,中国的电视节目评估经历了一个从政治化到市场化的过程。但是无论是政治标准还是收视率标准,一旦成为唯一标准,节目评估就会产生异化,就会走向事物发展的反面,[①]因此,"唯收视论"会造成节目过度市场化、庸俗化的倾向。另外,以市场为导向的收视率对新闻宣传类节目效果进行衡量也是不科学的。

浙江卫视在对频道自办节目、频道委托制作节目进行组织绩效考核中,主要从节目导向、节目品味格调、节目观赏表现、技术质量、节目形式与内容创新等方面进行考评。节目评定采取"百分制",评分结果与当期节目绩效考核挂钩。对有重大创新等突出成绩的节目,予以特别奖励;对于出现严重问题,评审未通过从而造成节目不能播出或延误播出的,给予相应的处罚。[②]这样的评估办法对节目的导向把握和品质提升都发挥了重要作用。

在员工个人绩效考核上,浙江卫视制定了"星级"考核体系,以星级来

---

① 陆地.构建科学的电视节目评估体系与博雅榜的价值[J].南方电视学刊,2012(1):10-13.

② 赵瑜.中国蓝:省级卫视创新发展的浙江实践[M].北京:世界图书出版公司,2012.

考评员工，星级与奖金、福利等挂钩。对节目制作人员实行白、黄、红"三牌警示退出"机制，根据节目表现对制片人和栏目工作人员予以明确的奖罚；对科级以上干部实行"思想整风""岗位承诺公示""找差距、求突破""进退留转"岗位调整等一系列措施。①

严宽并济的人力规划。成都台可实行重点岗位重点选拔，给予真正有才能的员工快速晋升的机会，为其职业发展提供广阔空间。在人事制度上，成都台应以业绩定收入，凭实绩用干部，通过民主推荐、公开选拔等方式晋升员工。实施"首席制"，在台内评选出首席记者、首席摄像、首席编导、首席广告营销等岗位，通过竞聘的方式让有才能的员工竞争"首席"岗位，弱化"官本位"的用人标准，极大激发员工的工作热情。

对所有员工推出一系列有针对性的、人性化的业务培训计划及教育方式，激发员工潜能，为员工职业生涯规划提供帮助。如对新入职的员工进行职业教育，根据员工需求分批进行业务学习和培训，开展行业领域内的业务交流、交换学习等培训计划。还可以引入西方导师(Mentor)制度，从老员工中为年轻员工安排一对一的导师，进行业务指导与培训。江苏广电深入探索实施了分层与分类的多种形式的培训，具体实践有：①长江商学院联合举办传媒高级工商管理核心课程班；②省港培训项目；③"五个一批培养工程"；④实施选派核心人才赴海外受训等措施，重点打造新闻、艺术、专业、经营、管理领域的全能领军人才；⑤邀请知名的专家学者、主持人、编辑记者开展专题讲座，提升业务骨干的专业技能和综合素质；⑥开展周密细致的新员工培训，缩短"新苗型"人才的成才周期。

① 赵瑜. 中国蓝：省级卫视创新发展的浙江实践[M].北京：世界图书出版公司，2012.

第五章　打造区域型信息枢纽

——襄阳电视台个案研究

襄阳电视台是中原地区重要的电视机构之一，作为广电部批准建立的地市级电视台，1978年12月开始转播中央电视台节目，1986年开始以“襄阳电视台”呼号播出自办节目。

襄阳电视台的节目制作能力和电视信号覆盖面积在湖北省地市级台中名列前茅，曾经先后被国家人事部、原国家广电总局授予“全国广播影视系统先进集体”“全国广播电视技术维护先进台(站)”等荣誉称号。

目前，襄阳电视台除担负中央台和省台节目的转播以及通过微波向鄂西北地区中转省广播电视信号的任务之外，还自办了4套节目。襄阳电视台一套、二套、三套节目信号，目前已通过光缆传送到辖区各县市，第四套节目也通过有线网络在市区实现了有效覆盖，其中一套、二套节目覆盖人口一千多万。

襄阳电视台现有员工300余人，内部设办公室、总编室、新闻中心、社教中心、文体中心、广告节目中心、电视报编辑部、制作中心、技术中心、微波站等10个部门，拥有一批业务熟练的采编人员和技术维护管理人员，拥有湖北省最大的电视节目制播网络和演播面积最大、功能设施齐备的演播厅。

襄阳电视台开办的主要栏目有《今日播报》《襄阳新闻》《垄上行》《襄阳新闻周刊》《生活第一线》《消费向导》《家住襄阳》《车行天下》《健康之窗》《汉江风》《天天向上》《深度空间》《襄阳警讯》《快乐一家人》《襄阳夜话》《话世界》和一些不定期或阶段性的社教文体及新闻性栏目。这些节目创造了较好的广告收益和良好的宣传效果。

近年来，由于定位特色不突出、区位优势与特色不明显等，襄阳电视台各频道的吸引力、竞争力、影响力均不足。

在新的媒介环境中，新的技术及传播环境的变革影响着襄阳电视台的发展方向及电视节目的生产与传播机制。作为地方电视台，面对央视、省级卫视以及同级别地方电视台的多元竞争，襄阳电视台如何凸显优势？如何创新发展？

第一节　传播发展环境

“十二五”时期是我国深入贯彻实践科学发展观，全面构建和谐社会，推进社会主义文化大发展大繁荣的历史新阶段，也是我国实现从广播影视大国向广播影视强国转变的关键时期。从省情来说，为促进中部地区（山西、江西、河南、湖北、湖南和安徽6省）经济快速发展，中央提出了“中部崛起”的战略，这对于促进中部城市的经济发展将起到积极的指引性作用。

湖北目前处在科学发展、跨越发展的关键时期，湖北省委、省政府制定了“一元多层次”发展战略，提出建设“五个湖北”的目标。在湖北发展的“黄金十年”中，襄阳也面临着难得的机遇。襄阳历史文化底蕴深厚，在湖北“一主两副”战略中居于重要的位置，承担着重要的责任。当前，襄阳采取了一系列创新举措，加紧建设“两个中心”“四个襄阳”，使襄阳真正做到经济发展、社会进步、生态良好，成为一个有影响力、有现代气息的城市。

由此可以看到，襄阳电视台的发展定位也面临新的机遇和挑战，必须以更大的格局和更大的气势，根据国家和省市的顶层设计与相应规划，未雨绸缪。

一、竞争与挑战

地方电视台的核心竞争力在于强烈的地域性，但是其局限也在于此。对于襄阳电视台而言，其竞争与挑战主要来自3个层面：省内格局、区域格局和市内格局。

从省内格局来看，在节目形态的活跃性、内容的接近性方面，襄阳电视台受到湖北台地面频道的收视冲击。因此,在保有当地收视的影响力方面,襄阳电视台同样不能轻敌。

从区域格局来看,在本地区,襄阳电视台是否能够实现有效覆盖、是否能够与周边电视台抗衡、能否实现一定程度的节目输出等问题都是在区域竞争格局中,襄阳电视台需要解决的。

从市内格局来看,襄阳市内对媒体市场的切割与融合,同样是不容忽视的因素。

除了这些外部因素,媒体自身的变革,以互联网、手机等为代表的新的媒体形式,也对襄阳地区的媒体市场带来很大的冲击。

二、资源与机遇

面对竞争与挑战,如何突出重围,在区域格局中争夺话语权、争取传播空间,需要充分认识襄阳电视台的发展所面临的政治、经济、社会、文化等方面的有利资源,把握机遇,创造条件,形成促进襄阳电视台科学发展的有利环境。

在政治资源方面,湖北省第十次党代会提出:“支持襄阳加快省域副中心城市和现代化区域中心城市发展,着力建设产业襄阳、都市襄阳、文化襄阳、绿色襄阳。”这是湖北省委赋予襄阳的重大历史使命,面对这一新的定位和要求,襄阳必须以高度的政治责任感和奋发有为的精神状态,把省党代会精神全面贯彻落实到加快推进“两个中心、四个襄阳”的各项工作中,为加快构建“战略支点”作出新的更大贡献。围绕上述概念,襄阳作为湖北省的副省级中心城市,势必会拥有更大的政策优势,其城市发展格局也会进一步放大。

在经济资源方面,襄阳市是全国十大工业明星城市之一,是中央、省属三线军工企事业集中的城市,是全国 39 个重点纺织工业城市之一。2010 年,全市规模以上工业企业个数突破 1,500 家,达到 1,555 家,比上年的 1,306 家净增 249 家,其中,产销过亿元的企业 300 家,过 10 亿元的企业 27 家,过 200 亿元的企业 2 家。此外,襄阳市是全国“三线”军工企业的重要聚集地,也是全国 3 个“军转民”试点城市之一。全市拥有高新技术企业 208 家，其中产值过亿元的 18 家。我们相信，依托如此优势的产业规模，襄阳电视台完全有理由开拓更加丰厚的经济资源。

在社会资源方面，转型期高速发展的襄阳地区愈发体现出农业文明、工业文明与商业文明交融的多重复合性，这为襄阳电视台提供了丰富多样的社会资源以及诸多民生话题。加之湖北境内有众多的研究机构，以及一些颇具实力的高等院校，这些社会资源完全有条件为襄阳电视台提供持续宽广的智力支撑。

在文化资源方面，襄阳的文化资源具有"土洋结合"的特点。"土"指的是地处"襄水之阳"的襄阳，楚为北津戍至今已有 2,800 多年的历史，历代都是经济、军事要地，素有"铁打的襄阳""华夏第一城池""兵家必争之地"的称号。"洋"指的是现代工业文明。襄阳云集了国家级汽车企业等众多国企以及英菲尼迪、双日株式会社等一批国际产业建设项目，这些企业的员工来自五湖四海。襄阳是一个文化多元、具有强烈现代工业文明特征的城市。

此外，作为中国重要的历史文化名城，襄阳在海内外都有很高的知名度。文化资源是电视机构的生命力，襄阳既包含着民族文化发展的历史脉络，也承载着近现代重大历史变迁的文化记忆，理应全力挖掘与打造自己的特色。"一江碧水穿城过，十里青山半入城"是襄阳独特的山水文化城市景观。襄阳山水与人文互相融合，依托的是自然资源，展现的是人的智慧。襄阳电视台完全有条件把这样的传统文化资源转化为产业收益。

具体来说，襄阳电视台的优势包括：第一，有比较完整的节目类型，相对明显的新闻立台特色。新闻节目保有传统新闻的价值追求，比较正，也比较大气；其他节目涵盖目前媒体实践的前沿热点内容，显示出与时俱进的姿态。第二，有一定专业水准的编制力量，具备以热点问题与话题形成节目的能力，部分节目水准较高。第三，有基于大型汽车企业和市民阶层的复合式受众群。第四，有丰厚的中原文化积淀以及珍贵的历史遗存，如古隆中、水镜庄、米公祠等。第五，有开放的工业城市视野和较高的经济发展水平，并且具有一定的国际视野与胸怀。

总之，作为面向全省甚至全国的宣传主阵地和经营主平台，襄阳电视台肩负着向湖北全省、向全国展示襄阳的社会发展、经济繁荣与文化魅力的重要使命，可谓守土有责与开拓有为兼具。所以，襄阳电视台应该把上述资源优势变成发展基础与上升空间，开创襄阳电视台的新局面。

第二节　基本定位和理念

襄阳电视台发展的总体战略目标是把自身建设成为以所处城市为中心的辐射周边一定区域的新闻舆论中心、信息传播枢纽和重要的文化产业，其特征主要包括地域性、权威性、前瞻性和综合性。襄阳电视台要坚持宣传、经营共同发展，两个效益共同提高。

襄阳电视台未来能够建构 4 个平台：一是为政府提供智力支持和社会治理智慧的政治平台；二是信息资讯产业投资和融资的产业平台；三是为老百姓提升生活质量，提供生活便利的社会服务平台；四是重要的文化娱乐平台。

总体上，襄阳电视台要为地方社会经济发展、政策宣传、地方党政领导和政府形象塑造做好服务；要有效和有创意地实现基本的喉舌和耳目功能。在确定频道定位时，襄阳电视台要坚持从突出传播效果的目的出发、从受众的需求出发，增强传播内容的针对性和有效性；要坚持从所处的民族和地域实际出发，挖掘本地域的历史文化、风土人情、自然景观等特色，与时代精神相融合，力求体现独到之处，坚持走以特色求发展的道路。

同时，作为城市台，坚持民生节目发展路线是生存之本。城市电视台在城市宣传活动中具有主动性、地域性、专属性。很多城市百姓把城市电视台看作自己真正的电视台。这种情感纽带是很难割舍的，使城市电视台在城市区域的电视媒介竞争中占据“人和”之优。而在与城市发展相伴的日子里，城市电视台关心、关注城市，关心、关注城市百姓生活也为城市电视台赢得了相当数量的城市观众，这是城市电视台最宝贵的资源。

作为社会上层建筑的重要组成部分和重要的文化产业媒介，电视台是社会系统的重要组成部分，电视台在发挥自身促进社会、政治、经济、文化发展作用的同时，要适应社会环境，在一定的社会体系和现实中选择自己的发展方向和道路。坚持民生的视点，强化电视媒体的服务性，也是形成“区域型舆论中心和信息枢纽”的重要实践路线。

在构建“区域型文化产业中心”的过程中，注重围绕本地区重点产业和关联产业进行开发和运营，这对于电视媒体的产业化运营和发展有着重要的意义。

第一个层次是重点推进襄阳电视台的优势产业，主要包括电视节目的策划、制作、生产、销售以及影视产品的二次开发，影视节目、音像制品的制作和发售。例如，襄阳具有优厚的汽车产业资源，但相关汽车产业机构的广告能够直接到达地方电视台的不多。地方电视台可通过类似排行榜之类的节目，结合权威机构的认证，定期对汽车相关产品的安全性等指标进行发布，并借助互联网在更广阔的平台进行传播，从而形成关注度经济。

第二个层次是要有选择地介入和推进城市电视媒体的关联产业。关联产业主要有影视旅游业、电视文化业等，包括电视、图书、报刊等文化产品的生产、销售等。例如，课题组在调研中发现，襄阳地区很多高档酒店都可为孩子庆祝生日提供服务，而电视台也有儿童类节目资源（如小主持人大赛等），可将社会需求与电视台资源结合，开发相关的服务性节目，并形成关联产业。

总之，应通过开放、创新、创优等方式，发挥电视在襄阳“一元多层次战略体系”中的媒体功能，实现舆论引导和产业发展等目标。

第三节　改革发展中的问题

襄阳电视台改革发展中的问题主要有以下几个方面：电视台定位特色有待加强，区位优势有待凸显，频道的吸引力、竞争力、影响力还有较大提升空间。具体表现为频道影响力与节目竞争力方面、襄阳电视台经济实力与区域经济发展方面、襄阳电视台影响力与襄阳历史文化名城资源方面的潜力有待开发。

一、整体频道定位

襄阳电视台有待形成强有力的整体定位，虽然推出了新闻综合频道、经济生活频道、影视频道、社教频道等 4 个频道,意在突出其频道定位特色,但是从区域经济发展和覆盖范围的角度来看,襄阳电视台想要有进一步的发展空间,还需要进一步明确自身定位。定位将会影响电视台内容与形式的有机统一,现阶段需建立完整的形象识别系统,加强重点栏目之间的关联度,形成各板块合力,加强频道和栏目之间的潜在关联。

以襄阳经济生活频道为例,经济生活频道是襄阳电视台的第二频道,通过有线平台播出。在这阶段,襄阳电视台广告创收不断提升、整体实力不断增强,经济生活频道已经成为襄阳电视台的第二主频道。

“经济”是一个大概念,在以经济建设为中心的社会发展过程中,社会的任何方面都可与经济挂钩,因此,经济看上去无所不包,但在当前频道日益细分的媒介市场中,频道名称应明确具体频道的定位指向。从该频道的栏目设置来看,其主要栏目包括《帮女郎》《12315 在行动》《消费向导》《生活指南》《家住襄阳》《中医与健康》《健康之窗》等,频道节目包含了市民的衣食住行等方面。

经济生活频道主要覆盖对象为城镇观众,现今频道定位设置有待进一步凸显基层观众群特色,形成频道合力,精准覆盖节目目标观众人群。

此外,襄阳电视台文化教育频道在这时期作为第三套节目播出。文化教育频道以“关注教育,传递文明”为定位,现主要栏目有《襄阳警讯》《深度空间》《天天向上》《汉江风》和《说法论理》。2012 年,襄阳广播电视台进行频道管理改革,将影视娱乐频道和文化教育频道打包经营。2012 年,全台广告创收在 8,000 万左右,其中新闻频道就贡献了 3,000 万左右,而文化教育和影视娱乐两个频道加起来只有 700 万左右。从全台节目制作和运营状况看,文化教育频道在节目收视率、节目影响力以及经济创收等方面都处于相对比较弱势的地位。

文化教育频道的定位是“关注教育,传递文明”,频道的宣传语是“传承文明,开启智慧”。从定位和宣传语来看,文化教育频道应当是主打教育节目或者是强调节目教育功能的。但从自办栏目配置情况来看,只有《天天向上》一档栏目是直接和教育内容相关的。而作为主干的两档法制栏目以及电视问政和文化栏目,并没有很好地体现教育和知识传承的功能。而且，定位和宣传理念，仍需进一步精准落地。在全国各个电视台都有教育节目的竞争态势下，如何找准自己的切入点是一个需要仔细考虑的问题。

准确的定位是要通过自办节目体现的。文化教育频道这一阶段的自办节目内容涵盖面过宽，包含教育、问政、文化、法制等各个方面。再加上没有日播节目，难以集中力量体现品牌效应。人力资源配置方面的制约也造成了这几档自办栏目的节目质量还有较大提升空间，频道定位也有待进一步细化。

在我国地方电视台中，无论是苏州广电总台“创建全国一流的城市型传媒集团”的总目标，还是郑州电视台“改变传播理念、创新节目内容、优化栏目编排、加强宣传包装”的具体定位，都体现了一种整体的理念。

襄阳电视台能展现顶层设计定位的内容不足。总体形象、受众区隔度有待明晰，频道风格样态、主题元素有待丰富，这可能直接影响频道广告经营等收入的增加。从总体来看，襄阳电视台的经济实力与襄阳区域经济发展之间还有较大提升空间。

二、节目品牌效应

虽然襄阳电视台的节目类型构成采取的是新闻综合、经济、法制的模式，也拥有《今日播报》《襄阳新闻》《帮女郎》等有一定区域品牌效应的栏目。但是，襄阳电视台尚未推出真正叫好又叫座、引领潮流的品牌节目、栏目与具有较大影响力的媒介活动，缺乏具有收视号召力的知名主持人。襄阳电视台的相当一部分自办节目在内容上缺乏地域特色，受众对象定位模糊，节目制作水准欠佳，收视率还有提升空间。

以《帮女郎》为例，该栏目是襄阳电视台经济生活频道的主打节目之一，2011 年 5 月 20 日推出，为一档大型民生服务类日播节目，每期 25 分钟。栏目宗旨为急百姓之所急、想百姓之所想，通过记者帮忙，为百姓解难、解闷、解气，成为市民生活的贴心人。栏目版块包括：①生活小贴士，该版块告知市民大量与日常生活有关的各类信息，包括气象、出行、交通、菜价等最新资讯。②“帮女郎”在行动，该版块记者以“帮女郎”的名义帮助市民解决生活中的麻烦和困惑。③“帮女郎”进社区,该版块是《帮女郎》与观众互动的特别环节。

在这阶段,《帮女郎》节目在观众中已经具备了一定的影响力,但从整体上看,栏目仍然存在着一些问题。首先,在节目播出时长方面,难以形成固定的收视习惯。节目播出时长为25分钟,除了20分钟的常规节目外,还加播5分钟的交警帮忙节目。25分钟的节目时长无法推动形成节目带和节目时段概念,难以与观众形成固定的收视约定。其次,在节目版式方面,频繁改版使节目暂时没有形成稳定版式。该节目自成立以来不断改版,2011年5月,节目改为《生活第一线》;同年11月,节目改名为《帮女郎》;2012年,为了强化特色,节目开始使用不一样的配音与播报元素。这一方面说明该节目一直希望求新求变,但另一方面,太频繁的改版和元素调整又说明节目有待形成稳定的节目版式和形式特征。

《帮女郎》的节目形象从整体上看还未形成能体现节目自身特色的形象识别系统。从节目形象构成元素上看,目前节目片头的制作可以进一步精细化,加强与内容之间的关联度,同时可以增加主持人、记者的同期,以及增设记者的镜头。从而更好地和节目要强化记者“帮忙”和“介入”的定位相吻合;建议节目选用女性配音,与节目的女性视角更加匹配。

尽管频道有《帮女郎》等自办节目,但从整体上看,自办节目量少且尚未成为频道核心内容。在这一频道,电视剧对收视的贡献甚至超过新闻综合频道,说明该频道尚未在自办节目层面对观众形成影响力。

此外,在襄阳电视台的新闻电视节目制作中,新闻理念有待强化。从国内外电视媒体的发展历程来看,新闻节目一直是电视传播的支柱节目。对于中国地方城市电视台来说,新闻节目以其地域特色占领一席之地。

襄阳电视台新闻综合频道播出的自办的日播新闻节目主要有3档:《襄阳新闻》《今日播报》《新闻晚汇》,周播的节目有1档英语新闻《新闻周刊》。此外,有1档隔日播出的对象性专题新闻节目《垄上行》。

从宏观来看,襄阳电视台自办新闻节目的定位准确,凸显了地域特色;节目具有相对稳定的观众群,获得了一定的品牌效应;节目的采制、播出体现了新闻时效性特征,符合规律;节目的内容容量较大,反映出新闻节目部门的工作强度。

从微观来看，节目类型不够完善，如新闻评论、专访等节目尚未开办；节目的选题策划意识有待加强，推动新闻热点形成；采访、写作、拍摄、编辑的专业水准有待提升；一些报道形式的掌握运用尚未达到较高的专业水平；一些从业人员需要进行专业基本知识技能的培训；一档节目的版块设置过多，如《襄阳新闻》有 7 个版块。

新闻是立台之本，集中体现为节目视点的问题。襄阳电视台的新闻节目基本上还是从政府视点出发，以体制内话语为主体，体现为俯视而非平视的角度；百姓生活和平民话语在新闻中的呈现不多；新闻的现场化、视觉化、故事化、细节化等表现手段不够丰富，这导致了新闻节目在上情下达方面的效能较低。

第四节　创新路径探索

中国的电视市场恐怕是世界上最复杂的电视市场之一了。这种复杂性不仅源自 294 家电视台近 3,000 个电视频道的激烈竞争，更源于事业和产业双重作用下形成的“中央、省、市、县”四级办台的竞争格局。20 世纪 90 年代末到 21 世纪初，依靠民生新闻和电视剧的双峰结构打下一片江山的城市台，再度面临“三网互动”“三屏合一”和“三跨竞争”的新挑战。

在这种媒体转型发展的特殊时期，襄阳电视台要努力寻找自身的创新发展路径。

一、战略升级——强势资源的优化整合 弱势资源的挖掘开发

目前，根据襄阳电视台的发展现状和传播环境，其改版升级需从这两个方向着手：一是强势资源的优化整合，二是弱势资源的挖掘开发，具体可从 7 个方面来说。

(一)频道升级

襄阳电视台要集中力量办好特色频道，要做好频道整体形象的策划和包装，展示独特的频道形象，最大限度地吸引和影响受众。襄阳电视台

要做好频道整体的节目编排,使之风格突出、特色鲜明,符合频道收视人群的收视习惯;要集中力量办出一档或几档精品名牌节目占领收视市场,扩大频道知名度和影响力,取得好的社会效益和经济效益。此外,要适当举办提升频道知名度和影响力的社会活动,增加受众对频道的认知,推进频道形象的树立。

(二)创新自制节目

自制节目的生产不能盲目推新,而应充分考虑自制节目是否与频道定位相适应、与收视市场需要相适应、有自身特色、有良好发展前景。自制节目的类型不仅应包括新闻信息类节目,也应包括一定数量的综艺和社教类节目。随着电视节目市场和收视市场的发展变化,城市电视台的新闻信息类节目已经成为收视范围内城市电视台最大也是最后的优势。强化新闻立台思想,坚持贴近群众、贴近生活、贴近都市,努力探索城市新闻传播规律,构筑强势新闻主体,做强娱乐和社教两翼,城市电视台才能在激烈的市场竞争中保持生机和活力。自制节目的生产要立足于特色和创新,重点开发生产特色浓郁、形式新颖、尽可能具有原生态特点的节目,保持节目旺盛的生命力。

(三)转变新闻理念

提升硬新闻的制作水平,在重大新闻事件中强调新闻的襄阳落点与襄阳视角。大力加强民生新闻的制作力度,将贴近性作为“话题选择”与“话语方式”的重要特质,重视现场、重视评论。

(四)开发服务性节目

发达的地面频道目前在做的是打破节目与生活的边界,让节目成为老百姓生活的一个有机组成部分。比如,沈阳台曾经把开放的演播室设在大型超市,进行现场直播,比赛 100 块钱大购物,类似的节目有《家政女王》和《超市大赢家》等。

(五)优化编播结构

编播结构的新趋势是广播化(大时段、伴随性)、矩阵化(小信息单元,散点信息结构，组合式编播增加信息效能），这是为了适应受众的全媒介生活的特征，并充分发挥电视媒介自身优势的一种变化，这也更符合地面频道贴近性的特点。比如，在早中晚的新闻节目编排中，做出区分，重点放在晚间的自办节目上；早间读报，午间关注外埠新闻，晚间以本地为重头。

（六）加强资源整合

资源的内部整合就是设立大编辑部，合理分配各频道节目资源，合理布局自办节目、外购节目和引进电视剧。资源的外部整合就是加强与其他媒体和机构的联合制作播出。

联合制作播出就是“借船出海”，是提升襄阳电视台在全国影响力的重要方式。比如，杭州都市频道在2005年协助湖南卫视播出选秀节目《超级女声》大型活动，一度获得了极大的关注，不仅有效降低了活动成本，也填补了频道大型活动的空白，提升了频道的影响力；哈尔滨电视台都市频道于2008年同黑龙江电视台文艺频道联合播出《黑龙江省青年歌手大奖赛》，共同策划，联合制作，同步播出，节省了运营成本，提高了制作效率，开创了省内大型活动制播的先河，获得了极大的关注。由此可见，联合播出的方式有助于丰富城市电视台生活频道的节目内容，同时借助省级电视台的影响力增加节目的竞争力。

（七）进一步加强员工专业技能培训，改变理念，提升水平

不少员工反映希望能够通过专业培训，更新知识结构，提升专业技能。我们也希望襄阳电视台在改版升级中，能够强化人才战略，通过多层级的培训，强化软实力，为电视台的创新提供助力。

二、新闻立台——襄阳电视台坚持民生节目发展路线

城市台要真正接“地气”，在本土站稳脚跟，能够有所作为，需要做到4个方面：

（一）做好节目的贴近性

媒介具有鲜明的意识形态特点和属性，具有喉舌、工具功能，这就决

定了媒介要坚决服从服务于全党全国工作大局,要在一定的政策框架内从事宣传活动和产业运营。从新闻节目角度看,就是做好民生新闻。把本地本区域的东西做足做尽,做得让老百姓觉得离不了。其他类型的节目就是要高度贴近当地百姓的衣食住行以及精神文化方面的实际需求。

以杭州台西湖明珠频道《阿六头说新闻》为例,该节目创办于2004年元旦,时长25分钟。该节目是一档以杭州话播报的民生新闻节目,主持人不是正襟危坐,而是站在演播室,身着民间服饰,连说带比划,嬉笑怒骂。《阿六头说新闻》在杭州一经推出就连创收视率佳绩,连续十个月居于当地收视首位。节目因受欢迎曾连续3次扩版,被原国家广电总局授予"全国百佳栏目"的荣誉称号。这类电视方言新闻节目,体现出一种城市文化的自信。通过分析各城市有影响的电视方言播报节目可以发现,这些节目基本上都是经济文化比较发达地区电视人的积极尝试。

(二)做好节目的服务性

通过调研江浙一带的民生节目可以发现,很多频道都做"帮忙"类节目,诸如《马大姐帮忙》《钱塘"老娘舅"》等。其他的比如河南台经济生活频道的《小莉帮忙》、南京台的《陆姐帮忙团》、山东台的《生活帮》等,都在当地产生了收视高潮。"帮忙"就是服务,是一种基于公共媒体平台的社会服务。把服务做足才能让老百姓觉得这个媒体是他们生活中的必需品,时刻可以相伴。这就像我们理解各地城市交通广播普遍都受到欢迎一样,节目是伴随性的,是人们生活中必需的一部分。我们认为,城市台的贴近性和服务性,就是承担媒体手和脚的功能,让老百姓觉得有用。

(三)做好节目的公共性

公共性一直是民生节目升级改造的一个重点内容,是其摆脱"鸡零狗碎"诟病的有效途径,也是从"小民生"到"大民生"的必由之路。新闻工作者从百姓的角度横向看待百姓的生活,此为"小民生";从百姓的角度反思国家的各项政治、经济、社会政策及其对百姓生活的影响,此为"大民生"。因此,民生新闻不仅仅要关注地方性事件,也应当关注重大的社会议题、热点现象和政策解读。

为了提升民生新闻的公信力、美誉度、引导力，增强自身的核心竞争力，民生新闻积极吸收了公共新闻的这一价值理念，认真关注公众的公共利益，避免百姓平民意识形态的过量渗入，以达到民众关心与政府满意之间的平衡。

以河南台民生频道《民生大参考》为例，该栏目 2004 年 1 月 1 日开播，开播至今，收视率节节攀升，目前已成为省会电视民生新闻的领军栏目。它播发的新闻《李香荣寻亲》(系列报道)、《暗访注水猪》《名牌牛奶如此制造》等，引起了强烈的社会反响，一度成为老百姓街谈巷议的话题。《民生大参考》发起的民生服装节开创了中西部的服装会展品牌。栏目组织的九月圆梦、创业之星等大型公益活动，已经成为贫困学子和创业者的荣誉盛典。

(四)做好节目的专业性

随着新兴传播技术的进步、调查研究的方法不断完善，新闻报道的手段越来越趋于多元化。但技术的进步仅仅在硬件上有所体现，在软件上却没有太大的发展。江西台地面频道正在进行一种全新的尝试，引入国外精确新闻的理念，制作民生新闻节目。

江西台都市频道的这档节目叫作《都市民调》，该节目通过和江西大学等高校联合，设计一些有关民生问题的民意调查问卷，科学地选择样本、抽样并回收问卷、统计结果，给出结论或者预测，反映百姓心声。这种民调，不是记者通过断章取义得来数据，避免了小题大做或者大题小做，是一个了解民生的理性途径。但目前该节目的形态还不成熟，因其受到客观现实的限制。一是资金的限制，每一次调查的访问都是需要资金支持的。二是调查周期的限制，发放问卷、回收问卷、统计数据、产生结论，这一系列过程的周期长使其影响力不够持续，起步初期更加不易建立观众忠诚度。《都市民调》做过煤气涨价、经适房、看病难、医院满意度等一系列初期尝试，取得了较好的社会反响。

这个新的思路为民生新闻的发展拓宽了视野，甚至成为民生新闻升级改造的一个方向，作为一种独特的形态，应该有很大的发掘和提升的空间。总之，民生新闻抓地要牢，为百姓提供丰富有用的信息服务和多样化的消遣娱乐方式,完成媒体“手脚”的功能。

三、手段创新——开启新时代的节目形态

进入21世纪,电视媒体处于一种特殊的“过渡状态”,其主要特点是:逐步引入新媒体业务;传统内容生产系统仍然运转;实现了信源的多元化;等等。

襄阳电视台应该树立国际化视野,依据国内省级城市台标准,凸显区域性特色的目标。要实现这个目标,襄阳电视台需要在原有基础上改革创新。

(一)利用公众视频信息对新闻内容生产进行扩容

移动通讯技术的发展、网络的普及以及数字技术的进步,极大地降低了新闻采集的专业门槛,出现了新闻采集能力从专业人士垄断向普通公民普及的发展趋势。以视频采集为例,数码技术的普及使得普通民众能随时利用数码相机、手机和家用DV等各种视频采集工具随时、随地、随事记录所见所闻,实现任何人可在任何地方、任何时间通过网络发送任何消息。

这种内容采集平民化的趋势,给新闻内容生产带来了重要的影响,起到不可忽视的作用。

第一,民众成为新闻素材的重要来源。民众作为公民记者参与内容采集,极大地拓展了新闻素材的来源。

第二,公民记者与自媒体抢占了新闻首发率的先机。在拼抢突发新闻的首发率方面,公民记者拥有独特的优势,任何碰巧在现场的民众都可以通过手机拍摄视频并通过无线上网的方式即刻发布。

第三,数字复制技术的普及稀释了独家素材的排他性。任何公开发布的新闻素材,在技术上都是可以被无限复制的,独家素材一经公布即成为共享资源,可以被任何愿意使用它的用户下载。

受众与新闻内容生产的融合意味着专业媒体对独家新闻素材采集的垄断优势不复存在;普通民众加入媒体新闻内容生产意味着新闻素材的稀缺性大大降低,传统的内容短缺不复存在,一个几乎具有无限供应能力

的内容素材市场形成了。

(二)创办来自公众视频信源的新型新闻节目

第一,襄阳电视台可以依托不同的节目频道和网络平台,专门设置一个节目播发民众拍摄的视频新闻,为普通民众提供播出平台。这样可以拉近同地方公众的联系,增强吸引力,使公众对电视台产生亲近感。

第二,在常态节目下,利用公众视频信源固定节目版块,在内容设置上应该以软性新闻为主,在基调上把握好趣味、品位、格调。公众自拍的内容存在把关的问题,软新闻可以减少一定的风险。

第三,这类节目必须策划先行,每隔一段时间推出不同的主题和侧重点,例如家庭节日、儿童成长、有趣的动物试验等。

第四,培育“公民记者”队伍,专门为电视台提供视频素材和线索。电视台经过滤后采用并支付稿酬。同通讯员不同的是,“公民记者”由非专业的普通群体构成,完全秉承自愿原则。“公民记者”平时主要为电视台提供视频新闻线索,电视台记者可以根据这些线索进一步采访核实。

第五,在遇到突发性新闻时,在电视台记者没有赶赴突发新闻现场的情况下,鼓励具有新闻意识的公众拍摄提供视频内容,不但可以填补电视台现场动态画面的缺乏,还可以提升地方民众的媒介素养。

(三)推进台网联动,形成新闻关注的热点

如今,从中央电视台到全国各省市级电视台乃至部分县级电视台都陆续建立起自己的在线传播平台、电视媒体网站。

襄阳电视台在建设频道网站模式中,应该充分发挥优势,以积极的态度加快与网络媒体的融合,化劣势为优势,这必将让其发展如虎添翼。

频道网站模式还可以让市级电视台弥补因单一的传播渠道而存在的单线传播、与观众的反馈机制不畅通的不足。

频道网站模式极大地满足了观众自由收看节目的需求,观众可以根据兴趣与需要对节目进行快进、暂停、回播等选择,这是传统的通过电视收看节目所不具备的优势。

此外,频道网站模式还可以加强电视台与观众的互动,可以通过开辟聊天室或利用QQ群等即时消息软件,与观众进行即时的网络互动,增强节目的参与性与现场感。

襄阳电视台应该力求扩充频道网站的增值服务业务,提高与网民的互动,打造提供新闻、电子商务、网络社区等业务的互动型网络“超级市场”。

2010年1月19日,深圳广电宣布运营新的媒体平台——“中国时刻”,力求在电脑、电视、手机3个用户终端达到互动,摆脱传统广电单一的传播模式,这在内容的宽度上大于传统媒体,更在新闻时效性等方面快于传统媒体。

广东东莞电视台的门户网站东莞阳光网也是当地的门户网站,除了媒体的内容之外,还紧密结合地方经济文化相关的新闻资讯、衣食住行、休闲娱乐等,网站经营年收入达到3,000多万元。

媒体网络电视台拥有视频节目资源的天然优势,但是,发挥好这个优势不仅需要技术支持,更需要内容的生产。因此,襄阳电视台应调动人力物力,从长计议,开发台网联动的模式。

对于新闻节目来说,台网联动是形成新闻热点最有效的途径。例如,在“南非世界杯”的报道中,苏州广电总台派出两名记者前往南非进行采访报道。两名记者出发前,节目部门对其工作进行了策划,除了每天发回电视新闻报道之外,两名记者还需要完成广播连线、文字专栏等。而台内则成立了后方编辑小组,每天都有专人将两位记者发回的报道按照不同角度分类编辑,提供给不同的平台。因此,前方虽然只有两名记者,后方却能完成3个电视频道、4个广播频率、2份报纸以及1个网站的所有关于“南非世界杯”的赛事报道,形成了区域范围内的新闻热点,实现了资源共享,效益最大化。

在数字化信息时代,电视与网络的融合程度不断加深,拓宽了电视的传播载体和传播渠道,延伸了电视的功能,同时也带来了多元化的媒介消费需求。

在进行台网联动新闻报道策划时,必须考虑到受众是由不同传播载体的分众共同组成的,需要将不同载体的信息终端进行组合,并进行一体化的设计和生产，针对不同发布平台进行整体新闻策划，这也是集中统一新闻策划的难点。

在进行新闻策划时，需要研究电视与网络受众需求的差异，并以此为依据，确定新闻报道选题以及报道方案的设计，同时也要注意同一个新闻内容之间的联系，为同一内容资源选择不同的传播表现方式，使之既有整体性，又有个性。

(四)建立直播机制，顺应时代发展趋势

近年来，各地方台纷纷结合自己的特点开办了一批直播栏目，这也体现着我国电视传播理念的变化，蕴涵着电视传播变革中的重要意义，预示着电视新闻直播的新前景。

第一，直播的意识与常态化。

在现有条件下，中国地方电视台不可能真正创办 24 小时直播频道，所以直播的内容大都在现有的栏目中播出。具体来说，目前地方台依托小型卫星转播车(SNG)进行直播的形式主要有 4 种。

形式一：在每天固定的新闻节目中切入 SNG 信号。如齐鲁电视台每天 18 点至 19 点播出的《每日新闻》，都会切入 SNG 报道组采集的现场信号。齐鲁电视台硬性要求天天运用 SNG 播出，一是全面发挥 SNG 的使用效率，二是使 SNG 小组能够始终保持一种临战状态。

目前，大部分地方台的直播几乎全部采用这种形式。国内地方电视台对直播有两种不同的运作模式，一种是江苏南京，宁缺毋滥；一种是山东齐鲁，每天硬性播出，哪怕是用 SNG 做投诉。

形式二：在重大活动进行直播时切入 SNG 信号。从经贸活动到文化活动，从纪念活动到庆典活动，地方台通常都会全程直播。这类直播是按照预定方案进行的，在时间、空间上均是可控的。在这类直播中，SNG 只是多种技术手段中的一种，服从于总体方案的安排。

形式三：打断正常节目，随时切入重要新闻的 SNG 信号。2005 年，“麦莎”“龙王”台风来袭，国内一些地方电视台均多次打断正常节目切入 SNG 现场信号。福建电视台新闻频道在“龙王”台风来袭时，进行了十几个小时的直播，SNG 车驶到多个地点发回现场信号。

这种模式最接近SNG的本质,也最能体现SNG的魅力,无论是对SNG小组,还是一个频道的运作机制都是一种考验。

凤凰卫视做直播成功的一个重要原因就是直播机制快速有效。现场记者认为事件重大,打电话向总部报告,总部马上请示台长,同意后即可做直播报道。在日趋激烈的媒体竞争中,这种机制的重要性不言而喻。

形式四:采用SNG信号进行多地联播。湖南经济电视台联合全国各重点城市电视台,包括南京电视台、上海东方电视台、山东齐鲁电视台、福建电视台新闻频道、香港凤凰卫视、台湾东森电视台,推出“中国这一天”大型直播节目,新浪网、湖南经视网、金鹰网也进行了网上联合直播。直播时间长达5小时,多个城市的SNG报道组担当了重要角色。

第二,直播的策划与制度化。

襄阳台要实现直播常态化,首先面临的就是解决选题难和成本高的问题。建立地方台协作网,实现资源共享,扩大报道空间是目前地方台实现新闻资源占有最大化的有效方式。

目前,国内拥有SNG的电视台为数不多,无法进行多点、跨区的报道。2005年11月3日,在山东电视台齐鲁频道和湖南经济电视台的共同发起和组织下,全国SNG协作体成立,成员包括大陆(内地)十余个拥有SNG的频道和台湾东森电视台、凤凰卫视资讯台。

全国SNG协作体的成立使得全国现有的SNG设备共同开发利用,形成了一张巨大的直播网络,电视新闻的内容空间延伸到全国各地可能的角落。

SNG协作体成员可以使用SNG实现单向连线的现场直播、两台之间双向的直播和多台之间的联合同步直播。除了联播之外,协作体成员单位还可以进行技术、人才的交流。无疑,SNG协作体的成立更加有效地发挥了SNG的功能。

2005年8月和10月,齐鲁电视台、湖南经济电视台、福建广电新闻频道就联合进行了纪念抗战60周年、国庆期间的现场直播,进行了成功的合作尝试。

当地方台的现场直播进入常规化后,首要面临的问题就是寻找有新闻价值的题材。而拓宽信息渠道、寻找百姓关心的社会热点最好的办法就是与观众互动，让观众提供大量的新闻线索，相关工作人员从中筛选和发现有价值的题材。

山东电视台齐鲁频道引进“callin”电话系统，150 部电话每天同时开通。通过这个电话平台系统，齐鲁频道每天都能收到两三千条电话留言和短信。栏目主编每天通过浏览这些信息寻找有价值的报道线索，一旦发现，直播车立即出发进行报道。在现场直播的同时，观众还可以利用“callin”系统发表自己的观点、看法。这些观众的意见也在新闻播出的同时以字幕的形式在屏幕上滚动播出。

《南京零距离》每天都有上万观众的热线电话和现场参与电话，每天新闻的三分之二的线索来自观众。“callin”系统的引进，不但在很大程度上解决了新闻源的问题，也增强了直播的互动性和参与性。

目前，地方台现场直播走向常态化，由程序式直播向动态跟进式直播迈进。以往的直播大多注重事件预设的程序，或通过程序悬念完成事件直播过程的递进。最近几年，特别是 SNG 技术的出现使地方台的常态化直播完成了由程序悬念向事件悬念的转变。当然，这并不取决于直播本身，而是由直播内容是否可预见决定的。但是在传统的直播思维方式中，无准备、无方案、无预知结果的事件是不能用来直播的。因此，动态跟进式直播的前提是把关人把控能力的提高，即由事前把关向事中把关转化，对直播进行有效控制。

四、频道改革——展现“本土化”的频道特色与定位

襄阳电视台有待形成强有力的整体定位，在这阶段，襄阳电视台推出了新闻综合频道、经济生活频道、影视频道、文化教育频道 4 个频道，意在突出其频道定位的特色。从区域经济发展和覆盖范围的角度来看，鲜明的整体定位、体现内容的主题特色是襄阳电视台未来发展之道。

此处以襄阳电视台经济生活频道、文化教育频道为例，详细阐述其频道改版的路径探究。

(一)襄阳电视台经济生活频道

经济生活频道是襄阳电视台的第二频道,频道节目主要围绕市民的衣食住行展开。该频道主要栏目包括《帮女郎》《12315 在行动》《消费向导》《生活指南》《家住襄阳》《中医与健康》《健康之窗》等。

如上文所示,襄阳电视台的发展之道是“明确频道整体定位”,就经济生活频道而言,其应该引起重视的问题包括以下 4 个方面:

第一,明确自身定位。随着近年来襄阳电视台广告创收的不断提升和整体实力的不断增强,经济生活频道目前已经成为襄阳电视台的第二主频道,广告创收的潜力很大。但是,从频道定位来看,经济生活频道还应清晰自身定位。经济生活频道通过有线平台播出,主要覆盖对象为城镇观众,频道定位的设置应从观众群的特色出发,节目设置应形成频道合力。

第二,准确定位频道名称。目前频道的名称为经济生活频道,经济是一个大概念,在以经济建设为中心的社会发展过程中,社会的任何方面都可与经济挂钩,因此,经济看不上去无所不包,但在当前频道日益细分的媒介市场中,频道名称应更加细化,明确具体频道定位指向。

第三,提高自办节目数量和质量。尽管有《帮女郎》等自办节目,但自办节目应成为频道核心内容。在这阶段,该频道电视剧对收视的贡献甚至超过新闻综合频道,该频道应提升自办节目在观众中的影响力,强化自办节目的地位。

第四,优化频道广告。从整体上看,该频道的广告以装修、医药为主,应提升广告整体水平,提高广告收入。

因此,频道改版主要从以下几个方面着手:

首先,明确频道定位。频道定位的基础是观众定位,基于该频道的观众群主要为城镇居民,频道定位应更为清晰和明确,即以“本地化”为特点,为城镇观众提供“生活化”的节目内容,节目应该更接地气,与本地观众的生活联系更深,更“轻松”和“时尚”。频道名称应该能够体现频道的定位和特色,如果同时也能体现一个城市发展的战略布局那就更为理想。目前,襄阳一套(新闻综合频道)的地位不可动摇,二套作为第二主频道,在襄阳作为副省级中心城市和区域性中心城市的定位之中，在建设“四个襄阳”的过程中，应该更多地体现襄阳本地特点与城市发展战略的诉求。基于此，建议该频道以“都市”为依托，强化本地特色，以“生活”为依托，强化内容特点，将频道更名为“都市生活”。

其次，提升自办节目的品质和数量。要实现并强化频道的本地化与生活化特征，要体现频道内容的“都市”特色与“生活”特点，就需要强化自办节目在频道中的地位，减少对电视剧内容的依托，制作一批观众需要、爱看的节目，建立一批有活力、有影响力的栏目品牌，并在此基础上形成频道在内容上的核心竞争力。电视剧对频道目前的收视贡献最大，要强化自办节目的地位，减少电视剧的播出量，可以考虑采用本地特色的栏目剧替代电视剧，不仅可以强化本地特色，也可以与频道的整体定位合拍。

最后，优化广告的播放与运营。在频道定位清晰、内容特色明确之后，节目的收视率和口碑都会提升，频道的影响力会随之提升，频道的广告价值也会随之提升。在此基础上，频道可以优化广告的播放与运营，淘汰低端广告，选择适合本频道形象与内容特征的广告，并适当提升各时段的广告价位，从而实现频道广告收入的更大幅度提升。

（二）襄阳电视台文化教育频道

襄阳电视台文化教育频道是襄阳广播电视台 4 个电视频道中的 1 个，目前作为第三套节目播出。文化教育频道以“关注教育，传递文明”为定位，现主要栏目有《天天向上》《襄阳警讯》《说法论理》《汉江风》和《深度空间》。2012 年，襄阳广播电视台进行频道管理改革，影视娱乐频道和文化教育频道开始打包经营。2012 年，全台广告创收 8,000 万左右，新闻频道就贡献了 3,000 万左右，而文化教育和影视娱乐两个频道加起来只有 700 万左右。从全台节目制作和运营状况看，文化教育频道还应提升其在节目收视率、节目影响力以及经济创收等方面的地位。根据调研结果，以下几个方面的问题应引起重视：

第一，提升对频道的重视度，合理配置人财物资源。

襄阳广播电视台目前的经营管理机制是以收视率和创收为导向的。由于诸多历史原因，文化教育频道整个频道收视率一般，其广告收入水平低下。再加上其他经营创收手段匮乏,文化教育频道在创收上对全台的贡献不大。目前,全台对文化教育频道在人财物上的投入和支持远远落后于其他频道,新闻频道目前共有在编人员 40 人左右,而影视娱乐和文化教育两个频道加起来才 18 人;在激励奖励机制上,新闻频道的编辑记者在收入上采取上不封顶的机制,而这在文化教育频道并没有得到体现,在某种程度上也影响了员工的工作积极性。

第二,明确自身定位,强化自办节目力量。

目前,文化教育频道的定位是"关注教育,传递文明",频道的宣传语是"传承文明,开启智慧"。从定位和宣传语来看,文化教育频道应当是主打教育节目或者是强调节目教育功能的。但从目前的自办栏目配置情况看,只有一档《天天向上》是直接和教育内容相关的。作为主干的两档法制栏目以及电视问政和文化栏目也应体现教育和知识传承的功能。对此,文化教育频道应找准自身定位,明确宣传理念,找到自身在全国各个电视台都有教育节目的竞争势态下的切入点,实现频道的差异化、个性化。

准确的定位是要通过自办节目体现的,而文化教育频道目前的自办节目内容涵盖面过宽,包含教育、问政、文化、法制等各个方面。人力资源配置方面的制约也造成了这几档自办栏目的节目质量还有较大提升空间,频道定位也有待进一步细化。

第三,提高员工业务素质。

好的电视节目质量在很大程度上是要靠专业素质过硬的电视工作者来支撑的。然而,文化教育频道全频道普遍存在员工专业素质亟待提高的情况。从现有的几档节目看,大部分编导和摄像都应提升基础的电视专业知识和技能。从人才引进和培养机制看,问题主要出在后期的培养和激励机制上。在前期人才引进方面,襄阳广播电视台面向的大都是湖北省一类本科的相关专业毕业生,但是,这些毕业生在入台后,由于相关的收入分配和奖励机制不尽科学,在工作几年后,往往滋生惰性,给进一步提高自身专业素质以及培养工作热情和敬业精神造成了严重的障碍。

此外,就文化教育频道的具体栏目而言,其主要存在以下几方面的问题：

《天天向上》的定位是青少年教育节目。每周一期，每期15分钟，主要做教育新闻、教育人物专访、中小学文艺科普活动以及广电小记者周末特别活动。收视率一般，最高达到过1.4。该栏目主要存在以下一些问题：第一，关于定位。这主要是指受众对象定位不明确，为哪个年龄段的青少年服务不明确。第二，关于内容。该栏目既做日常和有关教育的新闻，又举办诸如小主持人大赛之类的活动。第三，关于主创人员。全栏目只有6个人，人手不足。

《襄阳警讯》是一档和襄阳市公安局长期合作开办的法制现场类新闻节目。节目时长为15分钟，一周两期。每期节目中专题部分占10分钟，其余“警事快播”部分由襄阳市公安局提供内容。这档节目可以算是襄阳广播电视台的老牌节目，辉煌时期收视率也可以达到13个点。目前，该栏目主要存在以下问题：第一，关于节目内容。由于该节目是和襄阳市公安局合作，很多选题内容，采访线索等都受到一定的限制。第二，节目内容定位有待进一步明确。第三，节目制作者亟须加强现代电视制作意识和理念。

《说法论理》是襄阳电视台文化教育频道另一档法制类节目。和《襄阳警讯》有所区别，这档节目属于案例说法类节目。每周两期，节目形式主要是案发现场、评审现场和演播馆现场的串连和叠加。目前，该栏目存在的问题主要有：其一，关于节目内容来源。目前，该节目主要是和襄阳市中级人民法院合作，在内容题材和采访资源上都受到限制。其二，与《襄阳警讯》的定位关系问题。虽说两档节目一个属于法制现场类，一个属于案例说法类，但两档栏目在节目内容来源上都受到限制，所以节目内容相互撞车的情况时有发生。

《汉江风》是襄阳电视台一档老牌的文化民俗类栏目，目前已经播出了近500期。目前，该节目两周一期，主要做襄阳本地文化人以及文化资讯。目前，该栏目主要存在如下问题：其一，内容定位与节目创收之间有待调和。该栏目在内容素材上并不欠缺，很多当地的文化人主动要求上节目，但这种带有“软广告”性质的节目却并不能实现任何盈利。其二，关于节目定位。该栏目的主要版块是文化人物专题,但从节目表现形式看,到底是以表现人物为主,还是只以人物带出文化有待明确。其三,关于收视率。该栏目目前收视群体非常小,面临着如何保持节目品质的同时又达到创收目的的问题。其四,关于节目主创人员。在这一时期,全栏目只有两人,仅能勉强维持运转。其五,节目制作水平有待加强。文化人物专题是电视节目中对编导水平要求相当高的节目类型,从目前的节目情况看,节目的制作水平和技巧亟须加强。

《深度空间》是文化教育频道的一档电视问政栏目。节目形式主要是新闻专题加上演播室嘉宾访谈。该栏目整体上的结构和形式都比较合理,具有一定的贴近性,是一档比较有潜力的栏目。但是,目前该栏目也存在一些问题:其一,关于节目视角。该节目是和襄阳市政协合办的一档节目,从内容看,“自上而下”寻找视角的痕迹还比较明显。其二,关于演播室部分。这是一档沟通上下的电视问政节目,但演播室部分缺乏对话交流的气氛,非常沉闷,过于严肃。其三,关于话题选择。该节目不应当只是做一个政策的解读和传达,而应该更多地抓住政策与百姓生活之间的联系。

根据以上对襄阳电视台文化教育频道全频道以及具体栏目发展情况的调研结果,结合当前我国传媒发展生态环境以及地方电视台的竞争格局,我们对文化教育频道做出如下总体改进建议和规划。

总体而言,我们的改进方案可以总结为:调整管理机制,明确频道定位,标准节目规范,锻炼提升内功。该方案从宏观到微观,大到机制调整小到人才管理,相互配合,相互关联,给襄阳电视台文化教育频道提出了一个整体性的改进和提升方案。

第一,调整管理机制。从调研结果可以看出,阻碍文化教育频道进一步提升和发展的最大障碍其实不是自身,而是襄阳电视台的管理机制。目前,襄阳电视台奉行的准则可以说是“唯收视率”“唯创收”,一切人财物的配置,包括与之配套的收入分配和奖励机制都是以频道和栏目的收视率和创收能力为转移的,这就造成了襄阳电视台 4 个频道的发展严重不均衡。新闻综合频道得天独厚的优势,全台在对其人财物的配置和收入奖励机制上有明显的优惠性倾斜。文化教育频道缺乏相应的人财物以及科学的收入分配奖励机制，在很大程度上影响了全频道节目的质量，节目质量的低下又影响了收视率和广告收入，于是形成恶性循环。

因此，我们建议全台在管理机制上首先要转变观念，对于目前发展相对困难的文化教育频道要树立“先培植，再收获”的观念，要有勇气和决心投入更多的人财物去发展文化教育频道，这将是一个长期和艰辛的过程。但从全台均衡、长期以及特色化发展的角度来看，这样的付出和投入是十分必要的。然而，发展和投入也应该是一个科学化、合理化的过程，这其中最关键的就是对襄阳电视台全台的管理机制进行调整，彻底打破过去以收视率为金科玉律的管理方式。从全国范围来看，从中央到地方，各级电视台都纷纷在转变观念，寻求调整，打破以收视率为唯一标准的考核管理方式。在这方面改革得比较成功的有苏州广播电视台。苏州广播电视台对栏目和频道实行双轨制考核，两大标准分别是收视率和栏目广告承载量。这样，即使有些栏目收视率低，但只要有一定的广告承载量，员工同样可以获得较高的收入。因此，对于襄阳电视台来说，及时调整并根据自身情况制订和实行复合式的评价考核体系显得尤为重要。我们建议可以根据实际情况，在收视率之外，适当引入一些其他现在各电视台比较通行的标准，比如节目的专业质量、节目的社会影响力和广告承载量等。

在完成对节目评价和考核机制调整的基础之上，员工收入分配和奖励机制也需要进行进一步的调整。从目前文化教育频道的情况来看，虽然节目质量的好坏与节目制作人员的收入有挂钩，但收入差距并没有拉开。全频道实行工资封顶制，和其他频道的员工相比，该频道员工的工作积极性受到一定影响。可以说，目前文化教育频道的绩效机制对员工的工作积极性并没有很好的促进作用，这在一定程度上是和频道自办节目力量弱小分不开的。整个频道员工少，自制节目也少，因此无法形成员工彼此间的竞争。因此，从根本上转变观念，加大力度扶持文化教育频道，扩大自办节目规模，并引入科学的收入分配制度，提高员工工作积极性进而提升节目质量，扩大频道知名度和影响力，这是环环相扣、互为因果的一整套改革机制。

第二，明确频道定位。频道定位不明确是制约文化教育频道发展的另一大问题。在理顺全台和频道管理机制的基础之上，重新明确频道定位是第二项亟待解决的问题。我们认为，文化教育频道重新明确频道定位，走特色化发展之路，可以从以下几个方面进行考虑：

一是，文化教育频道需要找准自己的定位，从小的切口进入，避免面面俱到式的发展。目前，文化教育频道主要有4种类型的主打自办节目。因为没有一档节目做到了日播，所以节目力量分散，难以形成拳头效应，整个频道的定位和特色也就无从凸显。我们建议重新调整自办节目的构架，重点突出法制、教育和文化类栏目。电视问政栏目《深度空间》虽然节目质量不错，但总体来说节目内容跟时政新闻更为贴近。所以，从突出频道特色的角度出发，在有条件的前提下，建议将该栏目归口到新闻频道。这样，文化教育频道就可以集中力量发展法制、教育和文化类节目。

虽然，法制、教育和文化这三类栏目在内容性质上也相差较大，但我们建议文化教育频道的特色定位可以通过这三类节目在节目制作理念上统一的特色来体现。概括起来，我们认为文化教育频道的节目制作理念定位就是“做联合，做服务，做活动”。

“做联合”就是节目发展要寻求联合互助之路。目前的几档节目各自为政，即使是两档法制类节目，也几乎没有交流和沟通。此外，频道前期资源和后期制作也存在各自为政的问题，从长远的发展来看，一定要打通节目内容，打通人力资源，打通节目制作和包装。我们的主要建议是要先打通两档法制类节目，并将法制类节目作为频道发展的重点。目前，从全国范围内的电视节目类型来看，法制类节目一直保持着比较强的生命力和受众关注度，涌现出了一批名牌法制栏目。文化教育频道目前的两档法制类栏目常年同市公安局和中级人民法院保持着良好的合作关系，因此，节目资源可以说是比较丰富的。如果能打通两档栏目，那么对于很多法律事件的表现就可以更加灵活，能充分运用现场、庭审和演播室访谈等多种方式。目前，两档法制节目的节目样式都还比较成熟，也有一定的节目质量，打通以后，人力资源可以进行重新的优化配置，从而进一步提高节目质量，凸显文化教育频道的法制节目特色。

“做服务”就是要突出文化教育频道所有节目的服务性功能和特色。加强服务性功能可以说是目前全国地方电视台的一个主要竞争策略。相比于省级以上电视台，城市电视台更具贴近性，所以更容易在服务性上做文章。加强电视节目的服务性特色，不但可以拉近和观众的距离，而且可以吸引和保持一批稳定的收视群体。相比于其他频道，文化教育频道自身的定位就非常适合突出服务性特色。所以，我们建议文化教育频道所有自办节目都要突出服务特色，并且将服务性作为节目的一个主要诉求和定位。例如，法制类节目应当加大普法和为群众解决法律难题和纠纷的功能；教育类节目应当加强对青少年教育的引导作用；文化类节目不但要介绍襄阳的传统文化，而且要通过节目使文化真正走入寻常百姓家。

“做活动”可以说是体现频道整体服务性特色的一个重要途径和方式，同时也是增加节目创收的一个重要渠道。《天天向上》栏目的成功经验已经表明“做活动”是一个很好的增加栏目影响力和创收的方式。所以，这一成功经验应当推广到频道的所有栏目。其实，从全国很多城市电视台的发展经验来看，“做活动”都是一个非常重要的增加品牌知名度和创收的策略。例如，成都电视台目前在广告创收上最主要的策略就是“广告创收栏目化，栏目创收活动化”，成都电视台以《第一房产》《第一家园》等节目为依托，通过举办“新丝路模特大赛”“我的美丽新娘大赛”等活动实现了栏目知名度和经济效益双丰收。因此，不但教育类节目，其他法制类和文化类节目也应当固定周期地举办活动。

二是，明确频道定位除了要在内容上找准方向以外，还需要花大力气进行宣传和包装。目前，从襄阳电视台全台的包装和形象设计上来看，应提升其宣传和包装水平。其形象设计和定位应具有统一性和延续性的整体性包装策略。全台的宣传语“品味襄阳，视听天下”从字面上看内容缺少特色。因此，我们建议应当在宣传语中很好地突出襄阳的历史文化。另外，建议全台统一打造全新的形象片，并在栏目标识、包装等方面进行统一的策划和管理，进行整合化包装。这样，具体的频道也就会有兼具频道特色和全台特色的形象系统。（此部分建议，同时在其他频道的改版方案中也会有所涉及，因此在此处不再展开）

第三,标准节目规范与锻炼提升内功。目前,制约襄阳广播电视台节目质量进一步提高与全台进一步发展的一个非常重要的因素就是节目制作人员的专业素质。文化教育频道现有自办节目的质量普遍都反映出的一个问题就是,记者、摄像还有编导等节目制作人员应提升专业基本功。抛开节目内容不谈,许多节目制作人员目前在最基本的拍摄构图或者采访剪辑等基本功上都不能达到合格标准,而从调研结果来看,目前襄阳电视台人才引进的门槛还是比较高的,缺乏的只是科学的人才管理和培养机制以及员工自身的积极性和主动性。因此,对于襄阳电视台而言,编导苦练自身内功是一个刻不容缓的事情,这不但需要一个机制的保障,同时也需要员工自身的努力。

如上文所述,襄阳电视台需要对全台的管理机制进行调整,从而优化人才引进、管理和奖励机制。同时,襄阳电视台应当制订科学的人才培训和培养机制。对于全台的在编员工,应当定期分层次、分对象地进行业务培训。同时,也要鼓励员工“走出去”,继续提高学历或者去全国其他电视台调研学习。这些举措应当制度化,从而长期有效地促进员工专业素质和技能的提高。

如果说促进全台员工专业素质的提高是一个长期的过程,那么在短期内能够见效的方式就是对襄阳电视台的自办节目迅速实行标准化制作。目前,从全国电视节目发展情况来看,经过多年的摸索和实践总结,很多节目类型发展得已经相当成熟和完善了,这些类型的节目在内容定位、节目样式、拍摄编辑手法上都形成了一套业内公认的标准和规范,这些规范和标准在最大限度上保证了节目的质量。因此,对于襄阳电视台的节目制作人员而言,在短期内学习对应的节目制作标准和规范,并尽最大可能去学习和模仿,不失为在短期内迅速提高节目制作水平的一条捷径。通过节目制作标准化,电视台员工也可以切实有效地学习到先进的电视节目制作手法,这是一个在学中练、在练中学的良性发展过程。

目前,在文化教育频道的自办节目中,法制类节目是最适宜实行节目制作标准化的。目前,我国法制类节目的样态和制作手法已经发展得相当成熟,有一整套的模板和制作标准可供模仿。而法制类节目目前又是文化教育频道自办节目的重中之重，因此，加紧实现节目制作规范和标准化是当务之急。

五、栏目改版——全力打造襄阳电视台品牌栏目

（一）栏目一：经济生活频道《帮女郎》

《帮女郎》是襄阳电视台经济生活频道的主打节目之一，2011 年 5 月 20 日推出，为一档大型民生服务类日播节目，每期 25 分钟。栏目宗旨为“急百姓之所急、想百姓之所想”，以记者帮忙的形式，为百姓解难、解闷、解气，成为市民的生活贴心人。

栏目版块包括生活小贴士（告知市民大量与日常生活有关的各类信息，包括气象、出行、交通、菜价等最新资讯）、“帮女郎”在行动（记者以帮女郎的名义帮助市民解决生活中的麻烦和困惑）、帮女郎进社区（《帮女郎》与观众互动的环节）。

1.《帮女郎》的节目形态及改进建议

目前，《帮女郎》节目在观众中已经具备一定的影响力，但从整体来看，栏目仍然存在一些问题，主要表现在：

节目目前的播出时长为 25 分钟，除了 20 分钟的常规节目外，还加播 5 分钟的交警帮忙节目。25 分钟的节目时长无法形成节目带和节目时段概念，难以与观众形成固定的收视约定。

《帮女郎》目前的创意来自于安徽台创始的帮忙类生活介入节目，具体模板模仿和学习齐鲁台的《小齐办事》，后 5 分钟又模仿成都台的《谭谭交通》，节目创意杂糅，没有明确、一致的制作理念。

从节目样片来看，目前该节目编排较为随意，没有固定的版块时长，没有稳定的栏目结构。

该节目自成立以来不断改版，2011 年 5 月为《生活第一线》；11 月改名为《帮女郎》；为了强化特色，2012 年又学习《小齐办事》，使用不一样的配音与播报元素。这说明该栏目一直希望求新求变，但太频繁的改版和元素调整又说明节目没有形成稳定的节目版式，没有找到稳定的形式特征。

针对上述问题，《帮女郎》要成为该频道的重要品牌栏目，需要从以下几个方面加以改进：

第一，在播出时长上，建议在现有节目播出时长基础上加大节目制作量与播出量，节目时长固定为每天30分钟，以形成节目带，便于观众收看。

第二，在创意与模板上，建议引进新的节目创意，形成节目制作的新模板，形成稳定、有特色的节目版块，相应固定版块时长。

第三，在节目编排上，在节目创意与模板固定后，建议进行主题化、封面化编排，每期节目形成主打内容，给观众留下深刻印象。

第四，在节目版式上，建议栏目吸取近两年来改版的经验教训，在不断变化中寻找不变的元素，参照上述节目创意与模板，形成稳定的节目版式。

2.《帮女郎》的栏目形象及改进建议

目前，《帮女郎》的栏目形象从整体来看还较为粗糙，未形成能体现栏目自身特色的形象识别系统。从节目形象构成元素上看，节目片头的制作可以进一步精细化，加强与内容之间的关联度；增加主持人、记者的同期，以及增设记者的镜头，从而更好地和节目要强化记者“帮忙”和“介入”的定位相吻合；建议节目选用女性配音，与节目的女性视角更加匹配。

针对《帮女郎》在栏目形象上存在的问题，建议从栏目形象系统、形象核心与形象元素3个方面进行改进，以全面提升栏目形象元素和体系，形成全新的栏目形象。

在栏目形象系统上，目前栏目的片头、宣传片是记者和编导自己做的，记者和编导为栏目发展付出了巨大的努力，但这种做法和机制无法满足当前市场环境下电视节目竞争和发展的需要。建议引入形象识别系统（VIS），请专业节目包装机构制作片头、片花、角标、人名字幕和宣传片。

在栏目形象核心上，栏目在明确节目形态方面的诸多特征的同时，也需要在栏目形象方面寻找基本塑造点，如主持人、首席记者等，围绕这一基本点形成栏目的整体视觉形象系统，并形成节目内容的基本结构方式。

在栏目形象元素上，栏目形象的确立不仅仅是进行形式方面的创意与包装，更重要的是在内容与形式之间建立关联、形成合力。因此，节目在制作过程中也需要细心经营各种声画元素，形成一致风格，以更好地形成形象合力，最终形成栏目品牌。

3.《帮女郎》的叙事方式及改进建议

从调研组目前看到的样片中可以判断，《帮女郎》栏目在叙事方式上还没有寻找到栏目自身的规律和特点，主要表现在：

叙事无序，节目对事情的起因、经过、结果报道不完整，事件中的矛盾冲突展开不充分，不能利用事件中的戏剧性来展开叙述；

结构混乱，节目制作人员还较为缺乏故事意识和悬念意识，节目没有清晰的结构线索，在叙述过程中使用不规则的字幕；

提问不清，记者的提问针对性不强，没有方向感，对新闻的5个“W”没有较强烈的意识，提问中涉及的事实基本元素较少；

制作不规范，在节目中经常看到镜头晃动，背景杂乱，景别分级少，用光的基本观念缺乏，这都显示出整体的制作水平还有待提升。

针对上述在样片中看到的问题，结合实地调研了解的栏目情况，《帮女郎》栏目可以在叙事方式上进行较大幅度的调整，以使节目在整体叙事上更为顺畅。改进建议如下：

第一，制作直播互动型节目。据栏目主创人员介绍，《帮女郎》栏目组每天可收到帮忙线索60个左右，这说明栏目在观众中有一定影响力。在这些线索中，热线电话占80%，主要是百姓求助；微博占10%，主要用于部门互动。目前，这些线索的利用率还很低，还没有变成节目的重要制播资源。

目前，该栏目在制作过程中还是采用较为传统的专题节目制作方式，节目制作周期长，叙事过程难把握。结合上述热线电话资源闲置的情况，建议将节目做成以演播室为核心的直播互动型节目，既可减少节目制作环节，又可以利用热线资源，加强主播与观众、主播与现场记者之间的互动。

在实地调研过程中，该栏目主创群体也表示有能力将现有节目做成直播互动型节目。建议该节目可先尝试做1期样片，以检验是否能够完成这样较大幅度的转型。

第二，加强连线互动。作为以民生、介入、帮忙为特质的节目，该节目要提升在媒介市场中的辨识度,提升在观众中的影响力,必须强化栏目核心元素,即作为“帮女郎”的记者。无论节目是否做成直播,都需要加强现场性、加大信息量,都需要加强记者的出镜,加强记者与演播室的连线互动。

第三,强调报道连续性。作为一档对拍摄对象生活有较强介入性的节目,《帮女郎》要提升自己的影响力,必须强调对事件关注和报道的连续性。在对某一事件的报道过程中,必须让整个“帮忙”过程有落点,实现“帮忙”的目的。当观众对“帮女郎”介入后事件发生的变化和结果有了较强烈的认知和印象,栏目在观众中的影响力也必然提升。

因此,建议栏目在改进提升过程中加强对事件的后续关注,加强对事态的连续报道,并把这种报道作为栏目叙事方式的重要特点,从而提升栏目的影响力。

4.《帮女郎》的制作流程及改进建议

《帮女郎》节目自播出以来,在不断改进的过程中不仅能保证稳定播出,还制作了不少特别节目,这说明制作团队自身具备了较为专业的素质和应对变化的能力。但要让制作团队的能力得到更为充分的发挥,要让节目在制作水平上得到最大限度的提升,从制作流程的角度来看,栏目内部的一些机制还需要理顺,一些环节还应该加强。

对于一档深度介入事件的帮忙类节目来说,策划至关重要。但目前该栏目组没有专门的策划人员,没有相应的策划制度,在制作流程上没有编前会,只有编后会,这必然影响到节目的质量和水平。

从流程管理上看,目前该栏目的3位主编实行每周排班制,由当班主编来主管策划,但这种策划更多的是与编导进行的口头沟通,尤其是在节目制作过程中进行的动态沟通,还处于“临时出主意”的状态,不是有序的策划行为。这不仅不能使主编的能力得到发挥,也极大制约了编导对题材开掘、事件跟进、悬念设置等各个环节的把握和探索。

从内部机制上看,栏目主管目前将很多精力放在对人员基本制作能力的培训上,且大多数是在日常节目制作过程中的口头沟通,是一种低水平重复的状态。栏目主管除了日常管理之外,在大型活动、栏目发展目标管理方面还并没有发挥其应有的职能。而栏目核心编导目前每月总任务量为12条，由两人合作完成，其中6条需要主创写稿，在实地调研的过程中，编导们也反映做节目时任务量较大，只能求量不求质，每月自己满意的不过两三条。

针对《帮女郎》栏目在制作流程中存在的一些问题，建议该栏目进行如下改进：

强化策划在节目制作流程中的地位与作用，安排专门的策划人员进行策划，形成固定策划机制。主编的工作重点转向主持编前会、策划会，负责整体节目创意与质量的监控。主管则需要把一部分工作重点转向栏目组的大型活动，需要用年度大策划带动日常小策划。节目编导在日常制作中要进一步重视策划，重视节目制作质量。

5.《帮女郎》的资源配置及改进建议

目前，作为日播节目，《帮女郎》在日常运转过程中能够保证节目安全播出，并能够保持节目的质量，但从长远来看，栏目各方面的资源配置还有待加强。

从设备投入上看，栏目组在此次实地调研过程中反映前后期设备存在一定缺口，目前栏目组共有8台摄像机，供11个记者和10个实习生使用，后期设备也严重不足，且多年未投入，希望能够在设备上有新的投入。

从栏目人力资源上看，栏目组反映目前新人专业素质还有待提高，整个栏目组只有一两个专业人才，大多数人员都要在制作过程中培训。栏目组、频道的培训机制也难以满足人员素质提升的需求，目前的培训只是在例会中讲一讲业务，近10年来，编导只到齐鲁台外出培训学习过1次，且一共才2批6个人，主任、副主任外出培训3人3次。编导普遍反映有学习的强烈愿望，并希望培训与实践能够结合。

结合《帮女郎》栏目目前在资源配置方面的情况和问题，建议进行几个方面的改进：一是合理加大投入，按照节目制作需求配置前后期设备；二是在理顺栏目内部机制的基础上进一步合理配置人员，加强栏目成员之间的合作，减少单干，同时注重引入专业人才，增强专业力量；三是栏目组、频道形成培训机制，加强专业培训。

6.《帮女郎》的评价体系及改进建议

评价体系是衡量电视节目质量和员工收入的重要坐标，评价体系科学合理,对节目质量的监控与引导、员工的创作和收入都至关重要。目前,《帮女郎》有栏目自定的评价体系,在节目制作过程中也发挥了一定的积极作用,但从整体来看,目前的评价体系仍然较为零散,没有形成有效的评价系统。

目前,栏目采用的收视数据来源于央视索福瑞,但该数据采用的是日记卡的抽样调查方式。栏目组反映,该数据反映的收视结果与节目的实际收视情况差距较大,其精度与效度值得怀疑。全台曾请华中科技大学团队在社区进行了入户调查,抽取了2,000个样本,栏目组认为其结果比较能反映栏目的实际情况,但这种数据分析又太过单一,不能成为长期行为,难以对节目评价形成持续的支持。

从业务管理层面来看,栏目内部重视业务评价,采用每周评分的方式,以节目质量为标准,由3个主编打分。同时,栏目组会根据观众反馈评出月度好稿,并在此基础上进行奖励,每月奖励10个左右的节目单位,占整个栏目播出节目的1/9左右,其中1等奖500元,2等奖300元,这些评价方式对节目质量把控起到了较为积极的影响。另外,栏目组也会对没有完成任务量、有采访失误的人员进行处罚。

针对《帮女郎》节目在评价体系方面的状态和存在的问题,建议进行如下改进和调整,以使评价体系更为科学有效。在收视数据方面,由于日记卡的方式较难反映栏目收视的实际情况,建议投入测量仪代替日记卡,以提升效度,获取节目收视的有效信息。在业务评价方面,栏目内部制片人和主编评分应该形成更明确的机制,可借鉴央视等的做法,引入专家评价体系,并将专家评价与观众收视和反馈结合起来,形成层次清晰、重点明确的评价系统。

(二)栏目二:经济生活频道《数说襄阳》

1.节目定位

经济是社会生活的物质基础,小到一个家庭的收入支出,大到国家的财政政策,都与经济息息相关。经济是关系国计民生的重要话题。一个城市有自身独特的经济发展轨迹,市民也会因为与城市经济的关联而对经济类节目产生相应的关注。《数说襄阳》节目定位为经济生活类节目,通过数据揭示社会经济发展中存在的现象和问题,回答社会公众关注的热点问题，共同构建社会主义和谐社会。

2.相关专业频道及节目名称

专业财经频道或准专业财经频道名称		主要财经类节目
国内	第一财经频道	《财经早班车》《早市导航》《最新闻》《市场零距离》《实盘跟踪》《午间论市》《财经中间站》《尾市盘点》《财报天天读》《理财宝典》《今日期市》《今日汇市》《今日港股》《第一地产》《公司与行业》《财经夜行线》《环球第一财经》《上班这点事》等
	央视经济频道	《第一时间》《全球资讯榜》《经济信息联播》《为您服务》《经济与法》《经济半小时》《对话》《商务时间》《证券时间》等
	央视证券资讯频道	《股市行情》《今日股市》《期货时间》《一力评数据》《财富课堂》等
	北京电视台财经频道	《首都经济报道》《E城市》《天下财经》《天天理财》《收藏天下》《经济法眼》《天下华商》《北京议事厅》《财智人物》等
	深圳电视台财经生活频道	《财富博客》《生活故事》《法眼看天下》《经济生活》《中国股市报道》《金点剧场》《福彩开奖》《第一地产》《汽车先锋》等
	内蒙古卫视	《财富晨讯》《财富指南》《财富无限》《财富非常道》《财富中国周刊》《财富名人堂》
国外	CNBC Asia 财经频道	《亚洲财经论谈》《亚洲市场观察》《欧洲财经论谈》《环球财经连线》《华尔街动向》《领军人物》《一掷千金》《亚洲经营者》《本周亚洲市场》等
	FOX财经电视网	《全美晚间积分榜》《财富早餐》《自由之成本》《福克斯财经欢乐时间》等

3.节目形态

节目形态表现为以主持人讲述和小短片为主，通过民生视角和数字解读，形成对于城市经济生活的关注与关联。

数字是最有说服力的，信息量、实用性是吸引受众的重要因素，也是栏目立足的根本。《数说襄阳》应在加强对于第一产业、第二产业报道的基础上，拓宽报道面，将更多老百姓关心的内容，吸纳至节目的范畴之内，传递经济信息、提供决策依据、传播经济知识、剖析经济现象、解读经济政策、推进制度创新、守望经济环境、监督经济行为。

4.节目内容改版建议

第一，体现贴近性，走本土化道路，强化地方特色。

关注襄阳地区的经济数据、经济事件、经济人物，对与襄阳地区及周边地区群众生活关系密切的国家政策调整及外部热点事件做本土化解读等。贴近性可以削减专业上的晦涩性，增加一定的趣味性和亲近性，从而引起观众的收视兴趣。

第二，强化实用性，《数说襄阳》应该把实用性作为节目特色之一，加以强化。

随着国内经济快速发展与全球经济一体化，人们越来越感到经济与生活密切相关，感到市场经济知识的重要意义。强化节目的实用性，就是节目在传递信息时，用尽可能通俗化的模式提取其中的实用要素，使受众在满足信息需求的同时，获得具体行为范例、模式的直接或间接提示，增强节目为受众服务的意识，将数据与百姓生活联系起来。

第三，用数据视角切入，增加趣味性。

该节目不应只关注单纯的经济问题，更需要把经济问题放在社会大背景中去考察和比照，用数据的眼光去审视社会问题，即“经济问题社会化、社会问题经济化”。对于同样的事件，独特的数据视角可展现与众不同的内涵。通过发生在市民身旁的家长里短、细枝末节，辅以数据的解读，来负载对经济规律的提示与开掘。

《数说襄阳》应避免财经的严肃性，用趣味性代替严肃性。这种趣味性不仅是语言的生动，而且是内容的趣味。一条财经新闻如果从趣味故事、典故说起，结合数据的解读，观众会有耳目一新的感觉。

第四，保持专业性，财经节目是专业性极强的节目，关注国内国际财经动态的观众是财经节目的收视主体，《数说襄阳》要更加突出其专业性。

在发达国家，财经类节目制作主要由电视媒体和财经媒体合作，例如美国的CNCB就是由两家传媒公司——道琼斯公司和NCB（全国广播公司）合作，拥有了强大的编辑阵容和全球性网络资源，从而使其专业性、科学性、权威性得到了根本保证。作为专业化、权威性象征与标志的专家学者的加盟，确立了节目的权威性、前瞻性与指导性。这已经成为电视界、电视人及观众的共识，财经类节目要确保内容的权威可信，就要邀请专业人士加盟，专业人做专业节目才能使财经节目的内容权威可信。在《数说襄阳》制作过程中，节目组可以邀请统计局等政府或企业相关部门的专业人士参与，以他们作为策划、顾问或出镜等方式，对数据进行解读，保证节目的专业性和权威感。

第五，加大信息量，通过深入的解读吸引受众。

内容选材范围是节目的核心与灵魂。无论什么节目，都只有通过针对性强、高质量、高水平的内容才能赢得观众的好感。《数说襄阳》要在节目资源市场竞争中取得胜利，也必须在内容选材范围上做深做透。从广泛的范围来看，财经节目的内容选材更广泛，信息含量不断加大。《数说襄阳》应该将财经大事、投资信息、股市行情、市场动态、上市公司运营状况等观众所关注的对象，作为节目的重点与焦点内容，加大信息量。

及时性是新闻的价值所在，也是经济信息的价值所在。对于一条重大的经济消息、一个重要的经济数据，中央台或许只报道新闻，而城市电视台则可以在新闻之后，报道新闻的背景、市场的反应、百姓的反应、专家分析等，用及时、快捷、充分来占领自己的领地。

第六，在借鉴国内外同类节目的包装风格的基础上积极创新，在演播室设计、片头片花包装、字幕板条设计等方面不断突破，形成简洁明快的风格。

节目整体形成一定的色彩基调，突出重点，强调变化中的节奏感，改变财经节目给人的枯燥乏味印象。主持人应轻松愉悦，同时能够具备一定的调度能力，结合专家的专业评述，通过节目内容、编排与包装的有效统一，使观众在赏心悦目中接收财经资讯，在轻松自如中把握财富机会。

(三)栏目三:文化教育频道《汉江风》

栏目人手短缺，定位不明确，没有创收能力，节目质量不高等问题长期困扰着《汉江风》这个栏目。我们认为，虽然这个节目目前面临的问题较多，但是该栏目是襄阳电视台唯一一个专注于做文化历史的栏目。襄阳是一个文化历史名城，因此，该栏目肩负着弘扬襄阳历史文化以及提升襄阳电视台整体节目品味的重任。因此，我们认为这档节目应当保留，而且应当继续加大投入,要将其当作全台的品牌节目来打造。我们建议,对这档节目,不要单纯地从收视率和节目创收角度进行考核。襄阳电视台应当把这档栏目作为代表襄阳文化历史特色的品质节目来对待,要从全台的整体定位和形象设计的角度来衡量这档节目的重要性和意义。根据《汉江风》栏目现有的情况和条件,我们提出如下改进建议:

节目制作的人财物资源必须得到全台的支持。目前,整个栏目只有2个工作人员,任何节目质量和定位等都无从谈起。

《汉江风》栏目必须明确栏目定位,也就是明确到底以什么节目内容为主。从现有的节目看,定位是用人物传记的形式带动文化的传播。但从节目实际的制作效果来看,目前的节目把过多的笔墨落在了人物上。文化内容虽然也有所涉及,但表现形式陈旧,也没有做到通俗易懂。因此,整个栏目并没有起到很好的文化弘扬和传承的作用。

在调研会中,栏目工作人员提到曾有过改做旅游节目的想法。在当前栏目人手匮乏、节目质量一般的情况下,不宜立即做内容的转型。节目内容的转型要建立在充分的市场调研基础之上,并且一定要具备充分的人财物条件,经过精心的策划之后才可以进行。

我们建议《汉江风》栏目可以按照以下两个思路来进行改进。一是,按照我们对频道的整体规划,《汉江风》栏目也要走"做活动"之路。可以考虑组织各种文化知识和技能的竞赛,评选诸如"襄阳文化之星"等活动。这样不但可以增加栏目的知名度和影响力,而且通过活动的举行还可以带来广告赞助等。在目前人财物比较紧缺的情况下,可以先从小型活动做起,但要有一定的周期性,这样才能形成规模效应。二是,《汉江风》栏目可以考虑通过方言节目突出地域文化特色。可以考虑开设一些口播的方言节目,通过说文化、谈文化的方式,比如"戏说襄阳文化",来达到寓教于乐以及传承文化的作用。这种口播节目可以最大限度地节省人力,而且不需要大的投入,正适合目前文化教育频道资源紧缺的境况。

在新栏目的开发上,根据我们对襄阳广播电视台文化教育频道整体定位以及管理机制的全新改进方案,我们认为在对现有栏目大力进行改进的基础之上,也可以根据文化教育频道的具体情况考虑开设一些新栏目。这些新栏目既可以成为文化教育频道新的收视增长点，又可以和既有节目相互配合形成合力，从而为文化教育频道整体质量的提升做出贡献。我们认为目前可以考虑开设以下两档新栏目：

《这里是襄阳》

该档节目的模板是北京电视台的本土文化栏目《这里是北京》。《这里是北京》是北京电视台一档介绍老北京风土文化的文化栏目，深受热爱老北京文化的全国各地观众的欢迎。襄阳作为一个和北京一样具有浓厚历史文化底蕴的城市，完全具备开设一档类似节目的基础。因此，集中全台力量打造一档这样的节目不但可以实现全台传承襄阳文化的战略目标，而且经济效益和社会效益的双丰收也是可以预见的。

《今天我来报天气》

《今天我来报天气》可以考虑作为《天天向上》栏目的一个子版块，也可以考虑作为一个独立的新栏目来开设。襄阳市是一个开设青少类节目基础条件非常好的城市。襄阳市的父母普遍对青少年的教育和成长比较重视。因此，可以考虑开设一档以录播体验为基础，以海选"天气播报小明星"为最终目标的青少类栏目。这个栏目内容的生命力是体验和竞技类的活动，要给青少年上镜的机会。每周可以邀请在本周要过生日的儿童与青少年到襄阳电视台的录播体验空间来播报天气预报，每半年进行一次"天气播报小明星"的海选。当节目形成一定规模和效应后，还可以考虑继续开发出《今天我来当记者》《今天我来当主持》等系列节目。这些节目又可以和现有的"小主持人大赛""广电小记者"等活动结合起来。

第六章　频道重构与内容提升
——佛山电视台顺德频道个案研究

1983年,全国第十一次广播电视工作会议提出了“四级办广播、四级办电视、混合覆盖”的政策(即中央级、省级、地市级和县级广播电视机构)。这一政策对于我国广电事业的发展有着重要的历史意义。在当时的体制和国家财力情况下,“四级办电视”的构架极大地提高了我国电视节目的覆盖率。

无论是中央级电视还是地市级电视,其基本属性都是党和政府的喉舌,承载着党、政府与人民群众的桥梁作用,发挥着传播信息、沟通社会的功能。这一特殊属性和功能定位也给我国四级电视媒体的发展带来了一些挑战。一方面,我国电视台的基本属性不是商业性质,但是要按照经济规律参与市场竞争;另一方面,电视台也不是完全意义的公共电视性质,但是其大都承担着公共服务的角色和任务,电视台既承载着为城市或区县的公共文化建设进行服务的功能,也要争夺市场份额。

随着我国政治经济文化以及传媒环境的不断变化发展,“四级办电视”的格局和发展也逐渐呈现出一定的复杂性。

从构成上看,县级电视台在人员、资金、规模和覆盖范围等各方面的劣势,使得它在电视产业链中也处于弱势地位。从2002年7月1日起,随着各省公共频道的开播,“四级办电视”变为“三级办电视”“两级办电视”,很多县级电视台的自办电视频道被取消,这些电视台把主要工作转为做本地新闻节目。

从发展上看,我国县级电视台地区发展非常不平衡。西部和少数民族欠发达地区县级电视台普遍较为落后。而在东部沿海地区,依托于强大的地区经济实力，很多区县电视台的广告收入都超过了一些西部省会城市台。

顺德所在的珠三角地区在改革开放的大潮中，锐意改革，开拓进取，社会经济各方面的发展都取得了巨大成就。依托所在区域经济发展的先行优势，珠三角地区各区县电视台盈利水平和发展水平等各方面都处于同级领先水平，呈现出“小媒体、大市场”的勃勃生机和顽强生命力，对整个区域甚至全国的电视传播都起着巨大的促进作用。

随着技术变革、媒介环境日新月异，区域性的信息传播方式也发生重大改变，这给区县电视台的发展提出了新的课题。佛山电视台顺德频道作为区县电视台中的佼佼者，积极探索改革创新的道路，并计划于2016年3月进行频道全面改版升级。顺德频道启动新一轮的改版，这给节目构成、节目样态、节目内容、编排方式都提供了可以发挥创造的空间。通过改版，顺德频道可围绕特色服务扩大频道的影响力，进行立体化、多层次、全空间平台拓展，创造条件分阶段稳步推出创新节目，树立城市台优化服务、创新服务新标杆。

因此，课题组紧紧围绕顺德地区的经济文化发展现状、频道现有优势与问题，深入实地调研、严格论证、反复推敲，并参照国内外成功、先进经验，以期为顺德频道的改版提出兼具科学性和实践性的建议与规划，并形成《新时期佛山电视台顺德频道重构与提升研究报告》。本部分就基于此项调研成果，以佛山电视台顺德频道的改革为例，探索新的媒体发展时期区县级地方电视台的创新路径。

第一节　改革中的优势与困境

一、区域特色

广东省佛山市顺德区是佛山市5个行政辖区之一，别称凤城，是佛山市与广州市联系的重要核心区域之一。伴随改革开放三十多年经济的崛起与腾飞，社会政治的全面发展，加上港澳等地文化的影响，顺德在岭南文化传统的继承和提升基础上,形成了既具岭南本土特色,又兼具开放包容、灵活变通的地域文化特征。

从行政区划和管理角度考察,顺德可以说是我国区县管理改革的“先行先试”者。顺德原为县级市,2003 年 1 月 8 日起,顺德并入佛山,撤县级市设佛山市顺德区。2009 年 8 月 17 日,广东省委、省政府正式批复,同意佛山市顺德区继续开展以落实科学发展观为核心的综合改革试验工作。批复同意在维持顺德区目前建制不变的前提下,在经济、社会、文化等方面赋予顺德区行使地级市管理权限。2011 年 2 月 11 日,广东省正式发文确定佛山顺德为广东省首个省直管县试点,由此拉开广东“省直管县”改革序幕。

从地理环境考察,顺德的城镇化建设与中央精神和时代发展背景十分吻合。顺德区位于广东省南部,珠江三角洲平原中部。东连广州市番禺区,北接佛山市禅城区和南海区,西邻江门市新会区,南界中山市,邻近深圳市、香港特别行政区、澳门特别行政区等珠江三角洲的多个城市。随着交通条件的日益改善和城镇一体化步伐的加快,顺德已经成为佛山市与广州市联系的重要核心区域之一,同时也是广佛肇经济圈的重要组成部分。

顺德拥有鼎盛而多元的岭南文化。顺德美食文化源远流长,天下闻名。民间素有“食在广州,厨出凤城”之说,今日更享有“中国厨师之乡”“世界美食之都”的美誉,每年一届的“岭南美食文化节”已成为本地品牌盛会之一。如今顺德的美食文化也与时俱进,呈现出包容性强的特征。四方游客既可以吃到如“村宴”这样独具本地特色的美食,也能品尝到来自世界各国的美味佳肴。

顺德还是众多名人杰士的摇篮和故乡。北宋至清末出过状元 4 名,进士数百,还孕育了清代诗书画三绝的黎简和画坛怪杰苏仁山,以及国际武打巨星李小龙等杰出人物。在当代,顺德也曾出过诸如郑裕彤、李兆基等这样驰名海内外的人物。积极开拓、志在四方的顺德人如今已经遍布海内外,据不完全统计,顺德旅外华侨和港澳同胞已经超过 40 万人。

此外,顺德地区还沿袭了岭南特有的镇街文化。顺德下辖 4 个街道

(大良、容桂、伦教、勒流)、6个镇(陈村、均安、杏坛、龙江、乐从、北滘)、108个行政村、92个居民区。顺德地区有400万人口,本地人口和外来人口各占一半,语言以粤语为主。开放务实的顺德民风使得本地人和外地人和谐相处,共同为顺德经济文化建设添砖加瓦。

作为地方电视媒体,其地域特色决定电视的特色。因此,顺德频道的新变革必然要贴合顺德城镇化建设的精神、理念和行动。

相比于地理文化,顺德更为天下人知的是其领先全国的地区经济发展水平。如果说珠三角地区是我国改革开放的最前沿阵地,那么顺德则是珠三角最具代表性的县域经济发展典范。经过30多年的改革开放,顺德已经发展成为产业化、城市化、国际化程度都比较高的地区,已经形成了一个现代工业的产业集群,培养了一大批拼搏务实、敢为人先的企业家,营造了很好的市场氛围,具备了实现经济社会可持续发展的基础。在全国百强县评比中,顺德一直名列前茅,曾经四年蝉联榜首,并有“广东四小虎”“广东银行”等美誉。

在改革发展先行一步、走过30年辉煌历史的今天,珠三角的改革发展直接进入国家发展战略规划,社会经济和文化发展又进入一个新的历史时期。2009年1月8日,国务院新闻办举行新闻发布会,正式公布《珠江三角洲地区改革发展规划纲要(2008—2020年)》(以下简称《规划纲要》)。这个《规划纲要》标志着珠江三角洲地区的改革开放和经济社会发展进入一个新的历史时期,同时也正式赋予了顺德地区经济生产“科学发展、先行先试”的时代使命。

经济强区成为顺德的地区标签,故传播顺德经济发展的经验成果、服务引领广东乃至全国经济发展也成为了电视媒体要面对的现实要求和历史使命。实际上,广东省各级媒体早已把顺德当成了新闻报道的富矿,仅806平方公里的县级区域已经引来了《南方日报》《广州日报》《羊城晚报》《南方都市报》等10多家媒体进驻并开设了顺德记者站,各媒体都开设了顺德专版、顺德金页,顺德已经成为媒体必争之地。

在全国的县级电视台中,珠三角的区县电视媒体是一个相对特殊的电视群体。一方面,珠三角的区县电视媒体依托所在区域的经济优势,以及自身改革的先试先行,其盈利水平和发展水平等都处于同级领先水平。此外,珠三角地区特色性与开放性兼具的地域文化特征又为区县电视改革发展提供了肥沃的土壤。因此,顺德频道改革对整个区域甚至全国的电视传播都起着巨大的促进和示范作用,极具开拓性意义和市场前景。另一方面,日趋激烈的传播市场竞争、人力资源的短缺以及盈利渠道的匮乏,使得区县电视媒体的发展也面临着前所未有的困境与风险,迫切需要大胆地进行实践改革和探索,以保持传播的长久和旺盛的生命力,从而为区域政治经济文化发展和人民生活公共服务提供强有力的支撑。

因此,顺德拥有的地域特征和时代使命十分独特,也是电视传播非常宝贵的资源。

二、频道优势

第一,良好的电视传输覆盖基础。顺德频道的前身是广东佛山地区的顺德电视台。在经历多次改革整合之后,2005 年 1 月,顺德电视台并入佛山电视台。2005 年 9 月,国家广电总局批复,顺德电视台改台名、呼号为佛山电视台“顺德频道”。顺德频道以宣传为重点,以打造专业和产业为两大突破口,致力于成为国内同级传媒中的优势媒体。顺德频道依托大佛山,信号覆盖佛山五区 3,800 平方公里及周边地区,覆盖人口 1,000 多万。可以说,良好的传输覆盖基础为顺德频道的革新提供了基本的条件。

第二,电视仍然占据强势媒体的地位。近年来,新媒体的崛起对从中央到地方的各级电视媒体都造成了巨大的冲击。然而,特别值得提及的是,从顺德频道节目收视和经营状况来看,本地受众并没有对传统的电视节目形式失去兴趣,以民生新闻为代表的自制电视节目在顺德当地仍有不错的市场份额和口碑。更令人欣喜的是,历史上在顺德电视市场十分强势的香港本港台和翡翠台近年来收视率都出现了不同程度的下滑。由此可见,顺德频道在当地仍然是强势媒体,观众的忠诚度没有减弱。对于顺德频道的新一轮变革来说,其受众的忠诚度为其根植本土打下了坚实的基础。

第三，自制节目初具规模，深入人心。经过多年的励精图治和精心打造，在这阶段，顺德频道已经初步形成了"新闻类""服务类"和"活动类"三大节目带。品牌栏目《顺视新闻》《涛哥话事》《顺商传奇》《生活与法》《滋味叹世界》等在顺德地区已经深入人心，具有相当的影响力。此外，依托顺德地区火热的经济文化发展，顺德频道每年举办、直录播的重大活动、大型晚会超过40场。同时，顺德频道还致力于实施品牌战略，"欢乐龙舟文化节""南国书香节之顺德书展"已成为顺德规模最大、影响最广、参与人数最多的文化品牌活动。

第四，市场份额在佛山地区处于领先地位。在这阶段，佛山电视台有5个频道，每个频道均覆盖佛山五区。佛山总台经营3个频道，分别是公共频道、综合频道和影视频道。顺德和南海采用频道制，各自经营。在这5个频道中，公共频道、南海频道和顺德频道采取的都是"小综合"的频道定位。根据2015年的统计，顺德频道全年收入达6,000万，远远领先于频道性质和资源地位相近的南海频道。以经营收入来衡量，顺德频道在全国乃至珠三角地区县级电视台中属于第一梯队。这个数据对于新一轮变革来说，具有一定的激励作用。

三、当前县级电视台的新困境

当前，传统媒体在世界范围内进入了全媒体过渡期，纷繁多变的新现象层出不穷，我国县级电视媒体发展面临着新的困境。

(一)体制上的差距困局

从社会主义市场经济体制目标建立后形成的厅局台管理体制到这阶段纷纷建立的广播电视集团化和媒介融合管理体制，说明中国的电视产业一直在探索体制改革与发展。20世纪80年代的"四级办台"政策在一定程度上忽视了各地经济实力的差异，导致区县电视台先天性的不平衡发展。20世纪90年代，国家明确将广播影视产业列为第三产业，对电视台的生产经营能力提出了明确要求。21世纪，随着互联网大潮的冲击，传统媒体的新媒体战略转型又成为了摆在各级电视台面前的一道难题。

在电视产业体制改革过程中，处于产业链末端的县级电视媒体面临着极大的体制改革困境。县级电视台由于在行政级别、规模人员、覆盖范围等方面的劣势，常常成为历次改革首要的改革对象，而这些改革又常常是以限制县级电视台发展权限为目的。

尽管珠三角的县级电视媒体在要取消县级电视台的改革呼声中，顺德作为经济强区得以保留一个自办频道，但由于广电管理行业和当地政府对顺德电视体制的频繁改革，体制规格和归属问题一直游移，困扰着顺德电视的事业性发展。

(二)覆盖范围与地域区隔的制约

在国家广电覆盖的大格局中，区县台的覆盖范围基本上被限定在一个较小范围的区域。然而，由于卫星和有线电视的普及，覆盖地域面积狭小的县级频道和市场资源被中央台、各省级卫视、地市地面频道甚至来自港台地区的众多电视媒体瓜分，顺德地区的主要收视资源在历史上就曾经长期被来自香港的多家电视媒体所占据。

此外，我国很多区县由于特殊的历史文化原因，辖区面积不大却形成了不少区划、经济和文化自成一体的地域区隔。珠三角地区特有的街镇文化在一定程度上就限制了县级电视台的覆盖和影响范围。以顺德频道为例，其主打新闻节目只能覆盖和影响人口不到30万的大良地区，而整个顺德地区的本地和外来人口总计达1,000万。

(三)节目制作人力资源的差距

由于具有“接地气”的先天条件，我国各县级电视台在节目制作内容方面实际上还具有一定的优势条件。但是，这一优势条件往往受到人力资源的限制，因此，具有一定社会影响力和市场号召力的精品节目和品牌节目并不多见。

人力资源的差距主要体现在节目制作人员数量不足、节目制作能力和综合素质有待提高等方面，而这一问题往往是由体制和机制引起的。“小而全”的频道定位使经营管理等部门分流了一部分人力资源，使得节目制作部门在人力上捉襟见肘。而很多节目制作和经营创收一肩挑的工作机制又使得员工无暇顾及业务学习和自我充电。

(四)盈利模式与内容生产的矛盾

我国电视媒体的盈利历来主要依靠广告收入。而中央和省级卫视依托覆盖范围和资源优势往往占据了全国电视媒体广告收入的半壁江山。根据央视市场研究媒介智讯2012年的统计,中央和省级卫视及其地面频道在2010年和2011年两年中的广告收入占全国电视广告投放的比重分别达到69.2%和71%。也就是说,占全国总数12%的电视台垄断了全国70%左右的广告收入,而占总数88%的县、市台要去分配剩下的30%左右的广告份额。

面对收入模式单一和广告市场份额下滑的困局,各县级电视台纷纷拓展多元收入模式,以保证自身在经济效益上的竞争力。然而,这其中部分创收模式也在一定程度上和节目内容生产规律要求发生了冲突。例如,定制节目是近年来各区县电视台利用区域传播优势进行创收的一个有效途径,但是定制节目在节目内容和编播时间上都会受到一定限制,从而影响整个频道或电视台的节目品味和播出效果。

第二节　顺德频道发展现状分析

一、原有栏目概况及影响因素

顺德频道此次改版时间定在2016年3月,时间较为紧迫,任务分布较广。因此,顺德频道的改版要分析原有栏目构成,在明确改版方向的前提下,对现有的条件进行客观的评估,以问题为导向,找到症结和解决办法,有所侧重,重点突破。

通过问卷调查、座谈交流、编排浏览、节目观察等方式进行深入调研分析发现,顺德频道原有栏目拥有良好的发展基础,同时也应顺应新的发展需求。

第一,自办栏目具有一定基础。2015年,顺德频道共有11个栏目,各栏目时长为90分钟,包括《顺视新闻》《涛哥话事》《午间新闻》《顺商传奇》《财富顺德》《生活与法》《非常德食》《滋味探世界》《第一房产》《急速车坛》

《我愿意》。一个城市的区级电视台能够创办这样多的自办栏目,其能力在全国范围内都可名列前茅。

第二,栏目制作整体上达到了一定的专业水准。课题组通过对自办栏目的诊断,认为有一半的栏目比较成熟,积累了一定经验,在选题把握、采访深入、画面拍摄、文字解说、主持方式等方面都有可圈可点之处。值得肯定的是,栏目的形式感与时代同步,风格清新,让人深深感受到频道的活力。例如,《滋味叹世界》从内容到形式都十分吸引眼球;《财富顺德》制作比较工整;《非常德食》画面拍摄流畅自然;等等。

第三,品牌栏目保持稳定收视,产生一定社会影响力。如《顺视新闻》《涛哥话事》《顺商传奇》已成为频道重量级的品牌。课题组在调查过程中,分别同3档栏目的负责人进行沟通,这些负责人对如何办好品牌栏目有一定的深层次思考,对现在栏目的优劣也有着十分清醒的认知。可以说,正是因为这些品牌栏目保持不败纪录,才为频道在凝聚核心竞争力、扩大社会影响力方面奠定了一定基础。

第四,特别节目、大型直播活动在栏目构成中占有重要位置,凸显策划、组织能力。从理论上讲,特别节目、大型活动的传播是一种媒介行为,媒介的议程设置渗透力最强。我们看到,顺德频道的特别节目、大型直播活动办得有声有色,内容丰富多彩。例如,赛龙舟、美食节、花卉节、徒步运动等,作为重头节目在栏目构成中占有重要的一席之地,一年50多个活动的组织、策划也充分体现了各个部门之间的互动与配合。可以说,一个城区分台能够驾驭如此多的特别节目、大型活动直播,显示了频道的传播力和栏目的活跃度。

与此同时,原有栏目应引起高度重视的几个问题是:在栏目设置上,品牌节目带有待形成;在栏目类型上,栏目类型化意识仍需提升;在栏目时长上,5至15分钟的栏目占多数,栏目时长应进行有效整合,系统化融合15分钟以内的节目;在定制栏目上,为栏目提供资金支持,丰富栏目内容、样态。笔者建议,针对主要问题分步骤进行调整改造:第一步,形成两个品牌节目带,着力打造新闻性栏目和服务性栏目;第二步,实现栏目类型多样化,着力在内容、形态、风格上下功夫;第三步,进行大版块样式改造，着力整合栏目不规范的时长、样态；第四步，强化主导的传播意向，着力整合定制栏目造成的散碎状况。

顺德频道的栏目构成具有一定的特殊性，这种特殊性主要受到频道原有的规模定位、现在的隶属性质、所在区域特点、周边媒介生态的影响。在一定程度上，这些因素制约着顺德频道的栏目构成格局，同时也赋予了顺德频道独特的区域传播特色。

具体来说，顺德频道的栏目构成主要受到以下几个因素的影响：

第一，频道原有的规模定位。顺德频道原来是县级电视台，这就决定了其规模和独立办电视的基础，在栏目构成上也或多或少反映出县级台办电视的痕迹。然而，我国的县级电视台大都开办两个以上的频道，现在顺德分台却只有一个频道。因此，顺德分台不可能规划不同频道的区分，一个频道的定位必须是综合性的，也就是说频道资源决定了顺德频道定位的综合性。从这个意义上讲，栏目构成毫无疑问也应该体现频道的综合性特点。

第二，频道的隶属关系。现在顺德频道是佛山市台的城区分台，具有明确的隶属性。而我国一般城区电视台同所属城市电视台没有隶属关系，顺德分台的这种隶属关系十分特殊。因此，顺德频道的栏目构成也不同于一般的城区电视台具有完全的独立性，它必须要综合考虑所属上级台的频道分布、栏目构成。换句话说，顺德频道开办的栏目要避免同隶属的总台以及其他城区台同质化，这一点对栏目构成具有一定的制约性。这一制约因素意味着顺德频道栏目的类型、内容、形态等不能与隶属总台的栏目重合。

第三，频道所在地的区域特点。顺德频道作为佛山电视台的分支机构，多年来被视为顺德当地的自有媒体。因此，为地方政府和公众服务是其重要的媒介功能。顺德是我国改革开放的先行区域，曾连续多年占据经济百强县之冠，如今占据经济强区之冠 。故此，顺德的大企业、顺德的大新闻、顺德的大变化同时受到全国、广东省、佛山各级媒体的关注，顺德有各级媒体的驻站机构。这些因素无疑在一定程度上分化了顺德频道的媒介资源，这是栏目构成需要面对的问题。那么，开办什么样的栏目既能更好地为区域服务，又能把握好作为电视分台的发展方向？可以说，这意味着顺德频道面临着新的机遇和挑战，也意味着顺德频道在栏目构成上办出特色的可能性。

第四，周边媒介生态的影响。顺德周边的媒介生态也十分独特。过去一段时间，顺德的电视观众以看香港电视节目为主，养成了一定收视习惯和节目取向，特别是喜欢看电影。近年来，观众的收视取向发生了较大变化，省级卫视、广东卫视、南方卫视、珠江频道等开始占有一定收视份额。从 2015 年索福瑞为顺德频道所做的收视调查结果来看，顺德频道自办栏目在前十位收视排名中占据第六位，排在前五位的都是电影栏目。这个收视数据十分有意思，一方面说明了顺德频道所处的周边媒介生态和当地受众的节目取向，栏目构成要考虑周边媒介生态的联系；另一方面也说明了顺德频道自办栏目有相对稳重牢固的受众基础，具备频道栏目重构的良好基础。

二、生活服务类节目现状及问题

顺德频道现有节目从服务指向上主要涵盖了美食、旅游、健康、法律、汽车、房产、家居、公益以及气象服务等方面，节目内容覆盖面相对较广，各个栏目线下创收能力较强，但在节目时长、编排以及整体收视影响方面存在短、散、弱的特征，难以形成集中协同效应。此外，在人员配备、分工和栏目与部门之间的配合上也存在一定的提升、匹配与整合的空间。

以服务本地百姓、商家及企业为导向，顺德频道的生活服务类节目尽管在收视效果和经营业绩方面都已有了亮眼的表现，但从未来频道发展和栏目自身经营拓展来看，生活服务类节目仍然需要在节目编排、人力资源配置、定制内容品质以及管理效率等方面加以提升。

（一）节目编排协同效应有待提升

节目编排与设置需要把握和处理的不仅仅是节目自身的长短、播出时段与频次等问题，作为城市电视频道，顺德频道还需要考虑的是节目之间的相互联系，努力开掘节目间的协同效应，从而更好地服务本地与社区。

一方面，在节目设置上，集中编排节目，以提升整体收视效果。在研究团队所统计的目前现有和计划播出的11个生活服务类节目中，时长为1分钟至20分钟不等，有6个节目时长为15分钟至20分钟，其余节目时长均在1分钟至5分钟，节目时长呈现两极化分布。尽管节目内容在覆盖面上相对较广，但在整体上，应加长部分节目时长，解决节目总时长偏短、在时段分布上较为分散的状况。集中顺德频道生活服务类现有的节目，从而形成集中、有效的收视效果。

另一方面，在节目联动中，节目之间应做好相互配合，实现资源共享，进而实现节目资源的有效整合，充分开掘市场和客户资源潜力。避免部分节目对线下客户资源的单一垄断，或是节目之间对客户资源的争抢，减少频道的不必要内耗，充分发挥节目协同效应，实现经营效益的最大化。

（二）团队效能有待继续开掘

人力资源在节目制作和效益经营两方面的配置需合理，在对单位人力资源挖潜开掘的同时，也需要对职责功能和岗位分工有所明确，整合人力资源，避免内耗，形成线上节目与线下经营互利双赢。

一方面，在人力配置上，节目与经营难以两头兼顾。“人手不够”是调研过程中顺德频道各个栏目反馈的一个共同问题，这一现象在生活服务类节目中也比较明显。例如，现有的生活服务类节目多数属于经营部，经营部内部应合理分配工作人员，使节目创作与经营创收两个业务版块人员各司其职，各骋所长，精进各自业务版块内工作，提高栏目质量，如此才能实现栏目以及整个频道在未来的经营收入和品牌价值方面的可持续发展。

另一方面，在业务经营方面，线下经营业务有待整合。由于创收业绩任务压力，目前各个栏目均需承担大量的线下活动业务，在此方面的过多投入是对节目创作人力资源的大量占用。面对不断增长的业绩任务，栏目应整合线下重叠和交叉的业务活动，并利用线下活动反哺电视节目，实现线下业务经营、创收及节目质量的同步提升。

(三)定制内容应逐渐实现深度融合

为了服务本地商家和企业,定制节目内容是目前顺德频道生活服务类节目在内容生产上的一大特点。在此类节目中,应提升定制的产品内容与栏目本身的契合度,实现定制内容、商家诉求与栏目发展长远利益三者之间深度、有机的融合。一是应提升节目制作方式策略,提升观众收视效果和营销说服效果;二是服务商家的同时应充分借助互联网思维,有效调动多重元素吸纳观众资源,变观众为用户,更好地打造起一个稳定的、集线上收视及线下消费为一体的潜在用户群落。

(四)管理与协调有待进一步强化

在节目管理方面,两个与生活服务类节目相关的节目主管机构——总编室和经营部,需要进一步加强对节目的有效管理和统筹。总编室应充分发挥对节目编排和设置的统筹和决定权,作为地方性的城市电视频道,通过总编室对节目及时、统一的调配充分发挥"船小好调头"的灵活优势。经营部作为多数生活服务类节目的归口主管部门,在利用电视频道优势,向社会及工商企业提供定制节目服务方面表现出色。同时,在未来,应深挖客户资源,并对节目做出更深程度的开掘,充分发挥节目整合优势、协调资源共享、开拓节目与节目之间、线上与线下的协同效应,进一步拓展经营效益。

第三节 栏目编排的重构

一、宏观层面:栏目编排的指导思想与总体方向

通过对 2015 年编排总表以及 2016 年编排总表进行研究发现,频道的编排工作认真细致、有条不紊,在各个不同时段的统筹安排方面做到了精细化,基本形成了有序传播格局。但是,用更高的标准衡量,频道编排还有提升的空间。

频道编排的提升还取决于一些基本的前提条件:节目播出时间相对

固定；节目时长相对稳定；节目的样式更加多样化；节目的整体构成类型化；节目风格呈现各自特点；节目的主持人具有个性；节目内容与形式有机结合；节目传播具有主导意向。

因此，笔者建议围绕特色频道的打造来调整编排思路：强化黄金时段栏目品牌带；合理布局日播、周播节目；提升重播节目的收视份额；撬动特别节目的价值高地；降低定制节目的无序插播；形成大版块编排有序格局。

可以说，编排思路和举措关系到顺德频道此次改版提升的具体落实，因此，在指导思想上，栏目编排要在有序传播格局基础上形成特色。

频道定位、栏目构成、频道特色三者之间具有密不可分的有机联系。在一定程度上，频道定位对于栏目构成起到方向性的引领作用，是开办具体栏目的总体依据；栏目构成对于频道特色形成起到基础性的作用，是频道特色的具体呈现。顺德频道栏目构成的总体方向是，一方面体现频道定位，另一方面形成频道特色。

在一定意义上，栏目构成是频道整体传播格局的具体体现。顺德频道如何在新的区域传播业态下提升频道的品质，在整体上构建什么样的栏目格局才能体现频道定位，如何打造品牌栏目集群形成频道的特色，这是新一轮改版要解决的重要问题，是落实频道改版提升的关键环节，关系到频道传播的内容、传播的方式及传播的效果。

对此，笔者建议从 3 个方面入手来实施改版：首先要明确栏目构成对于频道特色形成的作用；其次要对固有栏目格局进行分析，在分析基础上进行调整；最后在实操层面进行宏观把控和微观细化。

基于对顺德频道栏目构成特殊性及现有栏目的分析，顺德是一个令世人刮目相看的区域，顺德频道本身是一个具有活力的媒介，频道改版是顺应新发展的需要，也是适应新变化的需要。从各方面来看，顺德频道完全有条件打造成为具有时代特征的区域传播特色频道，而栏目重构是打造特色频道的基础。

笔者认为，栏目重构的着眼点包括：①符合经济强区特色服务综合频道的定位；②栏目的类型构成要具有综合性的特征；③要强化栏目的服务意识功能;④栏目的内容传播要具有经济强区的区域特色。

栏目重构的侧重点是针对问题,找到症结,精准调整;精准调整的前提是厘清大的思路;大的思路是着力打造品牌节目带;品牌节目带打造以自办节目为基础;自办节目以新闻、服务节目为龙头。

顺德作为中国改革开放的先行区,区域特征非常鲜明,在很多方面具有不可复制的特点。顺德频道作为佛山电视台的区域分台只有一个频道,频道资源一方面限定了栏目构成大的布局;另一方面也给栏目的重构创造了一定的有利空间,船小好掉头,一个频道内部的栏目调整重构比较容易实施。

二、微观层面:选择方案与操作实施

频道的编排方案关系频道整体的布局,关系到新一轮改版的成效。编排方案十分关键,关系到频道资源的整合、媒介传播影响力的发挥。因此,编排方案应该重视打造品牌集群。

频道的编排应秉承构建核心品牌集群的理念。当下,有些城市台还停留在栏目品牌化阶段,不能成就一个频道的品牌集群。顺德频道应树立实现品牌集群目标的理念。

笔者建议:其一,频道编排要以建设品牌链条为宗旨。品牌集群强调“量”的概念,形成一个完整的品牌链,各有特色又相辅相成,具有统一的品牌归属。在操作中,要树立标杆,产生拳头效应,在重点时段形成“播出带”和“节目群”,前后牵引,全面提升。其二,频道编排要以品牌衍生开发为策略。新闻类栏目以《顺视新闻》《涛哥话事》栏目为基础,进行衍生开发,分出层次、增量扩容;生活服务类栏目以定制节目为基础,分类整合、创新形态;专题类节目以《顺商传奇》为基础,逐步形成版块编排结构。其三,重点统筹晚间6点30分至晚间8点的新闻编排时段,精心安排集群播出,在“播出带”和“节目群”的基础上,逐步建立“品牌带”的编播概念。具体而言,在晚间6点30分至晚间8点打造新闻类品牌栏目集群,自办节目起到支撑作用,形成新闻节目收视链条。在晚间8点至晚间8点45分打造生活类栏目品牌集群,以定制栏目为基础,在大版块结构下采取灵活的编排方式，阶段性推出主打栏目。在晚间8点45分至晚间10点30分推出电视剧场，形成收视高峰。

在选择新的编排方案时，特别需要注意3点：第一，顺德观众的生活节奏和长期养成的收视习惯，是否能够接受最受欢迎的两个节目播出时段的改变；第二，顺德政府部门的决策层、佛山电视总台是否能够接受这样的编排变化；第三，新的编排组合与播出时段对吸引广告投放的贡献有多大。

在实际操作层面，顺德频道编排的实际操作由总编室执行，在与频道决策层、总编室沟通交流的基础上，给出以下建议：

首先，消除模糊的经济频道定位带给编排的困惑。顺德频道归属佛山电视总台后，在一段时期内被外请的策划团队定位为经济频道，但是一直处于模糊状态，给频道编排带来一定困惑。究其原因，这个定位主要是受到佛山总台频道分布的影响。佛山电视总台经营3个频道，分别是公共频道、综合频道、影视频道，顺德和南海区各经营1个频道，每个频道都覆盖佛山5个区。故此，顺德频道被定位为经济频道是基于佛山总台专业频道区隔的考虑。

通过对顺德频道历史及现状的考察，建议重新思考经济频道定位，消除对频道编排的困惑，以新型经济强区特色服务综合频道的定位来指导编排。

其次，辩证分析收视率样本，客观判断收视依据。在全媒体时代，电视收视率数据已经显露出自身的缺陷，应该引起重视。目前，顺德频道收视调查由佛山总台具体实施，取样总计约100个样本，在顺德取约20个样本。故此，收视数据不能全面反映顺德地区电视观众的收视情况。

因此，频道编排应摆脱对收视数据的过分依赖，客观分析样本的局限性，理性对编排时段进行判断。

再次，改变定制栏目编排的被动局面。顺德良好的经济基础和活跃的经济氛围，使得频道的定制栏目在创收方面保持上升的势头。可以说，在全国绝大多数电视台经营直线下降的趋势下，这是一个非常难得的局面。但是，出资方对栏目时长、播出时段、播出时间提出要求，使得频道编排受到一定制约；栏目多而碎带来播出不稳定、生命力短暂等弊端；编排上缺少计划性和预期,往往处于被动状态。

定制栏目是顺德频道栏目构成的重要组成部分 ,也是频道传播的特色之一。因此,可以考虑采取 3 方面措施:一是对定制栏目采取积极扶持的态度;二是以大版块编排的思路,为定制栏目提供相对固定的播出时段;三是创新形式,以杂志节目形态来组合定制内容,在传播主导方向上加以引导。

最后,重新审视电视剧场、外购栏目的作用,及时调整其选择取向。一般来说,外购节目是大多数城市综合频道较为稳定的节目资源,起到填补频道时间的作用。一直以来,外购节目在顺德频道占据一定的播出时间。但是,近年来发生的一些变化,使编排产生了一些问题。

电视剧场可以起到丰富频道内容、调节编排节奏、填补编排空档的作用,根据调查反馈的信息,顺德频道电视剧场收视率保持着较高的收视水平,应该考虑保留,关键是解决编排时段与品牌栏目带的矛盾。外购栏目的取向不应该有框架的限定,既可以选择粤语节目,也可以选择普通话节目,关键是要以市场为导向,起到丰富栏目类型的作用。

第四节　新闻节目优化与提升

作为区域性的电视媒体,顺德频道要真正成为区域型的信息管家,善接“地气”、立足本土、服务本地,在民生与服务上做足文章。新闻节目优化仍须秉持上文所阐述的节目贴近性、服务性、公共性与专业性。

其一,节目的贴近性。

从新闻节目角度看,贴近性就是做好民生新闻。把本区域的东西做足做尽,做得让老百姓觉得离不了。从其他类型的节目来看,贴近性就是要高度贴近当地百姓的衣食住行以及精神文化方面的实际需求。以杭州台西湖明珠频道《阿六头说新闻》为例,该节目创办于 2004 年元旦,时长 25 分钟,是一档以杭州话播报的民生新闻节目,主持人不是正襟危坐,而是站在演播室,身着民间服饰,连说带比划,嬉笑怒骂。《阿六头说新闻》在杭州一经推出收视率便连创佳绩,连续 10 个月居于当地收视首位。因节目受欢迎曾3次扩版，被原国家广电总局授予“全国百佳栏目”的荣誉称号。这类电视方言新闻节目，体现出一种城市文化的自信。通过分析各城市有影响的电视方言播报节目可以发现，这些节目基本上都是经济文化比较发达地区电视人的积极尝试。

其二，节目的服务性。

服务性是区域性电视媒体新闻类节目的另一重要功能，通过帮忙类节目直接体现服务性是许多区域性电视媒体的利器。诸如江浙媒体比较有名的《范大姐帮忙》《钱塘“老娘舅”》、河南台经济生活频道的《小莉帮忙》、南京台的《陆姐帮忙团》、山东台的《生活帮》等，都在当地产生了收视高潮。“帮忙”就是服务，是一种基于公共媒体平台的社会服务。把服务做足，才能让老百姓觉得这个媒体是他们生活中的必需品，时刻可以相伴。这就像我们理解各地城市交通广播普遍都受到欢迎一样，节目是伴随性的，是人们生活中的一部分。区域电视媒体的贴近性和服务性，就是承担媒体手和脚的功能，让老百姓觉得有用。

其三，节目的公共性。

公共性一直是民生节目升级改造的重点内容，是民生节目摆脱“鸡零狗碎”诟病的有效途径，也是从“小民生”到“大民生”的必由之路。从百姓的角度横向看待百姓的生活，此为“小民生”；新闻工作者从平民百姓的角度，去反思国家的各项政治经济、社会政策及其对百姓生活的影响，此为“大民生”。民生新闻不仅仅要关注区域性事件，也应当关注重大的社会议题、热点现象和政策解读，以此找到与本区域的联系。

为了提升民生新闻的公信力、美誉度、引导力，增强自身的核心竞争力，民生新闻积极吸收了公共新闻的这一价值理念，认真关注公众的公共利益，避免百姓平民意识形态的过量渗入，以达到民众关心与政府满意之间的平衡。以河南台民生频道《民生大参考》为例，该栏目2004年1月1日开播，开播至今，收视率节节攀升，目前已成为省会电视民生新闻的领军栏目。它播发的新闻《李香荣寻亲》(系列报道)、《暗访注水猪》、《名牌牛奶如此制造》等，引起了强烈的社会反响，一度成为老百姓街谈巷议的话题。《民生大参考》发起的民生服装节开创了中西部的服装会展品牌。

栏目组织的九月圆梦、创业之星等大型公益活动，已经成为贫困学子和创业者的荣誉盛典。

其四，节目的专业性。

随着互联网自媒体的发展，人人都是媒体成为普遍现象，但专业媒体要更加凸显其专业性。如何充分发挥媒体的专业性，真正为老百姓释疑解惑，为民众提供热点、难点问题的解答，这是顺德频道在未来的发展中要着重思考的问题。因此，新闻节目要在报道理念、报道方式、报道手段、节目形态等诸多方面加以提升，提高节目品质，挖掘特质，形成顺德频道自身的新闻气质。

一、新闻节目带的构成

新闻节目带是顺德频道应该着力打造的重点内容，也是顺德频道能够立足本地，贴近百姓，发挥频道传播力、影响力的重要途径。因此，顺德频道应当投入较多的人力、物力重点培育品牌栏目，以品牌新闻栏目、品牌主持人、品牌新闻活动获得经济和社会效益。

根据总台要求、区政府要求以及顺德频道自身定位，顺德频道新闻节目带由《大良新闻》(5 分钟)、《镇街新闻》(10 分钟)、《顺视新闻》(20 分钟)、《涛哥话事》(20 分钟)等主打栏目构成，见表 6-1。从功能需求角度而

表 6-1　顺德频道新闻节目带编排表

栏目名称	时长	时段	定位
节目导视	5 分钟	18:30—18:35	
广告	5 分钟	18:35—18:40	
大良新闻	5 分钟	18:40—18:45	大良镇街时政要闻
镇街新闻	10 分钟	18:45—18:55	顺德镇街时政要闻
广告	5 分钟	18:55—19:00	
顺视新闻	20 分钟	19:00—19:20	顺德时政要闻、政策解读
广告	5 分钟	19:20—19:25	
节目导视	5 分钟	19:25—19:30	
涛哥话事	20 分钟	19:30—19:50	百姓话题、民生帮忙
广告	5 分钟	19:50—19:55	
区域形象片	5 分钟	19:55—20:00	

言，该节目带要满足政府、区域、百姓等不同层次的需求。从内容定位而言，该节目带应有重要时政报道、政策解读、民生话题、百姓帮忙等内容诉求。4个主打栏目一定要形成定位区隔，充分发挥各栏目的内容优势，真正成为能够获得品牌持续发展的内容引擎。

二、新闻节目带的运作

顺德频道新闻节目带生产运作机制应实行统筹规划、统一调度的大编辑部运作机制，以“中央厨房”式的编辑团队取代记者团队，成为区域媒体的核心竞争力。区域媒体应努力成为信息、观点和意见的整合者，或者成为提供信息展示、观点集成和交锋的平台，这是区域媒体新闻栏目实现突破的一个方向。

以顺德频道的新闻运作体量，如果不进行统一有效的规划，还各自为战，不仅浪费资源，而且很难提升整体节目质量。船小好掉头，顺德频道新闻运作应该发挥集中优势，拧成拳头，在新闻选题策划、采访报道、特别活动策划、人力物力资源调配、人员培训等方面形成合力，使4个主打新闻栏目互为犄角、相互支撑，从而发挥整体效应。此外，每个栏目都反映缺少记者编辑。因此，小记者、大编辑是新闻运作的发展趋势，对于缺人、缺物的顺德频道而言，能够充分发挥对采编资源利用的最大化，是实行大编辑部运作机制势在必行的措施。另外，由于网络、移动媒体提供的海量、即时信息，编辑工作甚至可能不需要走出办公室就可以完成。

此外，还应该建立有效的培训、评奖机制，确立规范化、标准化的新闻生产机制。

首先，策划组形成大脑中枢功能。

新闻部最缺的是能够统领、策划、编辑的人员，因此，应当集频道之合力，组成较为强劲的策划编辑团队，起到以一当十的作用。策划编辑团队是新闻部大脑，是新闻运作的核心，团队人员建议为新闻部负责人、4个主打新闻栏目的制片人，如果可能，还可适当聘请当地报社等其他媒体的资深人员做兼职。

大编辑部要真正打通4个主打新闻栏目，统一协调4个新闻栏目组，

形成大脑中枢的指挥、调配功能:

当日新闻选题的策划、分派。集中讨论当日新闻选题重点、选题走向,明确选题在各个栏目的重点采访与编发角度,使4个栏目形成各有区隔又能相互呼应的效果,重点议题重点报道、各成角度,各栏目各有特色和侧重。这样既能避免选题打架、各挖墙脚的情况,又能形成报道合力,产生重点话题的影响力。

特别策划选题的把握和调度。集中研究特别策划的主题性报道、主题性活动。针对政府、百姓等受众,形成不同诉求的主题性新闻,集中体现顺德频道的媒体策划与品牌运营能力,引领议程设置,求得最大影响力。

突发性事件的媒体应对。此类型的策划报道可能数量不多,但一旦出现,将极大体现媒体的应对机制和应对能力,所谓养兵千日,用兵一时,大编辑部应当在此方面有所准备,一旦发力,正反效果都是很明显的,需要高度重视。必要时,适当打通各栏目区隔,形成统一调度、统一策划的工作机制。

其次,提升专业能力,培养名主持、名记者。

建立有效的培训机制,定期组织专业培训,充分挖掘记者、编辑潜力,整体提升其专业能力。建立有效的评奖机制,展开季度或年度稿件评奖,以评奖激励优秀稿件,并加强业务交流和提升。建立有效的激励机制、稿酬机制,鼓励多出有影响力的稿子。

着力打造品牌栏目,树立频道影响力,着力培养名主持人、名记者,增强与观众的黏合力、亲和力。好钢用到刀刃上,越是资源紧缺,越需要把有效资源放在能产生最大效应的地方。媒体的传播力和影响力在于其节目,就新闻节目而言,相关节目的领导应当着力培养能够说老百姓身边事的记者,培养能够解闷、解气、解惑的主持人,充分发挥出镜记者的服务意识,发挥主持人的亲和力。

最后,标准化、规范化新闻操作。

建立新闻节目生产的规范化、标准化操作流程,培养记者编辑的规范化意识,由此建立节目生产的标准化和规范化。通过编撰、制订相应的操作手册、操作流程等，最大限度地增强记者、编辑的专业性和规范性，以制度、标准约束记者、编辑操作，保证节目质量。

三、主打新闻栏目的设计

各档主打新闻栏目既要形成自身特色，也要相互呼应，共同构成顺德频道新闻节目带，通过带状编排形成集群效应、拳头效应。

（一）栏目一：《顺视新闻》

在栏目定位上，《顺视新闻》应当定位于服务政府，做政府与百姓之间沟通的桥梁，努力在时政报道，政策解读，区域政治、经济、社会、文化等领域做深做透。《顺视新闻》过去的内容有70%以上为民生新闻，现在的方向做了大调整，重点转向政府与政策，收视出现了下滑。收视下滑固然有客观原因，但栏目组也应自省，开拓视野，提升专业能力。作为一档顺德频道的主打新闻，《顺视新闻》应当做到上天入地，在重要性、影响力上做足文章。值得欣慰的是，现有的《顺视新闻》没有其他地市级媒体时政新闻的官样文章，选题比较鲜活，报道理念和报道方式还比较平实，但是在新闻价值的挖掘、新闻叙事、新闻报道手段、报道样态上还应有提升。

栏目改版的具体操作可包括以下几个方面：

其一，上天入地，吃准两头，这是区域性媒体弥补短板，发挥长项的途径。新闻节目努力为政府服务，在政令、政策宣传、解读上充分发挥媒体释疑解惑的功能，努力搭建政府和百姓之间的桥梁，成为上意下达的通道。这样的定位，并非简单地去做呆板、枯燥的官样报道，也非简单地做传声筒，而是要充分发挥媒体的专业能力，讲好本区域故事。从这一方面来说，《顺视新闻》一定要取法乎上，站在更高的视野去审视本区域的问题。全球、全国的事件寻求本地角度，本地事件寻求关联性拓展。政策、政令一定要寻求民生的角度，做好落地；民生问题寻求政策、法律的关联与解读。

适应顺德经济百强县的地位，《顺视新闻》在选题开发上，应当加强经济发展、产业转型、科技创新、环保生态等方面的选题，在创新、转型、前沿等重点话题上加强策划。

其二,加强策划性报道。每日、每个阶段的报道一定要有详有略,有重点,有方向,避免平均用力。依托大编辑部机制,每日、每个阶段的新闻报道都应充分进行策划,将每日的重头新闻以组合式报道、主题式报道、系列报道凸显,形成报道合力和影响力。组合式报道的每条新闻一定要从不同角度和不同功能进行发散性开拓,避免简单重复。通过有效的策划,引领区域性的话题,充分发挥媒体的议程设置作用。

不定期地设置相应的版块,比如"经济前哨""最美顺德人"等,通过策划包装,形成组合式主题报道。此类报道的策划一定要从观众需求出发,不能简单地由上而下地做宣传展示,而是要深挖这些主题和百姓之间的关联,从而体现真正的新闻价值。

此外,着重加强事件和热点的背景性梳理,寻求关联,尽量开拓报道角度,在独家角度、独家背景、独家整合等方面尽量寻求开拓。

其三,讲好故事。时政、主题报道的难点是把硬的东西做软,把虚的东西做实,形成宏观与微观的有效勾连,这就需要《顺势新闻》栏目把握好讲故事的能力。政策、政令、成就等要寻求受此影响的人的故事,通过个案分析普遍的现象、问题。

其四,重视栏目编排。除了上文提及的每日选题的详略,每日也要在整个栏目的开头、发展、收尾等方面有很好的设计和编排。节目导视、上下启承等环节的设计更要充分考虑观众的收视兴趣和习惯。

(二)栏目二:《涛哥话事》

首先,在栏目定位上,扩版后的《涛哥话事》应该关注顺德人身边事,展现浓厚的地域特色,服务百姓,针砭时弊,成为有温度、有态度的民生新闻评论。按照现有的资源,栏目组可着重在民生、帮忙、评论上形成栏目特色,但时机成熟后,应把帮忙类功能剥离出去,单独发展。

其次,在栏目改版具体操作上,栏目组可从以下几个方面着手:

其一,加大民生新闻。扩版后的《涛哥话事》应对顺德地区的民生新闻资源做深度开拓,增加稿件量(具体新闻话题数量可根据栏目资源权衡),开发顺德镇街民生话题,在经济、生活、天气、交通、出行、社区服务等方面拓宽拓深话题,增强顺德市民的黏性,充分体现地域特色。在民生新闻的开掘上，栏目组既要把握贴近性，也要注意不陷入鸡零狗碎的琐碎事务里，处理好两者的平衡，本着为当地百姓、企业、组织等排忧解难、畅通信息渠道、监督区域的目的，着力开掘民生话题。

其二，加大言论，突出主持人特色。加强“话”的色彩，针对社会性话题，加大主持人的言论作用，主持人应有独特而鲜明的观点，形成节目鲜明的态度和立场。“观点制胜”是电视媒体发展逐渐成熟的体现，新闻的竞争不仅仅是第一时间提供新闻报道的竞争，也是第一时间提供解读、评论的竞争，新闻时效性的内涵由此得到进一步的拓展。观点要体现主持人和编辑对问题的独特思考、渗入主观色彩，展示独特角度，评论具有个性色彩，观点独到、力透纸背同样也能形成媒体的核心竞争力。

同时，在观点鲜明的基础上，主持人的语言风格和特色也要被突出，甚至形成主持人的角色化塑造，或平易近人、或热心助人、或麻辣解气，逐步形成主持人的鲜明风格。

其三，加强帮忙类诉求。依据现有的节目架构和人力资源情况，适当增加帮忙类版块，为百姓在生活、出行、寻人等提供帮助，对准百姓生活中的盲点、疑点和难点，力求为民解难、解闷、解气。随着节目的发展，节目组可适当增设帮忙小团队，按照不同领域和不同功能，为观众提供比较有针对性的帮忙服务。帮忙类功能能够增强节目的观众黏性，体现区域性媒体的服务性、贴近性特色。

民生新闻不仅仅要强化市民帮忙，同时也要做好市民与政府的桥梁，在为市民排忧解难的过程中疏通政府与市民沟通的通道；能够从民众和政府的视角分析问题，“监督不添乱，解决不包办，到位不越位”，从而形成良好的舆论引导。

民生新闻逐渐从信息咨询、听取投诉等服务拓展到深度帮忙服务；从被动地听取市民投诉，到主动地策划介入；从单纯地报道式服务到深度的参与式服务。当前，民生新闻的一个趋势是不仅要呈现问题，更要促进问题的解决，而媒体要积极介入与参与，通过报道、活动等真正扩大媒体的影响力。

从现有的节目状态而言，帮忙类节目可被设计为不定期的系列节目，根据侧重点,做出不同主题的系列,如“寻人启事”“招工难”“就业难”等问题。待时机成熟,此类帮忙环节应该独立出来,加大投入,成为独立的栏目,着力发展。

其四,加强情感元素。以民生新闻的贴近性特点突出和放大事件中的情感元素,运用电视的细节、故事性表现手段去增强节目中的情感碰撞与纠葛。情感开始成为许多民生新闻栏目的主打诉求点以及民生新闻提升的途径。

浙江钱江频道晚间六点档的新闻服务类栏目《范大姐帮忙》,是浙江广电集团十大品牌节目之一,栏目宗旨是“替百姓排忧解难,做政府沟通桥梁”。栏目突出资讯服务、生活服务和帮忙服务的功能。主持人“范大姐”是具有亲和力的中年女性形象。除此之外,栏目还有一批“帮忙姐妹团”帮助市民投诉、表达意见、解决实际困难。

其五,把地域特色融入栏目元素中。在栏目表现元素上,栏目应重点体现地域特色。顺德是“中国曲艺之乡”,可借用灵活多样的表现元素,比如方言播报,主持人服装,演播室的布景和道具、音乐等,放大南粤和顺德的地域文化特色,形成具有地域亲和力、文化黏合力的栏目风格。另外,适当增强图片、演播室可视化道具等能够拓展信息表现方式的手段。

西湖明珠频道目前主打的3档栏目《阿六头说新闻》《和事佬》和《开心茶馆》在节目内容以及选题上都注重从杭州本地人的角度出发,无论是新闻、曲艺还是法律纠纷都首先迎合当地人的口味和喜好,往往都是杭州人街头巷尾议论的话题,都是和百姓生活息息相关的内容。

其六,策划特色活动。巩固和发展顺德频道原有的特色活动,但要对其进行优化,既要体现媒体行动,也要发挥产业链的效应,获得最大的收益和影响力。例如,西湖明珠频道《阿六头说新闻》每年都有“夏天送清凉”“冬天送温暖”活动;《开心茶馆》和《和事佬》则会定期深入社区,为社区群众表演节目或者解决法律纠纷。

(三)栏目三:《镇街新闻》

在栏目定位上,《镇街新闻》是服务于顺德镇街党政中心工作的,成为顺德镇街新闻信息展示的窗口。栏目改版的实际操作可从以下几个方面着手：

其一，加强记者通讯员的培训。着重加强镇街记者通讯员的整体培训，在选题操作、拍摄采访报道、剪辑等方面提供完整的专业培训，全面提升记者和通讯员的业务素质，使其稿件真正达到顺德频道的整体要求。

其二，充分发挥大编辑部作用。大编辑部除了整体协调顺德频道新闻带4档主打新闻外，还要着重在《镇街新闻》的选题策划和操作、稿件整合、编辑上下功夫，要有二次编辑的思路，充分发挥二次编辑的作用，借此把有可能参差不齐的稿件进行规范和提升。对各镇街重要的可以做深做大的选题，着重策划，形成资源的有效利用。

要确立严格的操作流程，在选题、拍摄样式、出镜报道、节目规范上要做严格规定，最好落实到文字，形成手册，这是规范《镇街新闻》稿源的直接途径。

《镇街新闻》的编排也要体现编辑思路，不能是一条条地堆砌，尽管要兼顾各镇街的平衡，但更重要的是从节目质量本身去考虑，形成主题策划、主题编排的思路，使节目形成一个整体。

其三，适时调整栏目编排。目前，按照频道的安排，《镇街新闻》在《顺视新闻》之后，《涛哥话事》之前，可以先尝试这样的节目带安排。如果《镇街新闻》质量不稳定，有可能流失《顺视新闻》形成的观众群，等到《涛哥话事》，又得重新聚集观众。不过，根据吊床式编排理论，把一个相对弱的节目安插在两个强势栏目之间，可以借强势栏目之力，带动整个节目带，所以，可先观效果。与此同时，把《镇街新闻》《顺视新闻》《大良新闻》《涛哥话事》等栏目归为一体，充分利用《镇街新闻》的通讯员资源，让新闻在百姓民生方面有所作为，如果《镇街新闻》的选题能够放大提亮，可在《顺视新闻》《涛哥话事》中着重策划。

第五节 生活服务类节目的改版

依据顺德频道生活服务类节目的现状，充分考虑频道及节目经营和业绩任务完成的实际需要，对现有节目进行有限的修改与调整，在充分保证各个栏目运营独立性的情况下,主要着眼于提升节目的收视效果,扩大节目影响力,以整合模式发挥节目间的协同效应,更好地带动各个栏目及频道整体的经营效益和社会效益的共同提升。

一、节目改版思路

综合考察顺德频道现有的生活服务类节目之后发现,现有节目在播出频次、内容饱和度、节目资源整合、栏目构成及覆盖面等方面都还具有较大的提升空间。

其一,提升节目频次,改周播为日播。

针对顺德频道现有的经营思路,以市场和社会工商服务为导向的节目制作与播出需要更好地适应现实的经营需要,依据传播规律和电视观众今天的信息接收习惯,节目播出频次和重播频率都直接关系到最终电视观众的接收效果。在这阶段,顺德频道生活服务类节目虽然在节目的重播频率上已经有所保证,但就更多节目而言,节目的首播频次还依然是周播,或是相同内容在日播节目内重复播出。

就观众对电视栏目的认知度和识别度而言,顺德频道作为城市电视频道需要将更多有条件的节目由周播改为日播,将一部分原有周播节目模块化分割,以此来适应日播需要,将另外一部分无法分割或是不适宜分割的周播节目规定为统一时长,捆绑进整合后的日播节目时间带中,以此强化观众的识别度和认知度。

其二,合理化时段资源,平衡内容饱和度。

从总体来看,目前生活服务类节目存在着节目内容饱和度分布不均衡的现象。部分节目可以做的内容较多,应该在保持较短节目时长的同时,增加节目首播频次,由周播改为日播,提升并促进节目的线下营销;同时有一部分节目在首播时段重播内容较多,首播时段内存在内容不足的情况。

就内容饱和度而言,节目内容存在分配不均衡的问题。整合打造新型节目样态,建立有效的节目编排机制,增加栏目调整的灵活性,提升节目之间的补位空间,这些措施可使内容饱和度得到有效平衡,频道的优质播出资源被充分、高效地利用。

其三，集中形成节目时间带，整体提升栏目影响力。

顺德频道生活服务类节目应集中形成节目时间带，合理配置节目时长及播出时段。一方面，节目时长相对较短的日播节目的体量难以为观众识别并在收视过程中捕捉，难以形成稳定收视；另一方面，节目时长较长的周播节目的频次使其被认知度和被识别度受到了影响，这两个方面都说明顺德频道的生活服务类节目在当下的编播安排中应加强在播出内容上的整体概念和播出时段上的集中版块特征，从而提升节目影响力和收视效果的稳定性。

解决当前这一矛盾可以考虑在对现有节目做最有限的改动情形下，通过对所有生活服务类节目的团块整合，在播出时间上形成生活服务类节目时间带，构建一个集中时段内的通版节目，将原有节目进行模块化改造，使之成为这一节目时间带中通版节目的有机组成部分。集中的节目时间带可帮助观众形成对通版节目的整体印象和概念，也强化他们对这其中一系列模块化的日播和周播节目的认知和识别。统一的视觉包装和组合一方面降低了节目制作成本，另一方面也提升了各个现有零散节目的影响力，能更好地促进收视效果和经营业绩的提升。

其四，打破资源壁垒，线下资源共享。

在整合思路和生活服务类节目时间带的通版节目思路下，节目之间在线上线下经营性资源的开掘和利用上也要形成协同意识，改变过去以单一节目的播出时段资源和人力资源去争取客户的方式。借助通版节目的优势，打破节目之间在占有资源上的壁垒，联合起来多方面、立体式地为客户提供服务。在为客户指定线上服务方案的时候，不同节目模块各自内容上的优势与侧重，可从不同角度为客户提供全方位的定制内容服务。

举例来说，过去对某一楼盘做定制节目的内容生产只是《第一房产》这个节目单一的行为，但整合后的通版节目，则可以在原有《第一房产》为该楼盘提供定制服务的同时，通过其他模块化栏目对该楼盘周边的商业、餐饮、医疗、教育与公共服务进行配合报道，从整体上提升各个生活服务类节目的效益，形成 1＋1＞2 的效果。

其五，以活动反哺节目，线上线下捆绑营销。

在这阶段，经营部下属从事线下活动的专门的团队与各栏目自身从事线下活动经营的人员是并存的情况，团队之间存在业务重叠和不必要的资源浪费，从事线下活动经营的团队需要重新加以整合的同时，也需要更好地同现有节目形成更深程度的融合，从经营效益提升的角度更好地拓展合作模式。在日常运行中，带入互联网思维，引入大数据的收集和分析手段，综合运用好线下环境、网络平台和电视平台的资源，在以更加灵活、多样地实现定制服务的同时，也同步有效积累各种资源，形成独家占有的顺德本地客户资源信息库，最终实现对服务商家、企业、产品和节目及频道自身的深度营销。

此外，特别需要指出的是，经营部下属专门从事线下活动的团队的自身业务与电视节目本身甚少有关联，尽管多数可能出于客户要求无需关联电视节目，但从顺德频道的综合运营和长远战略发展角度来看，依然值得通过多种营销策略对此类活动背后的潜在利益资源进一步加以开掘。

其六，完善节目覆盖，增加教育与生活资讯。

目前，现有生活服务类节目尽管覆盖面较广，且各个节目之间差异较大，但通过梳理我们发现，在现有节目的分类配置中，尚缺失教育服务类节目和强调本地特点、社区性质的互助、帮忙的信息服务类节目。在目前顺德频道强化经营和定制类节目制作的指向之下，教育服务类节目可以考虑从早教、幼教直到高教留学、成人继续教育全阶段的内容涉及与覆盖，突出本地服务特色，从而有效实现新的经营收益增长点。

作为城市电视频道，顺德频道还可以在本地化与即时性上凸显本地百姓服务优势，通过开设本地化互助帮忙的信息服务类节目，以短信、微信、微博等多种网络社交平台模式接收观众对本地生活相关的资讯求助，同时，节目组每天在电视节目中选择其中具有代表性和服务价值的求助信息予以回复，帮忙解答与解决(节目样态详见下文说明)。这样一方面可以极大提升节目的互动性和受众参与性，另一方面能够在此基础上给未来实现通版节目的线下营销和网络化拓展提供重要的铺垫和基础。

二、节目改版方案

以一档生活服务类杂志节目贯穿8点档，形成本地化服务日播节目时间带，节目名称由顺德频道自拟；模块化制作，将原有节目固化为独立模块，各个模块具有相对独立性；节目模块包括10个日播模块和5个周播模块（见表6-2），由演播室直播串联；每日节目构成样式为“8+1”格式，即8个日播模块 + 1个周播模块；节目设3位总主持人，由各模块主持人轮值，其中1位需为当晚周播模块的主持人；每日节目协调、串联、导视制作、演播室录制以及重播节目重新编辑，设专任责编、编辑协调并监督完成；除表6-2中标记“固定位置”的模块之外，其他日播模块顺序可随机调整，建议周末模块固定位于“明日导视”之前；各个节目模块可以根据当日其他时段重播需要，重新灵活组合；周六和周日节目的首播以当周工作日的精华剪辑版填充，由总编室负责筛选制作。

表6-2　顺德频道生活服务类节目模块表

日播模块		周播模块	
模块名称	时长	模块名称	时长
今日导视（固定位置）	1分钟		
天气（固定位置）	2分钟		
当年今日（固定位置）	1分钟	滋味叹世界	15分钟
顺德公有得倾	3分钟	生活与法	15分钟
健康直通车	5分钟	我愿意	15分钟
斐常德食	5分钟	第一房产	15分钟
生活服务类求助模块	3分钟×2次	极速车坛	15分钟
装修/家居	5分钟		
教育	5分钟		
明日导视（固定位置）	1分钟		

具体而言，“今日导视”为日播模块，对当日各个模块内容做快速收视引导，时长1分钟。“天气”为日播模块，力求制作活泼新颖，建议结合主持人在演播室聊天式对话共同完成，要求结合自身当日的天气感受及生活琐事来自然切入、引导至天气预报，增加生动性和可看性，时长2分钟。

“当年今日”为日播模块,基本维持原有节目样态,模块之前强化主持人对话式导语的设计和带入,时长1分钟。“顺德公有得倾”为日播模块,维持现有节目风格与样态,强化与本地百姓生活的联系,时长3分钟。“健康直通车”为日播模块,每日播出题材、风格、样式都可灵活变化,围绕百姓健康、养生及卫生医疗话题展开,需注意回避与“斐常德食”在内容上的重叠,时长5分钟。“斐常德食”为日播模块,维持现有日播非专题节目的制作播出样态,将原有专题类型的制作资源压缩后补充进日播节目中,围绕美食制作、餐厅、食品安全等话题进行创作,时长5分钟。“生活服务类求助模块”为日播模块,由主持人在直播中完成,编导事先根据微信、微博和短信平台收集的来自观众的生活资讯需求,每天选择其中2—3个在节目直播中予以回复。同时,将一些适合观众参与提供答案的问题在节目中发布,鼓励观众参与帮助,进而形成观众互相帮助的参与式节目模块。该模块以提供资讯、信息和知识反馈为主,不提供其他线下行动式的帮助。观众求助的问题包括通过微博发布家里发芽的洋葱,询问节目是否可以继续食用;通过微信询问在自己所住小区附近哪里有广场舞团体,如何联系;通过短信询问市政工程进度及施工时限等。同时,该模块的设置也为服务商家和企业的广告植入提供了潜在空间和平台,需制作团队有效充分合理地利用,还可考虑为其他版块做资讯发布。“装修/家居”为日播模块,以家具、家居设计、家居环境、改善为主要话题,强调线上与线下的互动,时长5分钟。“教育”为日播模块,围绕广泛的教育相关话题展开,重点可围绕早教、幼教、专门培训、成人继续教育、出国留学等内容展开,时长5分钟。“明日导视”为固定位置日播模块,对第二天节目的各个模块内容做快速收视引导,时长1分钟。“滋味叹世界”为周播模块,保持现有节目样态,模块前增强主持人在演播室内的交流与互动,时长15分钟。“生活与法”为周播模块,保持现有节目样态,模块前增强主持人在演播室内的交流与互动,时长15分钟。“我愿意”为周播模块,保持现有节目样态,模块前增强主持人在演播室内的交流与互动,时长15分钟。“第一房产”为周播模块,基本维持现有节目样态,多方位开掘线上与线下的合作资源,拓展营销途径和手段,时长15分钟。“极速车坛”为周播模块,压缩现有节目时长，摒弃与赏车、试车、驾车话题相关性较弱的非定制性内容，将原有的二手车资讯内容与“生活服务类求助模块”合并，时长 15 分钟。

各个节目模块完成商家和企业的节目定制功能依然保留，但建议各个模块节目团队将线下活动经营交由专门部门负责，同时适当考虑如何更好地利用模块资源与客户定制内容实现深度融合；模块可根据实际需要增加或删减，在必要情况下可以根据实际播出日各个模块内容和客户定制需要予以延长，并相应取消当日某个其他日播模块。

第六节　人物专题节目的改版

本节重点考察顺德频道人物专题节目中的品牌栏目《顺商传奇》。《顺商传奇》以纪录片形式，专访顺德商界成功人士，以独特的人物性格与传奇经历，传递顺德产经资讯，挖掘、展示顺商理念、顺商文化及顺商精神。节目 2014 年开播至今，已经成为顺德频道乃至整个佛山电视台有一定知名度的栏目。

一、节目播出现状分析

课题组选择了 2016 年 1 月 18 日到 1 月 22 日的节目做样本进行深入分析(表 6-3)。

表 6-3　节目样本分析

日　期	内　容
2016 年 1 月 18 日	廖信梅：寻路
2016 年 1 月 19 日	张永昌：隐形的翅膀
2016 年 1 月 20 日	重播上周的节目
2016 年 1 月 21 日	重播上周的节目
2016 年 1 月 22 日	重播上周的节目

节目的优点有：第一，选题方向非常明确，节目均以顺商的创业历程和发展特色为案例，展示了顺商在产业发展、企业经营上的辉煌成果，进而展现顺商“敢为天下之先”的顺德精神。第二，相对于其他栏目，本节目

的画面比较精致,采访也做得中规中矩,可以看出编导是下了一定功夫的,也是有一定经验的。

节目应该引起高度重视的几个问题有:第一,节目操作模式应走向现代化;第二,加强人物的故事性、传奇性展示。每一个顺商的创业过程中都有非常曲折的故事。应提升对顺商创业过程中的矛盾的挖掘,提高人物的故事性,比如,第一桶金怎么挖掘到的、家族创业取得小成绩之后的内部纠葛等。第三,增加片子的纪实段落。例如,在 2016 年 1 月 18 日《廖信梅:寻路》这一期节目中,纪实段落时长不到 3 分钟。观众更希望在节目中看到顺商当下的生活和工作,即便回顾过去的创业经历,也要从现在正在发生的事来讲述。第四,提升片子的节奏。片子的节奏应该是有变化的,而不是一成不变的;是跌宕起伏的,而不是平铺直叙的。第五,应适当提高片子播放的更新率,降低节目的重播率。

二、节目改进方案

(一)故事化的讲述方式

爱听故事是人与生俱来的天性。故事和观众有天然的接近性。好的电视叙事首先要讲一个好故事,而一个好故事的标准则是从“对与人自身以及人所置的世界的密切相关的过去的事的陈述”的角度来考虑,这个陈述越是与人自身以及人所置身的世界密切相关,就越是一个好故事。《顺商传奇》节目不是简单地介绍人物的创业经历,而是要讲述一个跌宕起伏的创业故事。编导一定要加强策划,强调故事的讲述。

第一,故事的灵魂——矛盾冲突。冲突强调人们之间的一种直接的反对关系,具体表现人与人之间的矛盾关系和人的内心矛盾。它可以是某一人物与其他人物之间的冲突,即外部冲突;也可以是人物自身的内心冲突,即内部冲突。这两种方式可以各自独立也可以相互交织,相互作用并互为因果。同时,还有人同自然环境或社会环境之间的冲突。这些顺商能在万千平凡人中取得创业的成功,背后应该都有一段心酸、艰难的冲突。节目就是要把这些充分挖掘出来,然后很好地表现出来。

第二,故事的精髓——悬念。研究发现,人真正追求的是满足感,满足体现为对未来不确定感的追求和得到。从最直接的功能来看，悬念是维持观众观看兴趣的重要手段。任何叙事都具有一定的长度，而观众的注意力则是相对有限的，根据现代动力心理学的研究，常人将注意力完全集中于一件事、专心致志地介入其中的最长单位是 11 秒，超过这个时间就需要主体采取强制措施。这种强制对篇幅较短的作品自然不成问题，但在篇幅较长的作品中则是个障碍，因为过多的强制会使心理产生疲劳。因此，如何克服观众关注度短暂的缺陷，让他们爱不释手、沉迷其中，便成为编导绞尽脑汁要解决的事情。悬念的设置和营造便是其中最为重要的手段之一，比如在节目中不断设问，提出顺商创业过程中的种种问题来激发观众的求知欲。还要不断改变叙事节奏，淡化观众的疲劳感，叙事过程还要出其不意，意料之外，情理之中，让观众一直若有所思。

第三，故事的血肉——细节。电视片引导观众的各种感知器官互相作用，还原生活中最本真、自然、复杂的内涵。可以说，电视片有了细节也就方便了交流，与观众形成了一种特殊的亲近感。观众喜欢看到感人至深的细节内容，一个电视片必须要有若干个电视细节，这个电视片的叙事才有可能感人。之前的《顺商传奇》节目，之所以可看性不足，很大一部分原因在于对细节的捕捉和安排不够，或者说几乎没有。因此，要想讲出好的故事，其实就是要安排好能反映主人公内心世界和艰难创业经历的细节。细节是与生俱来的，也是生活中比比皆是的，能不能在现场捕捉到的关键在于编导的意识和摄像的经验。

中央电视台七套制作播出的一档人物专题栏目《致富经》非常善于展现人物创业故事。栏目内容定位是以百姓视角解读他们身边的致富明星，报道涉农经济发展过程中涌现出的致富经验和创新做法，给观众能启迪智慧、更新观念的具有时代感的财富故事。栏目也是每期一个人物，每期一个致富创业故事，这和《顺商创奇》的栏目定位和栏目操作非常接近。这个栏目 2001 年开播，栏目也是每周周一到周五播出。十多年来，节目收视率和影响力都经常居于中央电视台七套所有栏目的首位。2015 年，中央电视台观众满意度调查报告显示：《致富经》栏目的观众期待度在央视 200 多个栏目中排名第五，高期待度是栏目竞争力强的有力体现。一个涉农栏目能取得如此高的成绩,靠的就是深度挖掘人物故事和故事的讲述技巧。《致富经》以讲故事的方式完成对节目的叙事构造,分为节目预告、主持人导言、解说、采访对象讲述、纪实段落展现等几个大的部分,讲故事的过程非常注重悬念和波澜起伏的情节的设置,来增强故事的生动性和可看性。

(二)设置主持人,要求主持人语言口语化

可以为《顺商传奇》增加一到两名比较有亲和力的(坚决不要播音腔的)主持人,让主持人将顺商的传奇故事娓娓道来。这种创业故事,从操作上来说,肯定是讲述故事主人公过往的经历,没有太多的影像承载,所以让主持人在演播室里讲述,既可以减少画面方面的成本,又可以改变片子叙事的外部节奏,主持人的出现还可以大大增强片子的人际传播交流感。

主持人的口语化表达、故事化讲述能够更好地接地气,提升节目本身的鲜活度和亲切感。

比如《这里是北京》的主持人阿龙主持时说着一口流利通俗朴实俏皮的北京方言。京韵京腔描述出来的北京新鲜生动,饶有趣味,能够最大限度地接近人们心中的古都形象,引起受众强烈的亲切感和认同感。

比如《致富经》栏目还会经常使用当下的时髦语言,甚至是网络词汇来调侃、讲述故事,在主持人解说中常常会出现“传说”“跳槽”“潜规则”“碰瓷儿”等流行语言。栏目讲述的是古人故事,用现代语言来诠释却也别有一番韵味,引起了受众的强烈共鸣。

(三)与现实发生关联,适度放大个体的价值

人物专题节目常常陷入的误区是“就人物说人物、就事论事”,导致节目节奏偏慢、活力不够、与现实生活的关联度不强,题材的现实价值不大。

因此,在做《顺商传奇》这样的人物专题节目的时候,一定要从选题策划阶段就考虑收视的“必看性”问题,即普通观众为什么会关注这期节目中所展示的社会现实现象或某种普遍存在;从讲述技巧上,考虑如何通过故事叙事手法的设计,达到开篇引人入胜,并有着连贯的收视吸引力。找

到人物中的新闻性，发掘人物中的现实感和历史价值。

例如，北京电视台一档介绍老北京风土文化的文化栏目《这里是北京》深受热爱老北京文化的全国各地观众的欢迎。《这里是北京》自2004年开播以来，始终坚持立足于北京本土文化，挖掘城市变迁背后的历史渊源，将一个城市的古老与现代、深沉与幽默完美地融合在一起。再加上栏目独创的"幽默的叙述方式""以古鉴今的思维方式""戏剧化的结构方式"，从人性化的角度与历史人物进行对话，以百姓的心态审视发生在京城的各类历史事件，从而使各个层次的观众，都能够深入浅出地了解北京的传统文化。栏目通过这样独树一帜的整体风格赢得了广大观众的支持，拥有了固定的收视群体。

(四)主题化播出策略

"顺商"作为一个拥有上万人口的"想象的共同体"，有着数不尽的典故、历史、文化故事。千百年来，顺商在世界各地勤奋拼搏，锐意进取，涌现了一大批杰出人士。这些都是《顺商传奇》这个栏目最大的资源。

建议栏目可考虑主题化制作和播出，比如《顺商传奇》之餐饮老板系列、家具老板系列、家电老板系列等，这样制作只需要加强策划，便于选题操作和规模化播出，更方便栏目的营销。

(五)实现真正的日播化

首先，要增加栏目的编导力量，20分钟体量的纪实人物专题，通常的制作周期为30天左右。其次，努力做到摄影专职化专业化，纪录片是编导的艺术，更是摄像的艺术，没有好的纪实摄影师，就不可能有好的纪实作品。所以，需要为本栏目配备专门的摄影师，长期锻炼，不断积累拍摄经验。最后，为栏目活动抽调项目性的临时工作人员，取消本栏目编导的经营指标，让编导、摄像安心创作节目，只专注于业务本身。

第七节　频道品牌活动的升级

顺德频道每年举办的活动平均达到50多个，基本上一周就有一场电视活动,但活动过多和节目围着活动转的现状,导致资源被消解稀释,也使得顺德频道的几乎所有一线员工都处于一种高度紧张的状态。现有活动过多、过碎,仔细总结顺德频道大大小小的媒体活动,也可发现一些有待提升之处:第一,应增强自身为主导策划运营的活动的影响力,提高活动的品牌效应。第二,组建专业活动营销队伍,形成有效的运营流程。第三,提高媒体运营的专业能力,提高经营创收水平。第四,处理好资源、人员使用与利益之间的关系。开展活动营销是电视发展和竞争的需要,是打造媒体品牌、提升电视媒体影响力、拓展经营创收的渠道。这是一个战略目标,至少在活动营销的初级阶段,顺德频道的目标应该是提高电视媒体的影响力和话语权。一些地方电视台把开展活动作为经营创收的救命稻草,盲目追求活动创收指标,这是一种短视行为,是对电视活动和电视媒体的伤害,没有播种和培育是不可能有好的收成的。

电视活动不在于多,而在于精,在于品牌,这一点正在成为媒体人的共识。全力打造一个或者几个有影响力的品牌活动,其经济效益和社会效益超过几十个零碎活动。有调查报告表明,2015 年全国电视节目市场收视排名前 50 名中,各类晚会类节目、品牌栏目衍生的特别节目、系列节目、重大主题报道节目、特别策划的节目等多达 45 个。作为“活动大家”,央视在全国媒体活动的电视节目市场的地位是无可撼动的,春节晚会、元宵节晚会等占了前 50 名席位的一半。全国各地排名靠前的电视节目,媒体活动类也占了非常大的比例,如在北京电视节目市场的前 10 名中,义演、晚会类占了 6 席,并且收视率全在 4%以上;在天津,节目排名前 10 名中,活动类节目则占了 8 席。电视活动品牌已经成为电视品牌体系中影响力最大、贡献率最高的品牌类型。品牌活动已成为电视台经营新的增长点。

顺德有全国乃至全球知名的品牌资源。顺德拥有鼎盛而多元的岭南文化。顺德美食文化源远流长,天下闻名,民间素有“食在广州,厨出凤城”之说,今日的顺德更有“中国厨师之乡”“世界美食之都”的美誉,每年一届的“岭南美食文化节”已成为本地品牌盛会之一。顺德还是世界小家电之都、世界花卉之都、世界家居之都,这些在经济领域内取得的卓越成就,都是顺德人的骄傲,也是其他任何地方都无法比较的。顺德在全国乃至全球的优势地位，也是顺德频道举办电视活动的先天品牌资源，应该将它们与电视品牌活动很好地结合起来，打造顺德的品牌电视活动。

一、品牌活动的理念

（一）品牌活动的组织策划要细化

品牌活动的组织策划如果有新意、有亮点，就能弥补前期资金投入不足的缺陷，同时还会凝聚足够的人气。以“房交会”为例，通过优惠打折等信息的发布、楼盘的现场销售能聚集一部分人气，但该活动的营收渠道显得单一且有一定风险。因为活动的收益完全指望现场销售的预订量和成交量，而开发商也据此来评价与电视台合作所付出的成本是否划算。如果能在活动之初，就把与房产相关的企业请进会场，如购买新房的主力军大多是年轻人，可以请婚庆公司；购买新房势必会派生出装修问题，可以请装修公司；搬进新房还会涉及通信问题，可以请通信公司；购房装修有可能会遇到各类问题，可以请房产评估师、律师等人士。这样一来，活动的规模大了，满足需求的人群范围也扩大了，不仅有助于在现场聚集更多的人气，还可以增加活动的收益。

此外，在大型活动的组织策划中，不可忽视公益服务环节，虽然公益服务要增加一部分成本支出，但对大型活动的口碑和公信力有极大帮助。仍以房交会为例，可以请工商消协等部门现场接受消费者的咨询，帮助解决消费者的困惑。

电视媒体操作大型活动的最大优势是其媒体资源。在大型活动的报道推广方面，要有新意和亮点，方能保证大型活动的成功，所以创新极为关键。县级电视台操作的大型活动，直接面对的是终端消费者，那么与受众之间的良性互动就显得极为重要。这种互动性可以通过以下几种方式实施：直播或录播大型活动时，对消费者进行细致采访；大型活动现场可设置抽奖、文娱比赛、才艺展现等环节，增强受众的参与性；通过直播的方式，了解观众对于该项活动的疑问，或在节目中设置有奖问答、短信竞猜、评选最佳等环节，从而拉动人气。

大型活动的推广，要尽量选择多媒体同步推进，以营造声势；要推动广电内部的资源整合和机制创新,将电视台、电台、网站之间,电视台各频道之间,宣传部门与其他部门之间,有限的人力资源进行最大化的运用;条件许可的话,还应加强与报纸的媒体资源互换,扩充大型活动的影响力。电视媒体操作大型活动,其优势在于能把产品直观地展现在受众面前,但仅有画面还远远不够,应突出现场采访,并强调体验性。通过对产品的充分展示,吸引更多受众参与。

(二)打造品牌电视活动的文化内涵

科特勒曾说:“一个品牌最持久的含义是它的价值、文化和个性,它们确定了品牌的基础。”品牌是物质形态与精神形态的统一体,品牌的一半是文化。营销学上那个让人津津乐道的“韦勒原理”即形象地说明了这一点,“韦勒原理”认为:“不要卖牛排,要卖烤牛排的嗞嗞声。”文化,同样是电视活动品牌的价值之源,是电视活动品牌的“‘图腾’,所有的奥秘几乎都可以在文化里找到原因”。文化也是电视活动品牌的“芯片”,正是这种“文化芯片”给电视活动品牌植入了绵延不绝的原动力。在电视活动形式乃至内容大同小异、尽管费尽心机但很难突破时,文化这种非物质因素一旦融入电视活动的核心价值,那么电视活动产品的附加值就会大大增加。

(三)CIS 企业形象识别系统与电视活动品牌

CIS(Corporate Identity System),即企业形象识别系统。20 世纪 50 年代中期,从美国 IBM 公司首开先河,采用这一差异化战略取胜市场开始,半个世纪以来,CIS 风靡世界。CIS 战略的主要思想就是将企业经营理念与精神文化,运用整体传达系统(特别是视觉传达系统),传达给企业内部与大众,并使其对企业产生一致的认同感或价值感,从而达到形成良好的企业形象和促进效果的设计系统。它主要包括了 MI(Mind Identity,理念识别)、BI(Behavior Identity,行为识别)和 VI(Visual Identity,视觉识别)。

麦克卢汉曾说,电视台实际上是在租用受众的眼睛和耳朵做生意。进入 21 世纪以来,电视行业竞争加剧,CIS 形象识别系统(尤其是视觉识别)也被广泛地导入电视频道、电视栏目的品牌形象包装中,成为电视参与品牌竞争、增加广告收益、提高盈利能力的有力武器。相比之下,电视活动中CIS的运用尚不自觉。鉴于电视传媒的视听综合性,电视活动的CIS形象识别系统除了包含理念识别MI、行为识别BI、视觉识别VI之外,还包含听觉识别AI(Audio Identity)。这4个构成要素可分为两个层次,“一是核心识别,二是扩展识别”。理念识别是位于金字塔尖的核心识别,这是电视活动CIS的精神所在,是BI、VI、AI展开的根本依据;而行为识别BI、视觉识别VI、听觉识别AI属于第二层次,它们是电视活动理念识别MI的延伸与具象化展现。四者相辅相成,互相彰显,共同构成电视活动形神合一的整体形象。品牌专家大卫·阿克(David Aaker)提出“作为符号的品牌”理论,认为强烈的符号可以帮助品牌识别获得凝聚力和建立结构,并使品牌更容易得到识别与再现,因而可以作为品牌开发的关键因素。形象识别系统给电视活动提供了全新的理论框架与运作模式,既满足了电视活动标志其各不相同的区别性需求,也满足了观众识别电视活动的选择性需求,强烈的标识性给传受双方都带来了便利。因而,电视活动的形象识别系统已成为塑造品牌形象,彰显活动风格特色,提高活动竞争力的重要手段和有效途径之一。

二、品牌活动打造的路径

品牌活动营销的重要性在许多地方电视台已经形成共识,也得到了充分的重视,那么,顺德频道该开展些什么样的活动?这里还存在着一个活动方向确定的问题。根据顺德频道几年来开展活动的得失,顺德频道开展活动,必须依托顺德的自身特点及所掌握的资金、资源、人员、技术现状,因地制宜地开展顺德本地的活动,而不能单纯地克隆、效仿一些省级卫视的大型活动,否则就有可能会因“水土不服”而效果不佳。

第一,依托顺德本地资源策划、设计一个个大型品牌活动,年初启动,贯穿全年,并有计划地开展第二季、第三季。

大型品牌活动目前在电视荧屏上已屡见不鲜,在一年之中,地方台做类似的活动要举全频道之力,集中优势力量打造一个或者两个品牌,能充分启动、贯穿始终就足够了。

顺德是世界美食之都,顺德频道可以名正言顺地策划重点活动"世界美食大会",可以把大会办成一个集厨艺比赛、美食展示、学术交流、食客深度参与体验等于一体的年度美食盛宴。还可以利用世界家居之都和小家电之都的地位,举办一年一度的"世界家居大会""世界小家电大会"等,这样的活动一旦打造成品牌,一个活动的经济效益和社会效益可以超过几十个活动。

再比如,顺德本地群众喜爱打麻将,顺德频道可以做一个顺德麻将大赛,有周赛、月赛、年度赛等。

第二,依托本地政府和地方知名企业,有计划地开展活动。

地方电视台受影响力、资金、技术的限制,要使活动运转完全依靠市场化运作,会有相当的难度。因此,依托政府的年度经济发展计划和本地企业的年度活动计划,有目标地策划开展活动,准确定位、定向公关,是地方台活动运营的一个行之有效的方法,更应该是地方台开展活动的一个重点,像政府行为的大型庆典、晚会、大型展览、展销会,各职能协会的专业活动、会展,本地知名企业的庆典、年会、晚会等,这些都是很好的切入点。这些活动目标明确,资金有保障,运作起来相对省力,成效显著。各方可以通过集中公关建立战略合作,以各取所需,共荣共赢。顺德频道在这些方面已经有了很好的经验,但电视台的主阵地依然在政府,因此,这一块应该更加精耕细作才对。

第三,建立合理的考核办法。

如何对大型活动部进行考核,更好地促进活动的开展,这在很多地方电视台都是一件很让人纠结的事情。顺德频道的很多活动都和经营部门、频道之间有着千丝万缕的联系,好的活动方案需要实力赞助商的支持,这些客户大都掌握在经营部门的手中;活动需要宣传平台,而资源又在频道手里,合作如何开展,利益如何分配?协调得好,皆大欢喜;协调得不好,鸡飞狗跳。这种现象在很多台都常见,根本的原因就是没有明确责任,考核方法不合理。

解决这种矛盾就要再明确一下开展活动的目的——打造媒体品牌，提升电视媒体影响力，搭建新的创收平台，拓展经营创收的渠道，因此，这种营销要和日常广告业务区分开来，要求活动部门对客户、对市场有更深度的了解，能够更准确地找准市场结合点，把握市场需求，与客户进行深层次的合作，对这样的部门可以实行项目管理，进行综合成本核算。

首先，通过对活动市场的分析制订全年活动计划，合理布局重点活动，根据活动的时间点完成活动的初步方案和客户的招商。其次，在活动的实施阶段，实行项目管理，进行综合成本核算。项目管理就是把一个活动视为一个独立的项目，设立对应的项目负责人，由项目负责人对活动的开展和经费的使用全权负责。综合成本核算就是为每一个项目都建立一个独立账户，将项目所有的支出(包括本台的人员劳务支出和广告宣传支出)都计入到活动成本中进行核算，其中本台的人员劳务支出和广告宣传支出可按一定的比例计入相关部门的收入账户(广告宣传费可按50%—70%计入广告中心或相应频道)。对项目严格实行预算和决算制度，要求每个项目都提供准确、清晰透明的支出明细。活动部的员工考核可分为工作量和创收两部分。这样的考核使各相关部门均在活动过程中获得相应的利益，因此会减少许多不必要的扯皮现象。在活动部成立的初期，在这样的考核下，开展工作可能会有些难度，总台可适当考虑进行一些扶持，但只要面对市场就会有竞争，就会有风险，经过这样的考核和摔打，一支真正的、能战斗的队伍才能形成。

第四，栏目活动化、活动栏目化。

栏目和活动之间应该是相互依存的关系，活动营销已经成为制片人非常重要的素质之一，并且预测未来栏目和活动会逐渐融合，这也是将来电视活动一个发展趋势。

栏目活动化，是电视栏目提升其栏目影响力的一条最重要的路径，是电视栏目的一种生存策略。以往的电视活动与内容是相对的、游离的，反映在电视屏幕上只是单个的电视节目，这种单一的、非常规播出的产品的电视活动尽管当时可能产生了轰动效应，但由于缺乏连贯性与重复性，受众往往记忆模糊，客观上是不利于其品牌塑造的。随着电视生产者对电视活动认识的深化,电视活动与内容越来越融合,电视活动的持久化、规模化传播成为一种必然,以实现其经济效益与品牌价值的最大化。

电视栏目在统一时段播出具有统一长度、统一风格的电视节目,能够使观众产生“约会”意识和收视习惯。可以说,电视活动的栏目化克服了电视活动的非常规播出与电视活动品牌塑造之间的矛盾,栏目可以实现活动的无缝隙的联系,通过栏目化的方式拓展活动的影响力。一些户外晚会类电视活动即运用活动栏目化的方式,固定在周末某个时间段播出,形成活动即节目、节目即活动的稳固化的收视优势。

比如说,《顺商传奇》可以举办《顺商传奇》年度人物评选活动,既举办了活动,衍生了品牌,又生产了节目,扩大了节目的影响。另外,《顺商传奇》栏目或者顺德频道可以举办每年一届的世界顺商大会,搭建顺商人交流和资源共享平台;要充分挖掘,借船出海,策划举办顺商人回乡省亲等类型的活动,不断开拓节目的疆域。

第七章　构建经济强区服务平台

——张家港电视台个案研究

近年来，在媒体融合发展的新媒介生态下，我国各级电视媒体的生存压力与日俱增。而我国县级市电视媒体从诞生开始就处在不平衡发展的境遇之中，在覆盖范围、转播任务等方面受到一定程度的限定。因此，县级市电视媒体的发展呈现相对缓慢前行的特点。

尽管如此，目前县级市电视媒体仍然具有一定的优势。例如，县级市电视媒体具有天然的地缘优势；电视的内容生产可以充分呈现贴近性；观众对电视的忠诚度还没有特别减弱；电视作为强势媒体的优势依然保持。

然而，我国县级市电视台未来前景的好坏取决于新一轮的转型是否成功，可以说，在新的媒介生态下，其转型与突围的成功与否决定其今后的命运如何。新的媒介环境给县级市电视台的发展带来了新的机遇与挑战。张家港电视媒体的新一轮变革，就是在这样的背景下启动的。

本章节是中国传媒大学新闻传播学部电视学院赴张家港电视台进行实地专项调研的成果。当下，我国各级电视媒体都面临着新一轮的变革。特别是近两年来，电视媒体在焦虑之中寻找方向。我们看到，各层级电视台意识到新时期媒介格局重构的历史性转折，在客观外力下开始转型并取得一定成功。一些台转型的实践经验通过理论的归纳提升，在同层级电视台迅速传递扩散，促使更多电视台开始思考、酝酿、行动。还有些电视台目前的生存境况尚可，但也自觉意识到转型的历史必然，主观上采取十分积极的态度，探索稳中求变的路径，拓展未来发展的空间。

此项研究正是基于地方电视台这样一种能动发展态势而展开的实地调研。从张家港电视台目前的发展情况来看，其电视自办节目的内容生产还有扩容和创新的现实需求;电视频道的收视相对不平衡,需要对频道内容进行重构;电视市场份额占比需要拓展,广告经营还有提升的空间;本土经济发展处在活跃的时期,将是电视拓展的有利因素;电视强势媒体地位需要巩固,周边电视对收视率有所影响;电视将承载传播张家港文化、打造张家港特色频道的使命。

本章详细分析张家港电视台的功能定位与战略目标、频道重构与编排、电视节目现存的问题,深入探讨张家港电视台新一轮变革的可行性、总体战略、思想观念及具体实施方略。

第一节　传播发展环境

一、发展优势

(一)良好的覆盖基础与经验积累

张家港电视台建立于1986年12月,至今已有30余年的历史。目前,张家港电视台开办了新闻综合、民生、电视剧、少儿4个频道的节目,电视节目信号覆盖全市城乡及江阴、靖江、锡山、常熟、南通、如皋等邻近地区,实力位居江苏省县级市电视台前列。

2006年,张家港电视台在全省县级电视台中首家引入了ISO9001国际质量管理体系,并于2007年8月20日通过认证考核。

依据质量管理体系,张家港电视台推出了一系列的举措,创新人事管理与用人机制,形成规范化管理体制。以新闻栏目为试点,张家港电视台全面推行自办栏目主编、责编竞聘上岗。该项举措实施后,《第一视线》栏目的质量明显提高,收视率稳居各档自办栏目之首,成为荧屏影响力最强的一档电视栏目。

2013年,张家港电视台实施规模最大的一次新闻改版扩容,构筑起新闻综合频道主框架。2015年,张家港电视台对自办节目进行了力度较大的改版升级,新版节目更具贴近性、互动性及服务性。

可以说,良好的传输覆盖基础和经验积累为张家港电视台启动新一轮变革提供了基本的条件。

（二）电视仍然占据区域强势媒体地位

近年来，新媒体的崛起对各级电视媒体都造成了巨大的冲击。从张家港电视台的收视和经营状况来看，本地受众并没有对传统的电视节目失去兴趣。以时政新闻、民生新闻、文化综艺、生活服务为代表的自制节目在当地仍有不错的市场份额和口碑。由此可见，张家港电视台在当地仍然是强势媒体，观众的忠诚度并没有减弱。对于电视的新一轮变革来说，受众的忠诚度是根植本土的基石，非常难得和值得庆幸。

（三）自制节目具有一定品牌价值

经过多年的精心打造，张家港电视台创办了"新闻类""民生类""生活服务类""文化综艺类""活动类""少儿类""广告类"等自制节目。品牌栏目《张家港新闻》《第一视线》《城事》《书香港城·阅读会》等在当地已经深入人心，具有相当的影响力，如 2017 年创新的《书香港城·阅读会》开创了自办栏目的收视新高。

此外，依托于区域经济文化发展，电视台每年策划直播、录播的重大活动、大型晚会取得了社会与经济效益的双丰收，已成为规模最大、影响最广、参与人数最多的文化娱乐品牌活动。

（四）领先的地域经济与文化特征

伴随改革开放的经济崛起与腾飞，社会政治的全面发展，张家港形成了既具本土特色，又兼具开放包容、灵活变通的地域文化特征。归纳起来，张家港主要有 6 个方面的特点：其一，地域经济在全国县级市首屈一指；其二，城市卫生、城市文明在全国处于引领地位；其三，获得全球首个"国际卫生港口"称号；其四，全民读书、热爱公益成为城市风貌；其五，城市生态、生存环境成为全国的标杆；其六，张家港市各镇全部建成为国家卫生镇。

张家港位于中国大陆东部，长江下游南岸，是苏州所辖的县级市。东与常熟相连，南与苏州、无锡相邻，西与江阴接壤，北滨长江。张家港是中国综合实力最强的县级市之一，连续多年被评为全国百强县之首，在经济、文化、金融、商贸、会展、服务业和社会建设等领域成就显著,一直处于中国县级市的前列。

张家港的GDP在苏州排名第三,同时在全国百强县(市)排名第三,2016年GDP实现2,317亿元,公共预算收入190亿元;拥有开票销售收入超过10亿元的企业52家,拥有上市公司22家,以沙钢最为有名,其收入几乎与张家港的GDP持平,同时为江苏省销售收入最多的企业。

此外,张家港创办了中国县级市首个国家级境外经贸合作区——埃塞俄比亚东方工业园,境外投资连续多年位居江苏省县市第一。

张家港境内有"三山一苑",即双山、香山、凤凰山和东渡苑等主要景区,有苏东坡与梅花堂、徐霞客三游香山等历史文化传说典故。

张家港先后荣获国家卫生城市、全国文明城市、全国环保模范城市、全国文化先进县(市)、全国双拥模范城、国家生态城市、国际卫生港口等称号。

因此笔者认为,经济强县、文明城市、卫生城市、卫生港口、卫生乡镇、全民读书、热爱公益、开放包容等特色可成为张家港的地区标签,这些特征在全国乃至全世界都是令人瞩目的。作为地方电视媒体,地域特色决定电视的特色,张家港电视的新变革必然要贴合当地政治、经济、文化建设的大方向。

(五)迫切的现实需求与时代使命

在全国的县级市电视台中,苏州的县级市电视媒体是一个相对特殊的存在。一方面,依托所在区域的经济优势,以及自身改革的先试先行,其盈利水平和发展水平等各方面都处于同级领先水平。苏州地区特色性与开放性兼具的地域文化特征也为县级市电视改革发展提供了肥沃的土壤。因此,张家港电视改革对整个区域甚至全国的县级市电视传播都将起到促进和示范作用,极具开拓性意义和市场前景。

另一方面,日趋激烈的传播市场竞争、政策体制限制、人力资源短缺以及盈利渠道匮乏,使得张家港电视媒体的发展面临着前所未有的困境与风险,迫切需要大胆地进行实践改革和探索,以使电视传播保持长久和旺盛的生命力,从而为区域政治经济文化发展和人民生活公共服务提供强有力的支撑。

二、发展困境

(一)经营概况

当下,我国电视媒体的经营都面临空前的压力。首先,我国电视台的基本属性不是商业性质,但是要按照经济规律参与市场竞争;其次,电视台也不是完全意义的政府投入经费的公共电视台,现在大多数电视台获得的政府资金往往是部分人员的工资,因此,电视台还必须要通过争夺市场份额进行经营。

张家港电视台现有员工 230 多人,正式在编人员 101 人,每年的政府差额拨款是 400 万元,全台各项开支需要 4,000 万元左右。2016 年广告经营收入 3,600 万元左右,2017 年广告经营收入 4,500 万元左右。这个数字,一方面反映出张家港电视台面临经费紧张的局面,另一方面反映出广告经营创收的压力非常大。

(二)现实问题

近年来,张家港电视台不断寻找新的突破口,在节目质量和营销策略上有一定改善,节目为立台之本的理念逐渐深入人心,电视台也逐步走出发展低谷期,机遇与挑战并存。

由于受央视、省台、县级台等各家媒体以及新媒体的冲击,张家港电视台目前整体发展状态不容乐观。归纳起来,张家港电视台主要有以下问题:整体收视率有所下降;媒介核心影响力有所减弱;广告收入下降;一线专业人才比较匮乏;整体设备相对落后;体制机制同实际发展存在一些矛盾;开办频道较多不利于形成合力;频道定位编排需要创新理念;品牌节目集群意识有待强化;自办节目主攻方向需要调整明晰。

张家港电视台作为经济强区的县级市台,虽然具有 30 多年的历史,但是也不断受到体制归属、覆盖范围区隔、盈利模式的困扰,这在客观上影响了电视的全面发展。

其一,体制上的差距困局。中国的电视产业一直在探索体制改革与发展。20 世纪 80 年代的"四级办台"在一定程度上忽视了各地经济实力的差异,导致区县电视台先天性发展不平衡。20 世纪 90 年代,国家明确将广播影视产业列为第三产业,对电视台的生产经营能力提出了明确要求。21 世纪,随着互联网大潮的涌起,传统媒体的战略转型又成为各级电视台的历史性选择。

在电视产业体制改革过程中,处于产业链末端的县级电视媒体面临着体制改革困境。县级电视台由于在行政级别、规模人员、覆盖范围等方面的劣势,常常成为首当其冲的对象,县级电视台发展权限受到一定制约。

其二,覆盖范围与地域区隔的制约。1983 年,全国第十一次广播电视工作会议提出了"四级办广播、四级办电视、混合覆盖"的政策(四级即中央级、省级、地市级和县级广播电视机构)。这一政策对于我国广电事业的发展有着重要的历史意义,在当时的体制和国家财力情况下,四级办电视的构架极大地提高了我国电视节目的覆盖率。

在国家广电四级覆盖大格局中,县级台的覆盖范围基本上被限定在一个较小的区域。然而,由于卫星和有线电视的普及,地域面积狭小的区县频道和市场资源却被中央台、各省级卫视、省级地面频道甚至是来自港台地区的众多电视媒体瓜分。因此,在历史上,张家港地区的收视资源长期被多家电视媒体占据。

此外,由于特殊的历史原因,长江三角洲特有的镇街文化在一定程度上限制了县级电视台的影响范围。苏州辖区面积不大但却形成经济和文化自成一体的区块区隔。以张家港来说,主打新闻节目只能覆盖本地和周边有限的临界地带,而不能覆盖整个苏州地区,更不能扩充到其他行政区域内。

其三,节目制作人力资源的差距。由于具有"接地气"的先天条件,我国各区县电视台在节目制作内容方面实际上还具有一定的优势条件。但是,这一优势条件往往受到人力资源的限制,因此,具有一定影响力的品牌节目往往没有长久生命力。

张家港电视台人力资源的差距主要体现为:节目制作人员力量不足;

节目制作能力不足；人员综合素质有待提高；电视台现在有4频道的资源，但缺少内容支撑；一些节目资源的分流消耗了人力资源，使得节目制作捉襟见肘；节目制作和经营创收一肩挑的机制，使得员工压力过大，缺少时间和精力进行专业提升等。

其四，盈利模式与内容生产的矛盾。长期以来，我国电视媒体的盈利模式主要依靠广告收入，根据市场研究的统计，中央和省级卫视及地面频道广告收入占全国电视广告投放比重的70%左右。也就是说，占全国总数12%的电视台垄断了全国70%的广告收入，其余占总数88%的县、市台要去分配剩下的30%的广告份额。此外，新媒体的广告份额与日俱增，传统媒体广告份额开始大幅缩水。

张家港电视台面对收入模式单一和广告市场份额下滑的困局，拓展了多元收入模式，以保证媒体的竞争力。然而，创收模式也在一定程度上和节目内容生产规律发生了冲突。例如，定制节目是利用区域传播优势进行创收的一个有效途径，但是定制节目在内容和编播上会受到一定限制，从而影响整个频道或电视台的节目品味和播出效果。

其五，受众老龄化趋向对内容、编排、广告投放的影响。近年来，CSM调查数据显示，电视仍然以45岁及以上的中老年观众为重度收视人群，15—24岁观众的收视量持续减少，老年观众收视时间持续上升。

张家港电视台的观众构成也呈现出老龄化的特征，这种态势必然对电视内容生产、频道编排和栏目的构成比例造成直接影响；这种态势带来的另一个影响是电视广告的直接投放将以中老年为主要目标。

其六，多元终端解构主流购买力受众。根据Google(谷歌)调研数据，在77%的电视观看时间里，受众将进入一个电视屏幕＋互联网屏幕＋移动互联网的数字化多屏时代。多元化的终端渠道进一步分流了电视观众，从年龄和收入来看，主流购买力人群与电视机渐行渐远。这种趋向使一些电视台的电视购物节目首先受到影响，电视生产内容受到冷落。

面对这种局面，电视台必须加大服务力度才能促使主流媒体价值回归。目前，张家港电视台房产、汽车类节目的创收还具有较强的生命力，主要原因是其加大了服务的力度和温度。

其七,技术生态系统亟待优化。基于互联网技术的日益成熟,用户既是网络内容的浏览者,也是网络内容的制造者,从而赋予网络媒体前所未有的社会功能。相比之下,传统电视媒体线性的制播流程亟待优化。

我们看到,我国各层级电视台纷纷开始优化制播流程,其中成效最为显著的是构建中央厨房、打造云平台,而且从概念到落地的速度非常之快。张家港电视台目前还没有构建起新的技术生态系统,原因主要是其受到资金、技术等条件的限制,其今后将在大趋势的带动下逐步优化,跟上时代的步伐。

其八,新型技术人才十分缺乏。在新媒体的驱动下,我国电视媒体开启了融合与转型的新征程,伴随而来的是新型技术人才的培育和队伍建设。

对张家港台来说,现有的技术队伍能够掌控广播电视技术,但缺少现代计算机网络技术的人才,急需既熟悉广播电视技术又熟悉新媒体方面技术的新型技术人才。

第二节　频道编排的现状与困境

张家港电视台有 4 个电视频道,分别是新闻综合频道、民生频道、少儿频道、电视剧频道。

从现有的栏目编排来看,原有栏目构成拥有较好的基础,主要体现在:第一,自办栏目 20 多个,具有一定基础。一个县级电视台能够开办这样多的自办栏目,在全国范围内都可谓名列前茅。第二,栏目制作整体上达到同级电视台的中上等专业水准,有一半的栏目比较成熟,积累了一定经验。第三,品牌栏目保持稳定收视,产生一定社会影响力。通过分别同 3 档栏目的负责人进行面对面沟通发现,这些负责人对如何办好品牌栏目有一定的深层次思考,对栏目的优劣也有着十分清醒的认知。可以说,这些品牌栏目保持不败纪录,为频道凝聚核心竞争力、扩大社会影响力奠定了一定基础。第四,特别节目、大型直播活动在栏目构成中占有重要位置,凸显策划、组织能力。从理论上讲,特别节目、大型活动的传播是一种媒介行为，媒介的议程设置渗透力最强。可以说，张家港台能够驾驭如此多的特别节目、大型活动直播，显示了频道的传播力和栏目的活跃度。

此外，经过问卷调查、座谈交流、编排浏览、节目观察等，通过对频道的现有栏目存在的问题进行了认真的研究，认为比较突出的问题有：在栏目设置上，尚未形成品牌节目带；在栏目类型上，缺少栏目类型化意识；在栏目时长上，5 至 15 分钟的栏目占多数，尚未进行杂志化整合；在定制栏目上，受到出资方的制约，影响了栏目构成。

笔者建议针对主要问题分步骤进行调整改造：第一步，形成两个品牌节目带，着力打造新闻性栏目和服务性栏目；第二步，实现栏目类型多样化，着力在内容、形态、风格上下功夫；第三步，进行大版块样式改造，着力整合栏目不规范的时长、样态；第四步，强化主导的传播意向，着力整合定制栏目造成的散碎状况。

此外，张家港电视台的频道与栏目重构要考虑影响栏目编排的因素。在一定程度上，以下这些因素制约着频道与栏目构成格局。

第一，强势电视媒体对本地收视率的冲击。这个问题几乎是我国所有的县级市电视台都面临的主要困惑。张家港电视台收视率受到 4 个层次强势媒体的影响，包括央视、卫视、江浙地区强势电视媒体、行政区域隶属的苏州电视台。

毫无疑问，这些强势电视媒体对张家港地区的收视率的影响是直接的，尤其是在这些台播出电视剧的时段，对本地电视台的收视率具有显著冲击。

第二，频道的布局和编排受到卫视电视剧时段冲击。这个冲击影响到张家港电视台的整体编排布局结构。究其原因，优秀的电视剧往往卖给强势卫视或者央视，县级台有钱也买不到。此外，县级电视台的实力和资金决定了其也不可能过多地购买二轮剧和三轮剧。

从 2017 年开始，卫视台在新闻联播之后又开始主打电视剧，新闻联播之后播两集电视剧，晚间 9 点过后又是另外一个电视剧，播出两集，相当于一个晚上的黄金时段播 4 集电视剧。卫视电视剧播出时段的变化对张家港电视台晚间 7 点半以后的自办节目编排提出了挑战，新闻、电视剧、自办栏目之间的布局受到冲击,基本上影响到整体编排的结构布局。

结合张家港及周边地区电视业态来看,从频道栏目与编排方面考虑,笔者建议重新认识频道资源优势,做必要的减法;两个综合频道为主,两个专业频道为辅;在编排上形成合力,构建自办栏目品牌集群;主打节目+系列策划+季播概念+稳定收视。

总的来说,一是,分清主次,打造两个综合性主要频道,两个专业性辅助频道;二是,设置两个主要频道,增加新收视看点,释放更多广告时段的空间。具体而言,将现在的新闻综合频道、民生频道打造成两个主要频道,按照"小综合"频道的定位进行总体编排设置,将民生频道改为生活服务频道。两个辅助频道,一个是影视戏剧频道,以原有的电视剧频道为基础,扩充电影和戏剧;一个是文化娱乐教育频道,将现在的儿童频道改为文化娱乐频道。其中,新闻综合频道主攻方向是自制新闻节目,形成品牌集群,凸显媒体公信力,提升频道收看黄金时段价值;生活服务频道的主攻方向是主打一档自制品牌节目,定制节目形成全方位服务特色,增强本地受众的黏性;影视戏剧频道的主攻方向是以购买电影、电视剧、戏剧剧目为主要内容,对抗强势媒体、周边媒体的收视冲击;文化娱乐频道的主攻方向是主打一档自制文化类娱乐节目,开设定制性活动的窗口,形成大文化视角下的娱乐氛围,凸显地域性专业频道特色。

我国电视的基本属性决定了各级电视台的性质,但是各级电视台在功能上却有着一定的特殊性。无论是中央还是地市级电视媒体,其基本属性都是党和政府的喉舌,承载着党、政府与人民群众的桥梁作用,发挥传播信息、沟通社会的功能。张家港电视台也不例外,紧紧围绕地方党委和政府的中心工作,做好做强新闻节目,增强新闻的权威性成为电视台首要的功能定位。同时,电视媒体还要发挥大众传播的其他功能,办好生活服务、文化娱乐等节目。

笔者认为,通过对全国电视媒体业态以及张家港电视台变革优势因素的分析,张家港电视台的发展定位应该秉承如下理念,即构建经济强区的全方位服务传播平台、形成开放务实的区域大文化传播特色。

张家港电视台应当围绕"经济强区""文化引领""全方位服务"和"区

域传播”4个关键词在全国县市电视台中创新领先和独树一帜的功能定位。

首先，以新闻类节目服务地方政府和党委的中心工作，以生活服务类节目为地方经济发展助力，以文化娱乐节目满足受众的精神文化需求，以丰富多样具有养分的节目内容体现媒体的格局与品位。

其次，从路径上看，无论是特色文化还是强势经济，实际上都依托于张家港得天独厚的区域基础和条件。因此，张家港电视改革应当扎根本土，充分挖掘本土特色和优势资源，精耕细作，以“贴地气”“合地缘”的节目内容和形式打造独具特色的区域传播平台，构建开放包容的精神家园。

最后，从理念上看，区域传播的特色还是在于增强电视媒体的公共服务性。现代传播理论认为，大众媒介虽然具有创收盈利的功能，但媒体的根本价值还是信息传播和公共服务。因此，增强媒体公信力和美誉度，更好地服务本地政治经济文化发展和百姓生活是电视媒体的基本功能定位。张家港电视台应当围绕公共服务定位拓宽发展途径，在政府、社区、公众、媒介之间搭建多向性互动平台，建立台与公众之间的新型视听服务关系，拓展传播功能，引领公共服务新理念。

此外，张家港作为县市经济发展的引领者，具有得天独厚的地域特色与资源。考虑到张家港作为经济发达地区在城市文明、城市卫生、城市生态发展方面可成为全国引领者的独特地位，张家港电视台必须紧扣这一核心优势和资源，发挥电视作为政府喉舌的权威作用，打造独具特色的经济强区传播平台。经济强区是张家港电视改革发展的基础和保障，但是，这并不意味着将频道定位完全聚焦经济，而是应当将引领和服务经济发展的意识与理念渗透到各个类型的节目中去。张家港电视媒体应该借助独有的地域经济和文化优势，通过打造经济强区全方位服务传播体，努力成为全国县级市电视发展改革的标杆。这一目标应成为新一轮改革的战略方向。对此，电视台决策层已经具有强烈的意识，不过，面对机遇和挑战，还需要创造条件，积聚力量。

因此，张家港电视台的长期目标为紧贴地缘，打造具有区域特色的新型传播平台；拼搏务实，坚守和强化媒体的社会责任和功能；深耕细作，全方位服务地区经济、文化的发展。具体目标为创新内容生产与营收模式;优化频道编排和核心节目,全面提升节目社会影响力和美誉度;打造特色区域服务传播体,树立全国县市电视发展改革新标杆;技术生态系统更新换代,提升电视台、频道、栏目的形象包装;有计划地进行岗位业务培训,提升全台各层级人员的专业能力;学习、创新、更新理念,推动与时俱进的媒体转型与融合发展。

第三节 频道重构的实施方案探索

一、新闻综合频道

张家港电视台新闻综合频道具有较好的基础,一直是电视台的主打频道,保持着相对稳定的较高收视。但是,随着媒介生态和社会需求的变化,新闻综合频道需要在原有基础上创新发展。

新闻立台一直是张家港电视台主打频道秉承的最基本的理念,也是频道最主要的功能定位,这一点毋庸置疑。然而,如何才能跟上新时代的步伐?如何才能保持长久的生命力?

第一,秉承坚守地域新闻传播阵地的编排理念。

在移动互联网分流受众的新媒介生态下,传统电视新闻的权威性、公信力仍然不可低估,因此,坚守地域新闻传播的阵地是比较明智的对策。从中国的实际出发,县级电视台之所以能够生存,是因为其服务于地方党委和政府的中心工作,发挥着连接党和政府与人民群众的桥梁作用。

因此,张家港电视台新闻综合频道承载新闻立台的重任,以形成地域新闻传播特色为发展方向。在新一轮改版中,新闻综合频道的定位仍然要秉承新闻强台的理念。

一方面,张家港电视台应秉持新闻强台理念,以完善直播体系为突破。作为地方主流媒体在第一时间、第一现场发布信息,抢占话语权,是一个必然趋势。新闻报道要强化“现场、贴近、即时、追踪”等要素,形成新闻强台的核心竞争力,做好信息量大、区域影响力强的常态化直播。另一方面，张家港电视台应秉持新闻强台理念，以建立大编辑部、资源共享为保障。要实现新闻强台，无论是从工作效率的角度考虑，还是从成本效益的观念出发，新闻内容生产应进行大编辑部设置、流水线生产方式运作。加强统筹运作，注重资源共享，充分利用采访资源，强化编辑部的前期策划和后期整合功能。

第二，强化本地新闻第一收看时间、黄金时段概念。

为什么我国各层级的电视台都存在一个新闻综合频道，其功能是综合性的，而不是专业性的？从客观角度分析，其主要原因有两个：一是各级电视台都是从一个台只有一路信号做起的，因此，历史上形成了观众比较认同、影响力比较大的一个强势频道，这个频道自然而然也成为广告投放首选的频道。二是在我国电视频道化发展过程中，各层级电视台纷纷抢占频道资源，一个比较突出的历史问题就是地方台规模过大、频道过剩、渠道过多，造成各层级电视台形成小而全的格局。当下，这个问题带来的弊端越来越严重。由于频道的综合性，总编室难以协调全台自办品牌栏目的播出时段，同时对定制节目、广告投放客户的要求也十分头疼。

因此，笔者建议：其一，张家港新闻综合频道的编排应以构建核心品牌集群，形成本地新闻收看第一时间、黄金时段的概念。品牌集群强调“量”的概念，形成一个完整的品牌链，品牌各具特色又相辅相成，具有统一的品牌归属。操作中要树立标杆，使各品牌共同产生拳头效应，在重点时段形成“播出带”和“节目群”，前后牵引，全面提升，以建设品牌链条为宗旨。其二，频道编排要以品牌衍生开发为策略。应以《张家港新闻》栏目为基础，进行衍生开发，分出层次、增量扩容。其三，重点统筹晚间6点半至晚间8点半的新闻编排时段，精心安排集群播出，在“播出带”和“节目群”的基础上，逐步建立“品牌带”的编播概念。其四，具体而言，在晚间6点半至晚间8点半打造新闻品牌栏目集群，在转播央视新闻节目的前后推出自办节目，打造新闻节目收视链条，形成收视高峰。

第三，构建3个时段的新闻版块。

晚间时段：18点30分至20点30分，两个小时，打造新闻收看第一时间、黄金时段。18点30分播出《张家港社区新闻》，内容以八个镇一个试验区为主;19 点转播中央电视台《新闻联播》;19 点 30 分播出《张家港新闻联播》,内容以时政新闻为主;20 点播出《第一视线》。这样,4 个新闻栏目占据晚间电视新闻收视黄金时间。

夜间时段:22 点至 24 点,两个小时,打造新闻收看时段的第二落点。22 点重播《张家港新闻联播》;22 点 30 分整合编排《第一视线》的互动内容,如热线、求助等;23 点整合编排张家港社区新闻的互动内容;23 点 30 分播出张家港周边的新闻,主要以编排周边地区的报纸、官方媒体、政府网站的新闻内容为主。采取二度编辑的手法,在内容构成上,可以重点设置时政动态、热点跟踪、后续现场、背景分析。

白天时段:上午播出一个小时,内容以社区新闻、第一视线为主;下午播出一个小时,重播上午的内容。新闻节目时间可以安排在剧场栏目的前后。

在选择新的编排方案时,张家港电视台特别需要注意观众的生活节奏和长期养成的收视习惯,观众是否能够接受节目播出时段的改变;张家港政府部门的决策层是否能够接受这样的编排变化;新的编排组合与播出时段对拉升广告的贡献是否具有积极作用。

二、生活服务频道

第一,秉承公共服务、生活服务的编排理念。张家港电视台的民生新闻是提升收视率的品牌节目,走过一段比较辉煌的历程。但是,随着我国城镇一体化建设的发展,电视台服务功能的拓展,民生新闻被公共服务、生活服务的概念涵盖,许多地方电视台都加大了生活服务方面内容的生产。事实上,张家港电视台也开办了不少的生活服务类的栏目,并取得较好的社会与经济效益。故此,民生频道称谓具有一定局限性,在一定程度上约束了频道创新发展。

因此,张家港生活服务频道的定位应该是:服务城镇和谐发展;服务百姓生活;体现贴近性、及时性、实用性、互动性。这一定位不但契合了电视的发展,而且也放大了服务民生的概念。更重要的是,这一定位使频道内容生产更加开放、包容,为节目创新释放了空间。从一定程度上讲,公共服务的定位并不意味着节目构成杂乱无章，而是以服务为导向，要求不同类型节目以服务为基准、目的。这样，整个频道呈现出的风格、气质才能与新闻综合频道有所区别；给节目构成、节目样态、节目内容、服务方式都提供了可以发挥创造的空间；对于观众来说，不但非常容易识别频道的特点，养成收视的习惯，而且拉近了与节目的距离，增加了黏合度。

第二，错位编排形成新的收视亮点。生活服务频道的编排指导思想是：以贴地气的大民生服务理念与内容吸引受众的眼球，形成新的收视亮点，拉升收视率，增加广告贡献，赢得美誉度。频道的编排要同新闻综合频道的时段进行错位编排，避免分流新闻综合频道黄金时段的观众。

因此，笔者建议，围绕城镇百姓的需求扩大频道的影响力；突出公共服务及时性、互动性时代特征；同医疗、公交、天气、治安等部门联动；进行立体化、多层次、全空间平台拓展；创造条件分阶段稳步推出不同类型的节目；树立城市台优化服务、创新服务新标杆。

第三，形成全方位服务的栏目互动链条。张家港电视台自办的民生、生活服务类的栏目有 20 多个，虽然有些栏目已成为品牌，但是整体上还没有形成栏目互动链条。根据总编室 2017 年上半年的收视调查，苏州电视台 4 集电视剧播出收视率在当地占比最高，收视率较差的是苏州台的民生频道。为什么苏州台主打的民生频道在张家港的收视较差？原因在于张家港电视台自办的民生、生活服务节目吸引了当地的观众。张家港台的民生类新闻每天晚上 7 点在民生频道首播，虽然同《新闻联播》撞车，但是收视表现依然非常好，比张家港新闻稍差一点。在现有条件下，张家港电视台不要平均用力，要集中人力物力先推出一到两个新节目。围绕频道定位，以大广角的生活服务视角为切入点，紧贴地缘，做好社会生活公共服务，搭建新城镇化建设中服务型政府与公众沟通的平台，包括本地政策时时解读服务、国家政策本地视角解读服务、本地城市建设与生活各方面的服务。

因此，笔者建议，基于生活服务频道栏目构成特点，整体编排方针以全方位服务为理念，前后拉动，形成链条。根据观众收视习惯和现有节目，笔者提出如下参考建议，具体执行还需从当下实际出发因地制宜。

具体来说，晚上 6 点播出美食类、健康类服务栏目；晚上 7 点播出《第一视线》，增加互动环节，开启频道黄金时间段；晚上 8 点播出汽车、房产定制服务栏目；晚上 9 点重播《第一视线》、健康类服务栏目；晚上 10 点播出《全城乐搜》等其他定制节目；晚上 11 点重播汽车、房产、天气预报等信息服务栏目；上午、下午的白天时段可以锁定中老年观众，灵活安排节目。

此外，生活服务频道的定位与编排具有一定的灵活性，可以根据节目生产和社会需求进行调整。栏目构成特点是：自办＋定制＋软广告＋硬广告主题策划。目前，张家港电视台生活服务频道的首要任务是赋予频道可识别的功能，整合、改造、提升现有节目，推出新节目，丰富节目类型。在条件成熟时，将晚上 6 点至晚上 10 点的时段打造成生活服务频道的收视链条黄金时段。推出杂志型的大时段的公共服务日播节目，时长一个小时，内容可以根据现有条件和现实需求灵活安排，在一段时间内主打某一系列，形成社会关注热点，拉升收视率。开发午间时段，重点安排行业服务等节目。另外，以周播的形式安排文化、旅游等服务节目。

三、影视戏剧频道

张家港电视台影视剧频道主打内容是电视剧，采取多集连播的编排方式，占有一定的收视份额。一般来说，外购电视剧是大多数城市台稳定的节目资源，起到填补频道时间的作用。一直以来，外购节目在电视剧频道占据一定的播出时间。

因此，笔者建议，第一，频道的节目构成总体上还是以电视连续剧为主，电视剧场可以起到丰富频道内容、调节编排节奏、填补编排空档的作用。根据调查反馈的信息，电视剧场收视率保持在较好的收视水平，应该考虑保留，关键是如何解决编排时段与品牌栏目带的矛盾。第二，外购栏目的取向不应该有条框的限定，既可以选择粤语节目，也可以选择普通话节目，关键是要以市场为导向，同时起到丰富栏目类型的作用。第三，开设具有地域特色方言剧的艺术窗口，满足观众的文化娱乐需求，培养情趣，丰富精神生活。提升地域特色剧目品质，在编排上体现栏目化。在现有条件下，对本地栏目剧播出采取季播方式进行策划、创作。第四，在条件成熟时，推出对象性系列剧目，吸引儿童、青年、妇女等观众。第五，在未来发展中，要拓宽内容渠道，引进其他城市台栏目剧和节目。第六，在整体风格上，呈现轻松、愉快、大众化的风格，但格调不能低俗。

四、文化娱乐频道

张家港电视台第四频道是少儿频道，一段时间以来，无论在内容上还是在经营上，该频道都陷入了一定程度的困境。对于一个县级市电视台来说，开办专业的儿童频道是一件比较吃力的事情，换句话说是费力不讨好。

纵观全国，很少有县级电视台开办儿童专业频道的，即使是中央电视台的青少年栏目也大都是制播分离的模式。一些地方台的儿童节目，大都以比赛、活动为主，节目往往配合电视台的培训班。这些节目可以提高节目在家庭、学校的收视率，也有一定的经济效益。放眼世界，发达国家的儿童电视节目大都以分年龄段的动画片、寓教于乐的教学节目为主，一些名牌栏目大都是由公共电视台生产的公益性质的栏目。儿童节目的制作播出具有特定的规律，品质要求更为精良，资金投入很大，往往采取季播、反复重播的方式进行编排。

第一，新频道要形成有序传播格局。

目前，自办的综艺栏目的整体内容与编排较为出色，发展态势良好，栏目创新能力较强。例如，2017年创新的《书香港城·阅读会》开创了张家港电视台自办栏目的收视新高，成为提升影响力的品牌。该部门负责的一系列活动也获得了较好的社会效益和经济效益。基于文化综艺节目部门的良好基础和发展态势，建议将儿童频道改为文化娱乐频道，一方面契合国家倡导的文化自信、文化发展战略，另一方面也符合张家港在全国城镇文化建设中的引领地位。文化娱乐频道作为一个新的频道，初始阶段就要树立更高的标准，要遵循电视频道、栏目编排的基本规律。因此，笔者建议，节目播出时间应相对固定；节目时间长度应相对稳定；节目的样式应多样化；节目的整体构成应类型化；节目风格要呈现各自特点；节目的主持人应具有个性；节目内容形式要有机结合；节目传播要具有主导意向。

第二,围绕特色频道调整编排思路。

良好的经济基础和活跃的经济氛围,使得张家港文化活动的定制栏目在创收方面保持上升的势头。可以说,在全国绝大多数电视台经营直线下降的趋势下,这是一个非常难得的局面。但是,出资方对栏目时长、播出时段、播出时间提出要求,使得频道编排受到一定制约。由于栏目多而碎带来播出不稳定、生命力短暂等弊端,编排上缺少计划性和预期,往往使张家港电视台处于被动状态。那么,张家港电视台如何变被动为主动,改变现阶段的局面呢?

笔者建议,强化黄金时段栏目品牌带;合理布局日播、周播节目;提升重播节目的收视份额;撬动特别节目的价值高地;降低定制节目的无序插播;形成大版块编排有序格局。可以说,编排思路和举措关系到频道提升的具体落实。因此,在指导思想上要端正认识,无论是决策层还是具体栏目都要避免进入频道编排仅仅是简单的时段安排的误区。

第三,以建成“播出带”“品牌群”为目标。

品牌集群强调“量”的概念,形成一个完整的品牌链,各有特色又相辅相成,使之具有统一的品牌归属。在操作中,张家港电视台要树立标杆,产生拳头效应,在重点时段形成“播出带”和“节目群”,前后牵引,全面提升。文化娱乐频道编排要以品牌衍生开发为策略,分出层次、增量扩容,分类整合、创新形态,逐步形成版块编排结构。重点统筹晚间 8 点至晚间 12 点的编排时段,精心安排集群播出,在“播出带”和“节目群”的基础上,逐步建立“品牌带”的编播概念。

因此,笔者建议,新的文化娱乐频道以现有的综艺节目部门为基础;对原来儿童节目加以改造,融入大的文化娱乐传播范畴;以活动、晚会类节目为基础,推动和繁荣文化,引导正确文化方向;拓展户外活动拍摄场地,确保较强的可操作性和节目品质;对活动进行主题性、系列、季播等策划,打造品牌栏目;提升《书香港城·阅读会》的影响力,树立国内县级台文化品牌标杆;策划寓教于乐的走进校园的文化活动,以制播分离的模式开发节目;策划好群众性的走进社区的文化娱乐活动,以比赛的形式调动参与活动的积极性。可以说，文化娱乐频道的编排关系到频道整体的布局，关系到新一轮改版的成效，甚至关系到频道资源的整合、媒介传播影响力的发挥。因此，新频道的编排应该朝着打造品牌集群的方向而进行。

第四节　节目内容提升探索

新闻立台是张家港电视台新闻综合频道承载的重任，张家港电视台以形成地域新闻传播特色为发展方向。在新一轮改版中，新闻综合频道的定位仍然要秉承新闻强台的理念。

一、新闻节目的提升

（一）栏目一：《张家港新闻》

《张家港新闻》是一档时政新闻和民生新闻相结合的综合性新闻栏目，内容涵盖时政、经济、科教、三农、社会人文等方面，是张家港权威信息发布的重要平台。节目开设有《今日头条》《行进港城，精彩故事》《港城警方》等专栏，重点打造三农、城建版块，策划专题报道，贴近民众，立足本地，有较大的社会影响力。节目注重新技术的应用，如曾开设《空中看港城》版块，运用无人机进行航拍，进行了技术和节目形态结合的新尝试。栏目注重激励机制的创新，如曾进行"最拼记者"评定，促进团队成员的工作热情。

经过实地调研分析，节目可从以下几方面改进：

第一，转换语态，细化内容。作为时政新闻和权威信息发布的重要平台，该栏目需要努力做好严肃选题的亲切表达，改革时政新闻的表达语态，用更亲民、更贴近的语言来叙说和阐述。在内容层面上，栏目要善于挖掘故事、充分呈现过程、强调展现细节，用更为细化、更加扎实的内容打破选题上的严肃和单一，为充满亲和力的表达提供更多空间。

第二，加强策划，强化评论。针对重点选题，栏目主编需要重点加强并主抓策划环节，尤其要注重策划的执行效力。在重大选题策划中，注重时效性、小切口、接地气。在民生题材的选题策划中，注重贴近性、过程性、影响力。在对舆情和民意有较大影响的报道中,编辑部要加强评论,在舆情引导中积极发挥主流媒体的权威优势,要加强评论的力度和频次,不断提高评论的水平。在一些监督类和思辨类的题材上,栏目要弘扬正能量,注重及时辟谣。栏目责编需要加强节目串联写作的风格化,要更加细致地要求和修改节目文稿。

第三,优化考核机制,加强人员培训。在考核机制上,建议节目优化考核,创优分开,奖惩分明,以业绩激励员工不断创新和探索正确的发展模式;改革招聘方式,增强职业的荣誉感。在人才培养上,建议节目进行定期的专业知识培训,优化人才培养机制。

(二)栏目二:《第一视线》

《第一视线》是一档以关注民生、感悟民情、反映民意、服务百姓为节目宗旨的民生新闻栏目,节目的内容主要包括社会新闻、帮忙服务、信息服务。节目通过走基层采新闻和线下活动推广,贴近百姓打造节目内容;通过微信等新媒体平台进行线上互动、组织线下活动,拉近了与受众的距离,使节目的实时性、贴近性更强。

经过实地调研分析,节目可从以下几方面改进:

第一,栏目合并,题材创新。新闻中心目前在选题和人手方面都较为紧张,在现有的人力物力条件下,要同时办好两档新闻节目较有难度,建议将民生新闻节目内容合并到《张家港新闻》中,合力打造新闻节目的旗舰和品牌,在此基础上,谋划节目内容向新媒体平台延伸,提升新闻节目在新媒体平台上的传播力和影响力。面对民生新闻当前普遍面临的题材困境,一方面,要加强新闻信息渠道建设,建议用建立题材库的办法,让所有人员 24 小时内都可报送题材,并将题材报送和采纳情况纳入考核指标,跟收入挂钩。另一方面,注重利用新媒体平台搜集扩大题材来源,注重对新媒体平台上的题材资源进行挖掘和开发利用。

第二,加强团队建设,注重人才培养。栏目管理者需要更新管理观念,切实了解记者团队在内容创作过程中的束缚和需求,一方面采取有效激励机制,引导团队不断创新;另一方面也需要树立威信,确定栏目的正确发展方向。在人才培养方面,要不断增强内容制作团队的新闻采编能力，建议定期邀请高校专业教师或业界精英对记者进行技能培训。另外，可以适当采取轮岗、换岗等方式调整团队的工作积极性，提升团队成员的实际工作能力，也为个人的成长和发展提供更多上升空间和通道。

(三)栏目三：《城事》

《城事》是一档周播的纪录片和社教专题节目，时长 20 分钟。目前，栏目共 5 名工作人员。从工作方式上看，除 1 名后期之外，其他 4 人分为两组，1 个编导加 1 个摄像为一组，这是节目内容制作的主要工作方式。

经过实地调研分析，节目可从以下几方面改进：

第一，开拓节目的新媒体传播渠道。适应当前的新媒体生态，节目制作与新媒体传播渠道结合，开发创作时长 5 分钟以内的系列短视频，以满足新媒体碎片化传播的需求。第二，加强创优，争创精品。栏目承担着电视台创优的职能，在节目创作上要加强规划，按照纪录片和专题评奖的要求，每年都争取创作出能够代表张家港电视台水平的精品节目。第三，改进考评体系，加强专业培训。考评体系要与节目改革相适应，围绕短视频创作和精品项目，考评体系也需要做出相应调整，对传播力强、影响力大以及获奖的节目适当加大奖励力度。另外，对纪录片和专题片创作进行有针对性的培训，并可以与高校的专业创作队伍加强合作，一方面加强专业层面的交流，一方面也可以壮大创作队伍。

(四)微信公众号

新闻中心在新媒体方面的主要渠道是微信公众号“偶俚张家港”，粉丝数量已超过 26 万，发展成为了本地媒体大号。从 2017 年 6 月开始，“偶俚张家港”在苏州媒体微信排行榜上一直保持着第一、第二的位置，表现出良好的发展态势。

目前，“偶俚张家港”的运营主要由新媒体部的 4 名编辑完成，他们除了负责“偶俚张家港”每天的微信编辑和推送工作之外，还承担着另外 5 家单位的微信托管、运营任务。

经过实地调研分析，节目可从以下几方面改进：

第一，建立数据观念，注重数据应用。在当前的新媒体内容生产和运营中，以数据为基础的新闻生产方式已经成为主要趋势，利用和驾驭数据是新媒体工作者必须掌握的基本技能。“偶俚张家港”微信公众号的运营需要面向数据转型，团队要充分重视数据的价值，加强对数据的应用能力。

第二，注重粉丝需求，提升用户黏性。“偶俚张家港”目前对粉丝来源的分析还不够深入，高端人群不多。要进一步提升公众号的影响力，就需要更加清晰地了解粉丝需求，进一步了解有哪些人群在关注张家港的动态，同时要尽可能利用新媒体突破传统媒体地域的限制，将更多跟张家港相关的弱关系转化成为有用户价值的强关联。

第三，提高标题制作能力，加强传统内容转化。面对当前标题制作与实际内容脱节的情况，编辑团队要进一步研究公众号的标题制作规律，尤其是一些新媒体大号的爆款标题，在此过程中不断提高标题的制作水平，并逐步建立适应张家港发展大局和舆论生态特点的风格特征。

同时，传统的电视节目也应更好地转化为新媒体的内容。一方面，电视节目在制作过程中要更好地兼顾公众号的碎片化传播特征，尽可能制作一些适应新媒体传播的短视频，加强对新媒体平台内容方面的支持，同时也提升传统电视内容的传播力。另一方面，新媒体平台也需要加强与传统电视节目的互动，提高将传统电视节目转化为视频内容的能力，不断挖掘传统电视节目的制作潜能，强化微信公众号在视频传播方面的优势，形成张家港的新媒体传播特色，树立张家港的新媒体传播品牌。

二、生活服务类节目的提升探索

（一）优势与困境

作为生活服务类节目，本地化特色是城市电视台在今天充分利用的优势所在。尽管包括生活服务类节目在内的传统电视节目遭遇到网络媒体的巨大冲击，但生活服务类信息在多数情况下存在大量的本地化属性，而网络上的服务类信息内容则多数难以照顾到具体地域环境下的本地性需求。除却一般意义上基于接近性所具备的本地化优势，作为县市级电视台，张家港电视台的本地化优势在以下几方面还有挖掘的潜力：

第一，城镇化水平高。张家港市域面积 777 平方公里，呈倒三角形，城市格局紧凑，交通路网发达，八镇一区的基本城市格局，加之较高的城镇化水平、经济发展程度以及信息技术的掌握和普及程度，共同为打造本地实用的生活服务类媒介信息产品、利用新兴媒介技术手段在线上和线下积极有效调动电视观众奠定了良好的基础。

第二，人口规模适中。张家港电视台节目覆盖人口 90 多万，不足百万级的受众规模决定了在将所有电视观众进行用户化改造的难度较低，改造的现实性和可行性都较高。经济发展水平决定了智能手机等个人信息技术产品的普及率较高，由此也从另一方面提高了张家港电视台利用数据技术手段对观众进行有效管理、提供有效生活服务类信息的现实可能性。

第三，产业发展均衡。张家港的产业结构相对较为均衡，生态农业、工业以及服务业等产业领域带动的经济增长点，都给生活服务类节目拓展提供了良好的契机。不同的产业领域给生活服务类节目的资源开拓提供了多元、丰富的空间和前提条件，结合不同领域内的行业诉求、企业需要以及产业人群的特征对受众进行垂直细分，有助于节目整体影响和效益的提升与增加。

社会经济的发展和传媒环境的改变，构成了今天需要对生活服务类电视节目加以重新认识的两方面重要原因。

一方面，就整体传媒环境而言，移动互联网媒体使得今天的电视观众的信息选择变得极为丰富，对于生活服务类信息的需求也从过去相对单一地依赖主流媒体和人际传播开始更多地向线上转移，除了人际传播依然是一种重要传播渠道之外，主打生活服务的大量网络视频和自媒体已经极大地稀释了传统电视节目在这方面对观众的吸引力和影响力。

另一方面，就张家港而言，本地电视观众的基本生活需求早已得到充分满足，生活水平的大幅改善和提升决定了观众观看生活服务类节目的诉求呈现出多元化和个性化的发展变化态势。互联网内容的碎片化传播也在很大程度上消解了传统意义上的那种边界不清、分类笼统的所谓目标观众群的概念。

基于以上这两方面的原因,简单地考虑整体性地满足广大电视观众的生活服务需求,显然已经不再适用于当前现实。同时,也正是考虑到上述现实,生活服务类节目单纯依赖收视和传统的电视广告带动效益的模式也亟待改变,需要充分利用新兴媒介环境下的诸多优势特点来加以创造性地开拓盈利模式。

(二)提升方案

通过对张家港电视台节目的观测,相关收视数据的横向比对,以及对台内工作人员的座谈、问卷调查和访问,针对张家港本地的现实情况,课题组提出以下意见:

第一,创新传统盈利模式,线上线下捆绑营销。各个栏目在从事线下活动经营的同时,需要更好地同现有节目形成更深程度的融合,从经营效益提升的角度更好地拓展合作模式。在日常运营中带入互联网思维,引入大数据的收集和分析手段,综合运用好线下环境、网络平台和电视平台的资源,在以更加灵活、多样地实现服务定制的同时,也同步有效积累各种资源形成独家占有的张家港本地客户资源信息库,从而实现对服务商家、企业、产品和节目及频道自身的深度营销。

栏目组应形成用户数据意识,将传统电视观众和线下活动中参与互动的公众进行有效的数据管理,以他们的手机号码作为唯一识别码来建设用户数据库。在各种线下或是节目的有效互动中累计用户数据,逐渐形成本地观众或用户在某一生活服务领域内的个人用户画像,以此实现有效的数据管理,并在未来的营销活动中有针对性地对不同特征的用户实现信息的精准推送和广告产品的精准营销。需要特别强调的是,在对这些用户提供信息服务和推送内容时,节目组务必注意纯服务性信息与商业性广告信息的配比,数量比例应控制在 4∶1 左右,以维系这些用户的长效接收机制。

第二,深度开掘本地服务,细分港城受众需求。本地的人口规模、地域面积、地理特征以及经济发展水平,都为地方电视媒体深度开展本地信息和服务功能提供了良好的前提条件。笔者建议紧密围绕本地特色性事件、话题和相关社会数据确立节目内容,制作带有明显广告属性节目之外的内容产品，以“放在其他城市台播出是否违和”作为考查节目选题是否成立的重要指标，强力凸显和塑造节目的本地服务属性。内容配比务必形成七分服务、三分广告的划分，注意回避同一条节目内容中即要满足品质诉求，又要实现广告效应，人为提升节目制作难度，降低制作效率。

另外，观众越来越细化的趋势也是文化消费升级的必然趋势，一方面各种亚文化快速发展，另一方面观众开始重视节目内容体现的群体归属和情感认同，所以确定目标观众就意味着“精准定位”。针对某一类具体人群的垂直细分内容就不容易被替代，因为越是具象的观众就越会直接选择符合自己兴趣的节目观看。就张家港电视台而言，其所覆盖的受众数量在传统观念上虽然不大，但 90 多万的本地人口在今天仍需要结合本地特色进一步细分，结合张家港的本地人群特色，在节目中分别照顾细分人群的需要，以分众化乃至碎片化满足的思路来向观众提供生活服务类信息。

第三，打破资源壁垒，线下资源共享。按照打造生活服务类节目时间带的通版节目思路，节目之间在线上线下经营性资源的开掘和利用上要形成协同意识，改变以往以单一节目的播出时段资源和人力资源去争取客户的方式。借助通版节目的优势，打破节目之间在占有资源上的壁垒，联合起来多方面、立体式地为客户提供服务。在为客户指定线上服务方案的时候，不同节目模块各自内容上的优势与侧重可从不同角度向客户提供全方位的定制内容服务。

举例来说，过去对某一楼盘做定制节目的内容生产只是《梦想家》这个节目单一的行为。但整合后的通版节目，则可以在原有《梦想家》为该楼盘提供定制服务的同时，通过《全场乐搜》《健康那些事》以及少儿节目等相关服务类栏目对该楼盘周边的商业、餐饮、医疗、教育与公共服务进行配合报道，从整体上提升各个生活服务类节目的整体效益，形成 1＋1＞2 的效果。

第四，集中形成节目时间带，整体提升栏目影响力。张家港电视台生活服务类节目呈现出时长短、时段碎、播出分散的特征。如前所述，节目频次决定了观众对节目的认知度和节目的识别度。张家港电视台的生活服务类节目在当下的编播安排中,由于缺乏在播出内容上的整体概念和在播出时段上的集中版块特征,节目影响力和收视效果的稳定性都难以被保证。

为解决当前这一矛盾,张家港电视台可以考虑在对现有节目做最有限改动的情形下,通过对所有生活服务类节目的团块整合,在播出时间上形成生活服务类节目时间带,构建一个集中时段内的通版节目,将原有节目进行模块化改造,使之成为这一节目时间带中通版节目的有机组成部分。通过集中的节目时间带帮助观众更加容易地形成对通版节目的整体印象和概念,也强化他们对这其中一系列模块化的日播和周播节目的认知和识别。统一的视觉包装和组合,一方面降低了节目制作成本,另一方面也提升了各个现有零散节目的影响力,从而更好地促进收视效果和经营业绩的提升。

第五,加强节目资源配置,合理调整产品输出。考虑到张家港电视台生活服务类节目在人员配置和能力水平方面的现实情况,节目形态和节目容量有必要进行调整。笔者建议主要围绕以下几方面的工作展开:首先,全面梳理节目形态和自制内容部分所需投入的工作量,尤其针对外拍外采内容占比较大的节目进行节目格式上的必要调整,压缩、削减外拍节目内容,降低节目制作难度,充分、有效、集约地利用有限的人力资源。其次,适当增加演播室对话类节目的容量,通过此类制作周期短、拍摄难度低、精力投入相对较少的节目来填补前述腾让出来的部分节目空档。但此类谈话节目需要在设计伊始就对节目在将来的话题可持续性有所考虑,并且需要充分突出张家港和苏州地区的本地话题属性。最后,张家港电视台应考虑在部分节目的制作中采用拆条化生产模式,使节目实现模块化拼装,完成对节目内容设计的乐高式组合,增强节目中每条内容的独立性,以打破以往整期节目重播的格局。将不同日期播出的收视效果好的节目片段重新组接,或者将从前播出效果较好的内容单独拆分出来插入新节目之中,从而降低节目的生产成本,提升节目的重播效率。

三、文艺少儿节目的改革与优化

张家港电视台文艺少儿节目部现下辖两个节目制作部门:综艺活动

部和少儿节目部。综艺节目部主要负责制作两档自制栏目:《文化广场》和《书香港城·阅读汇》。少儿节目部目前在节目制作上主要有两大任务,一是制作自办少儿节目《花开朵朵》;二是负责少儿比赛、综艺活动的策划和录制播出工作。

(一)现状分析

《文化广场》是一档周播节目,没有固定内容和形式,主要以制作和转播文化活动、晚会类节目为主,以服务政府部门、繁荣群众文化和商业合作为节目的主要目标。目前,节目的主要内容可以细分为3种:政府部委的主题晚会和庆典仪式;商家冠名的赛事性活动;有电视播出需求的其他类活动。该节目自开播以来取得了不错的收视率,对推动和繁荣张家港群众文化、引导正确文化方向起到了重要作用。

《书香港城·阅读汇》是少儿文艺节目中心于2017年新推出的一档季播类读书栏目,2017年共制作播出12期。该节目内容题材多元而丰富,不仅涵盖诗词、中国传统文化、国外经典名著、现当代代表作品,还有时尚潮流阅读、热门阅读等内容。形式设计上包含选手答题、专家点评、书单推荐和好书分享等版块。此外,节目还定期推出主题专场,例如以人物为主的“学生专场”和以内容为特色的“诗词专场”和“四大名著专场”等。借助于张家港作为书香城市的地缘优势,以及精良的内容形式水准,《书香港城·阅读汇》自推出以来便受到了各方好评,创下了张家港电视台自办栏目的收视新高。

《花开朵朵》是一档少儿节目,节目时长30分钟,包括“童话张家港”“伙伴TV秀”等4个子栏目。该栏目立足于儿童校园生活,通过丰富多彩的节目内容形式成为了港城优秀儿童和青少年展示才艺与风采的窗口,同时也是港城校园文化建设成果的重要展示平台。

文艺少儿节目部的节目制作和广告运营等相关工作运行良好,并且无论在社会效益还是经济效益上都取得了一定成绩。但是,受限于各方面条件,目前的工作也存在不少困难和有待改进之处,而且这些问题是整个中心各个节目制作部门所共同面临的问题。基本上,这些问题可以总结为两个矛盾:经济效益与社会效益之间的矛盾;节目高质量要求与人才短缺之间的矛盾。

一方面，经济效益与社会效益之间的矛盾日益突出。文艺少儿节目部的自办栏目目前都面临着经济创收的任务和压力，但同时又肩负着创办精品节目、提升社会效益的重任。然而，当前，国内电视媒体尤其是地市级电视媒体普遍都面临着新媒体的冲击，收视份额和经济效益纷纷开始出现下滑。因此，对于地市级电视媒体而言，除了传统的硬广告收入以外，各栏目都开始尝试多元创收模式，以期扩大收入规模。然而，这些旨在单纯提升经济效益的手段往往也在一定程度上对节目制作的品牌效应产生了负面影响，经济效益与社会效益之间的矛盾难以调和。

在此阶段，《文化广场》栏目主要以政府和商家的活动为主要节目内容。虽然，商家赞助的活动或赛事确实能给栏目带来一定经济收益，但是节目内容的选择基本是以客户的需求为转移的，因此，节目内容和主题往往五花八门，无法形成特色鲜明的定位和统一的风格，观众也难以形成收视习惯。除此之外，由于综艺节目现有市场容量较小，《文化广场》栏目也面临着客户绝对数量不多的困境，栏目组每年都需要花费大量的时间和精力寻找新的节目合作方，对节目内容制作方面的投入和打磨经常无暇顾及。再加上由于电视台内部资金分配机制目前尚未完全成熟，节目制作经费紧张，节目制作的各方面水准仍有待提高。总而言之，《文化广场》栏目虽然取得了一定的经济效益，但是在社会效益创造方面仍有很长一段路要走，打造精品节目、引领文化创新和繁荣的重任仍然在肩。

与《文化广场》栏目类似，以《花开朵朵》为代表的张家港电视台的少儿节目也面临着同样的困境。为了完成经营创收目标，《花开朵朵》的节目内容主要是和一些会员单位合作完成。但是，为了满足会员合作单位的需求，节目内容中经常充斥着一些商业化的元素，节目实际内容陈旧老套，缺乏创新，越来越悖离栏目最初的定位。此外，栏目组和各大会员单位或培训公司的合作也处于一种较为松散的状态，合作缺乏稳定性和可持续性。因此，节目内容往往也处于多变的状态，难以形成统一的风格和定位。

虽然张家港电视台的少儿节目力图通过多种广告模式提升收入水

平，但是其还面临的一个严峻挑战，就是广告产品与少儿节目收视群体的消费需求无法直接挂钩。张家港市的工业结构以基础工业为主，因此，广告客户的产品往往无法直接面对少儿节目的受众群体，建立品牌节目最基础的经济收益循环无法得到保证。

另一方面，节目高质量要求与人才短缺之间的矛盾无法调和。打造品牌节目是电视台的生存发展之本，而品牌节目的创立则有赖于高质量的节目内容和形式。在一定意义上，节目质量就是生命线。节目质量提升的影响因素来自很多方面。从张家港电视台的现状来看，除了前文所述的追求经济效益所带来的负面影响之外，节目制作人才的短缺也是限制现有节目质量进一步提升的一大因素。以综艺活动部为例，该部门目前有员工 12 人，男女各占一半，人员数量相对于工作量来说严重不足。员工平均年龄已经达到 47.6 岁，这个年龄相对于现代电视节目制作对人才创新思维能力、体力等方面的要求来说已经显得偏高了。

从人才素质的角度来说，少儿文艺节目中心现有的 12 名员工中有一半以上由新闻采编岗位转岗而来，普遍缺乏综艺节目制作的经验、感觉和知识储备。而原有的老员工也基本缺乏正规高等院校相关专业的教育和培训经历，工作完全靠经验积累。因此，整个节目从节目策划到摄像编辑，再到包装制作的全部制作环节基本都是摸着石头过河，缺乏高质量节目的清晰标准，员工也缺乏相应的学习机会。

(二)提升方案

虽然文艺少儿节目部目前在节目生产和员工结构等方面存在一些困难和挑战，但笔者认为通过充分利用和挖掘现有条件并努力激发员工工作积极性和能动性，整个中心的节目生产无论在经济效益还是社会效益上仍然有一定的提升空间。总体而言，少儿文艺节目中心节目优化和提升的思路可以总结为“通过打造品牌节目提升社会效益，通过优化部门结构激发员工潜力”。

第一，通过打造品牌节目提升社会效益。

根据张家港电视台少儿文艺节目中心现有的 3 档主打自制节目的发展现状来看，笔者认为张家港电视台少儿文艺节目中心必须树立长远的发展战略,短期内必须通过调整现有节目结构、重点打造品牌节目提高节目的社会效益,并通过社会效益的提升带动经济效益的增长,以期通过长期的努力最终实现经济和社会效益的双丰收。

一方面,暂停少儿节目,以文化活动节目创品牌。文艺少儿节目部目前面临的突出困难是挣钱难、人手少,这在少儿节目中体现得尤其明显。节目内容服务于会员单位的生产模式限制了节目品质的提升,难以打造具有品牌效应的少儿节目;广告产品难以直接面对节目消费群体的现实,又使得节目的盈利规模受到限制;总体数量相对较少的以儿童和家长为主体的受众人群又进一步限制了节目的影响范围和社会效益。实际上,从全国范围来看,包括省级卫视在内的大部分地方电视台的少儿节目都鲜有成功的案例。因此,在对张家港电视台进行了充分调研并广泛听取了各方意见的基础之上,笔者建议张家港电视台尽快关停自制少儿栏目,将现有的人力和物力与《文化广场》进行重新整合。也就是说,文艺少儿节目部未来发展的重心应当是在《文化广场》的基础之上,联合少儿节目部原有的制作力量,打造一档以文化活动为主要特色的品牌栏目。该栏目应当改变现在以经济效益为导向的制作思路,在兼顾经济效益的基础上重点强调社会效益。具体而言,张家港电视台应当摒除现有的以客户需求为导向的内容生产模式,以现代电视节目制作理念对节目的策划、采编和播出环节进行全面重构。节目内容应当以张家港市在全国范围内特色鲜明的文化活动为主体,为张家港作为"全国文化先进县(市)"的荣誉再添品牌特色。节目的制作应当强调节目制作方的主体地位和自主权利,强调原创策划在整个制作过程中的核心地位,从而打造出一档特色鲜明、定位准确的文化活动类栏目,并逐渐带动节目质量的提升以及收视人群的稳定,最终实现节目的品牌效应和社会效益。

另一方面,继续提升优化《书香港城·阅读汇》。《书香港城·阅读汇》自2017年推出以来便受到了观众的普遍欢迎,收视率创出了张家港台自办节目的新高,这也证明了该档读书类栏目未来发展的潜力。笔者认为未来应当重点扶持《书香港城·阅读汇》,与《文化广场》一起形成整个中心的两档拳头类文化栏目,从而显示整个中心鲜明的文化特色。

具体而言，考虑到《书香港城·阅读汇》节目的现状，张家港作为"书香城市"的优势特色，以及张家港社区文化的深厚基础，笔者认为该栏目应当重点围绕以下两方面对节目进行改进和优化：一是，围绕节目打造跨媒体读书社区。结合当前读书类电视节目的发展趋势以及依托网络平台以读书为主题的产品特征，笔者认为读书类电视节目的核心不在于进行书籍或读书明星的推介，而是应当打破这种传统的"点对面"的信息流模式并打造以读书心得和感悟互动交流为特色的"点对点"的读书社区文化。"豆瓣读书社区"的成功已经证明读书的重点不在于"谁在读"以及"读什么"，而在于分享、讨论和碰撞。因此，笔者建议《书香港城·阅读汇》下一步可以尝试以节目为基础，整合全台新媒体制作资源，开发线上读书社区并与节目实现跨媒体融通。该栏目组不仅可以通过打造以跨媒体读书社区为主要特色的读书类电视栏目，创造品牌效应与社会效益，还可以通过网络信息对受众资源进行二次利用，开发全新的盈利模式。在未来，这一线上读书社区还可以依托张家港繁荣的社区文化进行线下拓展，真正形成一个全方位、强联结的以社区文化为特色的读书节目。二是，围绕吴越文化强调本土书香特色。张家港地处吴越文化区，而吴越自古以来就是我国的文化重镇，文人大家、名著典籍产出甚丰。因此，笔者建议在书籍和作者的选择上可以以吴越文化区为基础，重点突出张家港本土特色，这不但可以使节目有别于其他面向全国观众的读书类电视栏目，而且可以增加节目的贴近性，同时还可以助力张家港特色文化城市建设。

第二，通过优化部门结构激发员工潜力。

文艺少儿节目部在人才队伍建设上面临着员工数量不足、专业素质缺乏的困境。如果张家港电视台在短期内不具备彻底扭转人才队伍建设困境的基础和条件的话，那么当前具备一定可行性的优化方案是借助中心节目结构调整的契机进行人员部门结构的调整，通过打破员工科层管理和部门壁垒引入平等竞争机制，从而激发员工潜力和活力。

文艺少儿节目部可以尝试取消自制少儿节目，并将原有人员和资源与《文化广场》栏目的人员和资源进行重新整合，重点打造以文化活动为主的节目内容。因此,在制作人员数量得到扩充的基础之上,为了防止人浮于事、分配不均等状况的出现,笔者建议该部门尝试实行项目负责制。依据整体工作量成立若干活动部,每个活动部由项目负责人负责。活动部的项目负责人以及团队其他成员的人选都打破传统的常任和固定机制。项目负责人可以根据中心员工的资历、能力和节目制作成绩等综合因素对其进行选拔或任命。项目负责人根据每一个活动的不同需求打破部门壁垒,在整个中心范围内随机进行选拔并组成临时项目团队。节目制作完成后,活动部即解散。

这样的项目负责制保证了员工使用上的流动性和公平性,可以根据节目内容打造出最优的员工组合,从而保证节目的高质量完成。从团队领导到普通员工组成上的随机性和开放性,也给全体员工创造了一个公平竞争的工作环境,可以最大限度地激发员工的主观能动性和工作积极性,保证员工绩效考核的完成,自然而然地实现员工的优胜劣汰。

第八章　建设全球客家电视中心

——梅州电视台个案研究

在全媒体过渡阶段,我国各级电视媒体都面临着新一轮的变革。特别是近两年来,电视媒体在焦虑之中寻找着方向。

梅州电视台专项研究就是在这样的媒介环境与媒体背景下展开的,其动因主要有:梅州电视台自办节目的内容生产还有扩容和创新的空间;梅州电视台各频道的收视相对不平衡,需要对频道进行重构;梅州电视台的市场份额占到近40%,广告经营还有提升的空间;梅州经济发展处在活跃时期,是电视台拓展的有利因素;梅州电视台强势媒体的地位巩固,但南方电视台对观众有所吸引;梅州电视台承载着传播客家文化、打造客家频道的时代使命。

第一节　传播环境与发展优势

梅州电视台创建于1988年4月,1990年2月5日正式开播。梅州有线电视台于1991年元旦正式开播。2001年,两台合并为梅州电视台。2004年4月,由梅州电台、梅州电视台、梅县潮塘转播台、梅州广播电视服务公司4个单位整合组成梅州广播电视台。新成立的梅州广播电视台是中共梅州市委宣传部直接领导的正处级事业单位,实行事业单位企业化管理。

梅州市城区拥有有线电视用户72,000户,市属六县(市)城区及沿途20多个乡镇拥有有线电视用户达20多万户。同时,梅州电视台时政综合频道(梅州-1)的信号覆盖周边的潮汕、河源、惠州部分地区及江西、福建两省边缘地带,受众人口 2,000 多万。

2004 年 10 月,梅州电视台实现自动数字化播出。2006 年,梅州微波站实现无人值班数字微波传送。目前,梅州电视台各项技术设备均居先进水平,可实现高山发射,城区有线电视网络主干线全面实现光纤传输,与各县联网采用光纤模拟传输,良好的传输覆盖基础为梅州电视台启动新一轮变革提供了基本的条件。

一、梅州电视台的传播环境

我国历史悠久、文化多元,不同地区有不同的本土方言、地理特征、文化特色。地方电视媒体的地域特色决定其电视台的特色,梅州电视台的发展必然要贴合梅州城镇化建设的精神、理念和行动。

从语言环境来看,梅州是世界上客家人的聚居地之一,被誉为“世界客都”,当地客家话被国家定为客语的标准音。据不完全统计,世界上有 8,000 万至 1 亿的人讲客家话。

梅州市是著名的国家历史文化名城,也是广东首个宜居城乡示范城市。十八大后,中央城镇化工作会议文件明确提出,“城镇建设,要实事求是确定城市定位,科学规划和务实行动,避免走弯路;要依托现有山水脉络等独特风光,让城市融入大自然,让居民望得见山、看得见水、记得住乡愁;要融入现代元素,更要保护和弘扬传统优秀文化,延续城市历史文脉;要融入让群众生活更舒适的理念,体现在每一个细节中”。

从地理环境来看,梅州是一座山水之城。梅州的城镇化建设与中央精神和时代发展背景十分吻合。

从文化环境来看,梅州有独特的客家文化,梅州电视台也肩负着传播客家文化的时代使命。梅州有四乡之称——文化之乡、华侨之乡、足球之乡、客家之乡。作为客家文化的发源地,梅州在政治、文化、教育、商界等领域名人辈出,具有独特的地域文化气质,无愧为全球客家人的精神家园。

世界客都成为梅州的城市标签,客家文化就是梅州最典型的地域特征。故此,传播客家文化也是时代对梅州电视台提出的现实要求和使命。

梅州的地域特征十分独特，也是电视传播非常宝贵的资源。

二、梅州电视台的发展优势

(一)受众对本土电视的忠诚度较高

在全球范围内，由于新媒体的冲击，电视受众下降已经成为普遍的现象，甚至成为不可逆转的趋势。然而，梅州却是另一番情景。长期以来，梅州电视台依托本土特色，强调贴近性，培养了观众收看电视的习惯，拥有非常忠实的受众群体。课题组在深度访谈中了解到，梅州人喜欢看电视的习惯至今不变，即使有很多频道的选择，本土电视节目依然是其首选。

对于梅州电视台的新一轮变革来说，受众的忠诚度是其根植本土的基石，非常难得和值得庆幸。

(二)电视仍然占据强势媒体的地位

梅州电视台在当地仍然是强势媒体，观众的忠诚度没有减弱。电视媒体在梅州的认知度非常高，发挥的作用也显而易见。

(三)自办节目根植本土，深入人心

目前，梅州自办电视节目日播出达到210分钟。品牌栏目《梅州新闻联播》《民生820》具有相当的影响力。《这里是客家》《围屋人家》以其独有的客家文化特色赢得了美誉度。电视自办节目在梅州已经深入人心，特别是品牌栏目几乎没有竞争对手。

(四)新闻节目的收视率位居广东省第一

梅州电视台始终坚持新闻立台，新闻节目的编排形成链条、品牌集群。时政综合频道的新闻节目收视率高达20%，位居广东省第一。

梅州电视台有时政综合频道(梅州－1)、客家公共频道(梅州－2)、影视文艺频道(梅州－3)3套节目，全天24小时播出。梅州有线网络与广东省有线电视联网，共传送中央台各频道、广东台、南方台各频道和江西、湖南、浙江等省级卫星电视节目42套。

尽管观众可以收看好几十套节目,但是梅州观众的首选仍是本地新闻节目。20%这个收视数据足以支撑梅州电视台坚持新闻立台不动摇的理念,新闻节目的扩容仍然具有一定的空间。

(五)市场份额在全国城市台处于领先地位

截止到2013年,梅州市电视媒体的整体市场份额上升到39%,这个份额在全国城市台处于领先地位。

当下,我国城市台的发展堪称几家欢乐几家愁。在中东部地区,深圳台、潮州台、苏州台、无锡台等在本地市场上拥有超过30%甚至高达40%的市场份额;而在西部地区,有的城市台的市场份额仅有5%左右。

以市场份额占有率来衡量,梅州电视台在全国城市台发展中属于第一梯队。这个数据对于新一轮变革来说,具有一定的激励作用。

(六)电视开始与新媒体嫁接互动

近年来,梅州电视台推出全新的网络视频平台——梅视网,电视传播与网络平台嫁接成功。从整体上看,梅视网的内容推送与日常维护都十分有序。

此外,借助《民生820》节目的影响力,以节目命名,梅州电视台开办了《民生820手机报》,电视内容传播与移动新媒体嫁接成功。

在新媒体内容的整合方面,梅州电视台开办了《天天读网》节目,拓展了自办节目的信源和视野,丰富了自办节目的类型。

值得肯定的是,梅州电视台在与新媒体的嫁接方面采取稳中求进的步骤,为进一步推进电视与新媒体融合奠定了基础。

第二节　战略目标与发展定位

梅州作为世界客都,具有得天独厚的地域特色与资源。梅州电视台应该借助独有的地域优势,成为全球客家电视的中心。这一目标应该是新一轮改革的战略方向。对此,梅州广电决策层已经具有强烈的意识。时机虽然已经显现,但是条件还没有完全成熟,力量还没有积聚到位。

因此，梅州电视台的战略目标是打造客家广电中心，具体如下：打造客家广电中心，需要顶层设计，长远规划；以梅州广电为龙头，组建全国客家电视联盟；以梅州广电为轴心，网罗世界客家媒介资源；以品牌节目为助推，组织客家电视节目评选；以精心策划为动力，打造客家文化产业链条；以新的技术为依托，推出客家人影像博物馆。

打造客家广电中心是梅州广电的战略目标，而构建和谐广电则是梅州广电进一步发展的指导思想。

在上述战略目标和指导思想的引领下，梅州电视台今后发展的定位应秉承如下理念和原则：发展定位——紧贴地缘，植根本土，构建客家人的精神家园；发展路径——深耕细作，区域扩张，成为独具特色的传播媒体；发展理念——坚持新闻强台不动摇，紧密关注民生与公共服务。

第三节　双频道改版实施方案探索

梅州电视台改版的时间定在 2014 年 4 月 1 日。在酝酿改版的过程中，梅州广电决策层提出设置两个主要频道的构想。

长期以来，梅州电视台只有一个主要频道——梅州电视 1 频道（即梅州电视时政综合频道，梅州-1）。梅州电视 1 频道作为主打频道，为梅州电视的发展立下了汗马功劳，其贡献主要有 3 点：对新闻立台起到支撑作用；自办栏目牢牢吸引锁定了当地受众；广告创收贡献巨大，占到全台广告收入的 80％以上。

相比之下，梅州电视 2 频道（即梅州电视公共频道，梅州-2）的影响力、收视率、广告份额都处于弱势。而梅州电视 3 频道（即梅州电视影视频道，梅州-3）的影响力、收视率、广告份额比 2 频道还要弱。

课题组经过调研，并参考国内其他城市台的经验，认为梅州电视台设置另一个主要频道十分必要。其理由主要有：其一，目前 1 频道自办节目的时段不能完全满足广告客户的需求，需要打造另一个主频道加以吸收；其二，南方电视台在一定程度上分流了当地观众对梅州电视台非黄金时段节目的关注度，需要打造 2 频道的黄金收视时段；其三，两个主要频道的自办节目可以错时段编排,形成多时段自办节目品牌集群;其四,两个主频道可以形成合力,拉升收视率,锁定当地受众的眼球。

因此,笔者认为,设置两个主要频道是此次改版的大动作;设置两个主要频道是非常重要的一步棋;设置两个主要频道可以增加收视看点;设置两个主要频道可以释放更多广告时段的空间;设置两个主要频道是落实其他各项任务的前提条件。据此,笔者建议,设置两个主要频道,需要在决策层和执行层面取得基本共识;设置两个主要频道,在开始阶段应该允许尝试,不要怕失败;设置两个主要频道,其成功的关键取决于执行的能力和力度。

一、梅州电视1频道的定位与编排方案

在新一轮改版中,梅州电视1频道的定位仍然要秉承新闻强台的理念,这不仅是对媒体社会功能的重申,也是广电媒体对市场需求的积极回应。就新闻强台而言,梅州电视台具有牢固基础、传统优势和参与竞争的可能性。

笔者认为,时政综合频道的编排应秉承构建核心品牌集群的理念。当下,有些城市台还停留在栏目品牌化阶段,不能成就一个频道的品牌集群。梅州电视1频道在理念上应树立实现品牌集群化目标,在编排上加以实施。

具体而言,有以下几个实施方案:其一,晚7点转播中央电视台《新闻联播》;晚7点30分播出的《梅州新闻联播》,从原来的晚8点前移半小时,节目由原来的15分钟扩容到20分钟;晚8点播出的《民生820》,从原来的晚8点20分前移,节目由原来的30分钟扩容到40或45分钟。这样,3个新闻栏目占据晚间电视新闻收视黄金时段。晚9点至晚11点,若条件成熟可推出梅州话翻译电视剧,同南方电视台争夺观众。其二,晚7点转播中央电视台《新闻联播》;晚7点30分播出《事事关心》,节目扩容至20分钟,将在此时间段播出的《天天读网》移走,前移至晚6点30分;晚8点播出《梅州新闻联播》;晚8点20分播出《民生820》,节目由原来的30分钟扩容到50分钟。这样,4个新闻栏目占据晚间电视新闻收

视黄金时段，新闻内容构成为国家层面、本地专题、本地时政、本地民生。

在选择新的编排方案时，特别需要注意 3 点：其一，梅州观众的生活节奏和长期养成的收视习惯，是否能够接受最受欢迎的两个节目播出时段的改变；其二，梅州政府部门的决策层是否能够接受这样的编排变化；其三，新的编排组合与播出时段对拉升广告的贡献有多大。

二、梅州电视 2 频道的定位与编排方案

(一)频道定位

根据有关政策，梅州电视 2 频道的定位为公共频道。但是，由于各种原因，2 频道缺少主打的自办节目，品牌效应平平。因此，在某种程度上，2 频道没有体现真正意义上的公共频道的定位。

现在，启动新一轮的变革，梅州电视 2 频道将打造成为新的主要频道。为此，对于该频道的定位需要深入的探讨和论证，因为定位对于推出什么样的新节目起着至关重要的指向性作用。对梅州电视 2 频道进行定位，首先要辨析城市台公共频道的特征。

在国际上，公共电视不属于商业电视的范畴，公共电视没有广告，主要靠政府投入或者收取电视牌照费来维系运转。那么，怎样来理解城市电视台的公共频道呢？

在我国当前的公共服务范畴中，广播电视公共服务既是重要内容，也是重要分支。它以满足百姓文化需求、传承民族文化和提高国民素质为目标，以新闻传播、信息服务、知识普及、娱乐生活等为内容，具有内容服务和平台服务的双重属性。

因此，梅州电视 2 频道的定位应该是公共服务，即服务梅州城市和谐发展；服务客家文化传播；体现贴近性、及时性、实用性、互动性；凸显客家电视气质；成为全国地方城市台不可复制的特色电视频道。

这一定位不但契合了有关政策的要求，而且也放大了服务民生的概念。更重要的是，这一定位使频道内容生产更加开放、更加包容、更加自由，为节目创新释放了空间。从一定意义上讲，公共服务的定位并不意味着节目构成杂乱无章，而是以服务为导向，要求不同类型节目以服务为基

准、为目的。这样,整个频道呈现出的风格、气质才与梅州电视1频道有所区别。

概括来说,梅州电视2频道的定位就是强化公共服务的理念和功能。故此,要避免将公共服务理解为狭义的民生服务。这样的定位给节目构成、节目样态、节目内容、服务方式都提供了可以发挥创造的空间。这样的定位,不但使观众非常容易识别频道的特点,养成收视的习惯,而且拉近了频道与观众的距离,增加了频道的观众黏性。

笔者建议,梅州电视台的改革要围绕城市的公共服务扩大频道的影响力;突出公共服务及时性、互动性的时代特征;推进电视频道公共服务体系的平台建设;与医疗、公交、天气、治安等部门联动;进行立体化、多层次、全空间平台拓展;创造条件分阶段稳步推出不同类型的节目;树立城市台优化服务、创新服务新标杆。

(二)编排方案

梅州电视2频道的编排指导思想是以接地气的大广角公共服务理念与内容吸引受众的眼球,形成新的收视亮点,拉升收视率,增加广告贡献,赢得美誉度。梅州电视2频道的编排要同1频道有时段错位,避免分流1频道黄金时段的观众。

笔者建议,梅州电视2频道整合、改造、提升现有节目;推出新节目,丰富节目类型;重点分析南方电视台的影响;吸引观众对新型服务关注;对多种因素进行统筹考虑;为服务全球客家打好基础。

具体而言,有以下几种实施方案:其一,晚7点至晚9点电视剧的时段不变,将晚9点至晚10点的时段打造成梅州电视2频道的黄金收视时段。推出杂志型的大时段的公共服务日播节目,时长1小时,内容可以根据现有条件和现实需求灵活安排,在一段时间内主打某一系列,形成社会关注热点,拉升收视率。开发午间时段,重点安排行业服务等节目。以周播的形式安排客家文化、旅游文化等节目。其二,将晚6点30分至晚7点打造成农业节目时段,安排农业服务节目。晚7点至晚9点的电视剧时段不变。晚9点至晚9点30分安排时效性较强的公共服务节目。晚9点30分至晚10点安排教育专题节目。开发午间时段,重点安排经济信息服务等节目。以周播的形式安排客家文化、旅游文化等节目。其三，将晚6点半至晚7点打造成全球客家服务节目时段，安排《网络全球客家》等节目。晚7点至晚9点的电视剧时段不变。晚9点至晚9点30分安排时效性较强的公共服务节目。9点30分至10点安排教育专题节目。开发午间时段，重点安排经济信息服务等节目。以周播的形式安排客家文化、旅游文化等节目。

三、梅州电视3频道的定位与编排方案

目前，梅州电视3频道作为影视文艺频道，其主打内容是电视剧，分3个时段播出，分别为10集、4集、4集连播。此外，还有《客语金曲推介》《围屋人家》《民星乐翻天》(重播)、《梅州新闻联播》(重播)、《梅州天气预报》等节目。

节目构成体现了一定的频道特色。梅州电视3频道的定位是开设具有地域特色又有外部视野的影视文艺窗口，满足观众的文化娱乐需求，培养情趣，丰富精神生活。

笔者建议，目前，梅州电视3频道的节目构成总体上还是以电视连续剧为主；提升地域特色文艺节目品质，在编排上体现有序播出栏目化；在现有条件下，对本地栏目剧采取播出季方式进行策划、创作；在条件成熟时，推出对象性娱乐节目，吸引儿童、妇女等观众；在未来发展中，要拓宽内容渠道，引进其他城市台的栏目剧和节目。

四、梅州电视频道内容提升与创新

在内容方面，“推出创新节目，提升原有节目”是此次梅州电视台改版的主要任务。

笔者认为，梅州电视1频道的任务主要是对原有节目进行扩容和提升；梅州电视2频道至少推出2个以上具有影响力的自办节目；梅州电视2频道的节目定位与构成是此次改版的重中之重。

其中，梅州电视1频道在现有基础上，做强做大新闻节目，形成新的核心竞争力。在有条件的情况下，可以考虑推出晚11点左右时段的夜间

档新闻节目。节目对当天国内、国际、本地新闻进行整合,采取二度编辑的手法。在内容构成上,可以重点设置时政动态、热点跟踪、后续现场、背景分析等栏目版块。梅州电视 2 频道的节目设置是这次改版的重中之重,故此,在现有条件下,不要平均用力,集中人力、物力先推出一到两个新节目。围绕频道定位,以大广角生活服务视角为切入点,紧贴地缘,做好社会生活公共服务,搭建新城镇化建设中服务型政府与公众沟通的平台,包括本地政策时时解读服务、国家政策本地视角解读服务、本地城市建设与生活各方面的服务。

此外,梅州电视 2 频道可以分阶段推出新节目。第一阶段,推出生活服务杂志节目。突出实用性、服务性、互动性,增加时尚元素、生活创意元素,暂定名为《服务 900》《好生活 好服务》等。第二阶段,推出旅游文化节目。挖掘本地丰富的旅游资源,以新发现、新体验的视角推向外部世界,吸引本地民众,暂定名为《发现梅州》《一起来旅游》。第三阶段,推出教育服务节目。利用本地教育资源,名师课外答疑解惑,引起学生、学校、家庭、社会的关注,暂定名为《梅州名师学堂》《梅州教育在线》等。第四阶段,推出客家特色节目。提升原纪录片样式节目——《这里是客家》,推出讲述形态的新节目,暂定名为《天下客家故事》《大话客家》。以客家文化为魂,逐步形成文化凝聚力,扩展媒体品牌影响力,以联结全球客家人、构筑全球客家人的精神家园为主旨,着力推出具有文化内涵、乡土特色、乡愁客韵的有影响力的栏目。

下　篇

媒体融合背景下
中国地方电视台创新路径

第九章　地方电视台发展理念创新

人类社会每一次重大跃进，人类文明每一次重大发展都离不开哲学社会科学的知识变革和思想先导。[①]

当前，我国媒体所面临的舆论环境、媒介格局、传播方式都在发生着深刻的变化。随着云计算、大数据、物联网、人工智能等新技术的发展，智能终端、移动互联网的普及，人类的信息传播方式面临着前所未有的巨大变化，特别是互联网正在传播领域催发着一场前所未有的"媒体融合"变革。

媒体融合概念可以上溯至1975年MIT媒体实验室的建立，尼葛洛庞帝、普尔两位同属麻省理工的学者对后来的学界、业界有着深远影响。尼葛洛庞帝的研究对象非常明确，就是今天普遍存在的不同媒体产业的融合。普尔的媒介思想可以看成由宏观动态和微观融合两个层面组成的思想体系，媒介功能的彼此兼容趋势形成了媒体融合概念。

此后的媒体融合出现了多样化的定义，其中比较受认可的两种为：

第一种，以公司的组织结构为观察角度来定义的融合，媒体融合划分为5种类型：①Ownership Convergence，所有权的融合；②Tactical Convergence，战略融合；③Structural Convergence，结构融合；④Information Gathering Convergence，信息采集融合；⑤Storytelling Convergence，叙事融合。第二种，在《媒体融合连续体：一个研究媒介新闻编辑室合作的模型》中界定的"融合新闻"的几种模式及其具体含义。该模式被称为5C定义，包括交互推广、克隆、合竞、内容分享、融合。

① 习近平.在哲学社会科学工作座谈会上的讲话[M].北京：人民出版社，2016：3.

在媒体融合的初始阶段，我们需要回答什么是"融合"。融合意味着至少有两个媒介进行融合。融合的层面，从普尔所说的媒介功能层面一直扩展到管理、制作、播出层面，再扩展到媒介技术、媒介政策、媒介经济层面。

学界一般认为，媒体融合主要分为4个阶段：一是业务形态融合——多媒体日益兴起；二是市场融合——产品相互嵌入、多元组合；三是载体融合——发行渠道的"合"与接收渠道的"分"；四是机构融合——更高层次的再分工。在媒介融合的过程中，内容和服务是媒介关注的重点。

面对当前媒介环境的重大变革、受众信息接收习惯和信息需求的深刻变化，如何更新媒体工作理念、方式、手段，更好地适应传媒格局的新变革，如何创新传播手段有效占领传统媒体与新媒体的舆论阵地，如何抢占信息传播制高点、构建舆论引导新格局，提高新闻舆论传播力、引导力、影响力、公信力，是中央和地方媒体面临的重大课题。而首要问题是理念的创新，即与新的媒介环境和受众需求相适应的内容生产、平台建设、媒体管理、媒体经营等方面的思想观念的创新。

"只有聆听时代的声音，回应时代的呼唤，认真研究解决重大而紧迫的问题，才能真正把握住历史的脉搏。"①本章探讨在媒体融合的环境和时代背景下，地方电视台在内容、手段、渠道、平台、经营管理方面的理念创新。

第一节　融合发展

2013年，习近平在全国宣传思想工作会议上强调，要"积极探索有利于破解工作难题的新举措新办法，特别是要适应社会信息化持续推进的新情况，加快传统媒体和新兴媒体融合发展，充分运用新技术新应用创新媒体传播方式，占领信息传播制高点"②。

2014年8月18日，中央全面深化改革领导小组第四次会议审议通

① 习近平.在哲学社会科学工作座谈会上的讲话[M].北京：人民出版社，2016：14.

② 习近平关于全面建成小康社会论述摘编[M].北京：中央文献出版社，2016：106.

过的《关于推动传统媒体和新兴媒体融合发展的指导意见》指出“整合新闻媒体资源，推动传统媒体和新兴媒体融合发展，是落实中央全面深化改革部署、推进宣传文化领域改革创新的一项重要任务，是适应媒体格局深刻变化、提升主流媒体传播力、公信力、影响力和舆论引导能力的重要举措”①；“推动传统媒体与新兴媒体在内容、渠道、平台、经营、管理等方面的深度融合”②。

当前，国内外各类媒体都在进行着不同程度的媒体融合尝试。虽然类别繁多，但其根本目的一般都包含两个诉求：摊薄成本，减少风险；主动适应新媒体带来的挑战。

在国内外众多的转型实践中，最为成功的转型案例之一是 BBC 的“1+10+4”。BBC 的所有新媒体运营服务于“1+10+4”模式。“1”代表 1 个品牌，这个品牌就是 BBC。所有栏目、产品、人员均服务于 BBC 这 1 个品牌。“10”代表 10 个产品，分别是新闻、体育、天气、儿童节目、青少年节目、学习、网络电视播放器、线上数字广播、BBC 首页搜索等。“4”代表 4 个终端——电脑、电视、平板电脑、智能手机。具体内容包括：

第一，调整经营思路，拓宽资金来源。2008 年 12 月，BBC 信托委员会批准了提供电视互联网视频服务(IPTV)的“画布”项目。这个项目由 BBC 与英国独立电视台、Arqiva、第四频道、第五频道、英国电信等联合投资，依托项目成立了一个股权对等的合资公司(BBC 拥有 16.6%的股权)。“画布”项目每套机顶盒的预期出售价格为 150—200 英镑，消费者可以在电视机上通过宽带互联网点播内容供应团队提供的多类型的音视频节目。

第二，扩充播出渠道，增值产业链。BBC 的核心竞争力就在于它能一如既往地制作出色而具有创意的不同种类和主题的节目，有很多出色的节目在国内遍地开花。早在 20 世纪 90 年代，BBC 就形成了一条围绕电视内容进行投资、研发、生产、销售及配套服务的完整的电视内容产业

① 推动主流媒体在融合发展之路上走稳走快走好[EB/OL].(2014-08-21)[2018-10-15].http://cpc.people.com.cn/n/2014/0821/c64387-25507724.html.

② 习近平主持召开中央全面深化改革领导小组第四次会议[EB/OL].(2014-08-18)[2018-10-15].http://www.gov.cn/xinwen/2014-08/18/content_2736451.htm.

链。这条产业链在逐步进入数字经济的过程中,由于传播渠道的再扩充而不断增值,成为价值链。

第三,延伸受众群体,建立新型视听关系。数据显示,16—24 岁的观众是全英国观众中收看电视最少的群体,而 65 岁以上的人是收看电视最多的群体,16—24 岁和 25—34 岁的观众群(2003—2008 年)收听收看传统广播电视节目的比例呈下降趋势。长期以来,BBC 受众的整体年龄层偏大,在吸引 13—34 岁这个年龄段的观众收听收看传统广播电视节目方面也存在障碍。

在我国,电视台办网站、客户端,以传统媒体姿态进军新媒体的效果并不好。2014 年下半年至 2015 年年中,媒介融合发展出现了转向。相对于过去诺曼底登陆般另辟战场的打法,以及高投入、大建制的建设方式,这段时间的融合更多呈现了合作态势。

以电视产业为例,各家电视台迅速完成了基于微信平台的互动功能建设。首先是表达渠道的建立,投票、实时弹幕、话题讨论区被有效整合。其次是回流渠道的建立,如视频、照片、留言的征集海选。再次是个性化定制,观众可对节目进行回看、点播、预约、直播,获取节目的拓展信息,如台前幕后、选手信息等。最后是垂直社群和粉丝社区日趋成熟,积分兑换、商品植入渠道流畅。具体而言,有如下几个方面的表现:

第一,电视与社交媒体深度融合产生巨大能量。有了前期的磨合与铺垫,电视与社交媒体深度融合所产生的巨大能量在春晚前后得到集中释放。根据已公布的数据,几家电视台的表现如下:央视羊年春晚的微信摇一摇总次数为 110 亿,单位时间峰值为 8.1 亿;湖南卫视“四海同春·2015 全球华侨华人春节大联欢”摇一摇总次数为 1.23 亿,参与人数 2,000 万;北京卫视“和美北京中国梦·春节联欢晚会”摇一摇总次数 980 万,参与人数 700 万。至少从数字上看,选择拥抱互联网的电视台获得了前所未有的关注。而给予关注的,恰是曾经被认为分流电视收视率的互联网网民。

第二,盈利模式的迭代,从注意力经济到 T2O。之前电视节目的盈利主要是依靠“注意力经济”,即通过吸引收视来销售广告以获利。几年前,《舌尖上的中国II》与互联网电商进行联合推广。虽然尚处于各自为政的合作阶段,但这些节目已经试图从注意力经济的模式中跳脱出来,寻找新的盈利空间。在《女神的新衣》中,我们看到了另一种深层融合模式。电视携手电商,来自电商的"四大买手"有权选择哪位女神能够继续留在舞台上,并有权选择要买下哪些服装设计在网络销售平台上出售。电视节目的高收视率会转化为电商平台的高销售量,高销售量又会营造网络热度,反哺收视率。在《女神的新衣》中,"台"和"网"的重要性是并驾齐驱的,缺一不可。

第三,植入方式的创新,从看电视到玩电视。传统的电视营销强调宣传产品本身,而新的双屏关系更强调优化用户体验,侧重设立身份认同、自我表达等情感纽带,让观众主动、自愿地参与其中。游戏化就是突出的创新手段之一。游戏化营销不再强调纯粹的信息文本传递,而是设立轻松娱乐的形态、诉诸直接的利益刺激,巧妙植入产品广告。基于节目内容及运营成本等因素的考虑,大部分节目选择在微信平台上推出游戏,例如《出彩中国人》推出"出彩游戏乐翻天"、《我是歌手》推出"看图猜歌"、《奔跑吧兄弟》推出"变色吧名牌"。BTV《生活+》设立了"幸运大'赚'盘",用户在点击抽奖之后,轮盘会随机转动并停在某奖项处。在湖南卫视播出的电视剧《爱你,千丝万缕》也有相应的游戏"落难公主寻爱记",完成简单的游戏后获得积分,兑换奖品。还有一部分节目进行了独立投资,例如中央电视台的《汉字听写大会》、江苏卫视的《一站到底》、湖南卫视《爸爸去哪儿》则制作了官方App,让用户在观看节目之余参与互动。

第二节　技术引领　双轮并驱

《关于推动传统媒体和新兴媒体融合发展的指导意见》指出,"推动媒体融合发展,要将技术建设和内容建设摆在同等重要的位置",要"以新技术引领媒体融合发展、驱动媒体转型升级"。[①] 推进媒体深度融合、打造

---

① 推动主流媒体在融合发展之路上走稳走快走好[EB/OL].(2014-08-21)[2018-10-15].http://cpc.people.com/cn/n/2014/0821/c64387-25507724.html.

新型主流媒体，必须实现内容与技术深度契合、双轮并驱。[①]

内容创新离不开技术的支撑，优质的内容需要以先进技术为依托进行更好的呈现与传播；先进的技术需以优质的内容为灵魂，符合内容生产、表达和传播的需要。

一方面，新闻媒体要牢牢树立先进技术引领的理念，顺应互联网传播移动化、社交化、视频化、互动化趋势，积极运用大数据、云计算等新技术，发展移动客户端、手机网站等新应用、新业态，不断提高技术研发水平，充分发挥先进技术在打造平台、创新产品、服务用户、拓展市场等方面的关键作用，以新技术、新应用引领和推动媒体融合发展。[②]例如，在两会报道期间，北京电视台利用新媒体手段，实现多平台一体化的新闻报道。一是，在两会报道中，北京电视台尝试多平台联合直播，其中包括 BTV 卫视、移动客户端、PC 端、新闻频道、BTV 微信平台同步进行大会直播，并且开设网络直播室，实时发布代表之声，更高效地传达第一现场的讯息。二是，开发掌上新闻互动平台，通过移动终端上的广泛用户，向社会大众传递两会精神，同时获得最新鲜及时的反馈。三是，融合多媒体终端，挖掘新闻报道内容深度。此外，北京电视台在 G20 峰会期间利用移动终端，扩大二次传播效果；在大阅兵、申冬奥期间利用多屏互动实现更加全面的新闻直播，为受众提供了更多选择。

另一方面，新闻媒体在推动融合发展进程中，把内容生产与先进技术有机结合起来，适应新媒体智能化、移动化、个性化、数据化发展趋势，常态化运用新技术手段，全力推动传统新闻内容的产品化，将内容优势转化为传播优势，涌现出一大批原创的新现象级融媒体产品，为用户提供更为丰富的内容和良好的互动体验。[③]

目前，在产品创新方面，各省级电视台纷纷开发自己的网络电视台与移动端 App，如江苏广电打造的“荔枝新闻”App，以电视台丰富的内容资源为依托，让用户在浏览国内外资讯的同时，可以精确定位，关注身边事，

---

① 新华通讯社课题组.习近平新闻舆论思想要论[M].北京：新华出版社，2017：239.

② 新华通讯社课题组.习近平新闻舆论思想要论[M].北京：新华出版社，2017：237-238.

③ 新华通讯社课题组.习近平新闻舆论思想要论[M].北京：新华出版社，2017：239.

开辟了新闻资讯移动客户端新战场。广东广播电视台推出了移动直播类App“荔枝直播”,除了海量的节目资源直播外,广播电视主播还可以通过直播与观众进行互动,内容涉及广泛,不再拘泥于节目的形式。“北京时间”正式成为北京电视台新媒体的唯一运营平台和唯一出口,利用自身强大的的内容资源,并与资本市场紧密结合,形成了得天独厚的优势。“北京时间”集各家所长,既有传统媒体强大的内容制作能力,又有新媒体平台拓宽传播渠道,还有雄厚的技术力量支持,成为一家以新闻直播和视频为主的专业、原创互联网资讯平台。每天约有10万条资讯,300场左右的直播在这个平台产生。在2017年两会期间,“北京时间”创造了500多场直播,总时长达300多个小时,刷新了纪录,与此同时,也加强了在新闻短视频开发方面的力量,制作了128部多种类的短视频,占两会期间短视频总量的近三分之一。之后,在里约奥运会和G20峰会期间,“北京时间”利用所长,获得了极高的关注度,创造了时政新闻报道类节目的流量神话,同时也奠定了“北京时间”成为新型主流媒体的基础。“北京时间”不断探索,推动了北京电视台多媒体矩阵的形成,“中央厨房”的模型也日趋成熟。在内容运营方面,众多省级电视媒体机构开始建设自己的“中央厨房”或融媒体中心、媒体云平台,实行中心调度模式,一次采集、多渠道生产。如记者在现场把采集到的图文视频信息上传到云中,在电视台中的云编辑可以根据不同的传播平台进行素材加工后输出,实现新闻采编生产的集约化与扁平化发展。

第三节　一体化发展

在媒介融合的背景下,传统媒体需要面对的一个重要问题是,如何有效地转化传统媒体长期积累的优势资源。在新的媒介环境下,传统媒体既不能故步自封,也不能完全丧失自身的优势,被同化为没有特色的新媒体。习近平总书记的讲话明确了传统媒体和新媒体之间的二元关系,即优势互补,发扬传统媒体的优势的同时,用新媒体补足原有的不足。内容为根本,技术为支撑,促进传统媒体与新媒体协同发展。

习近平强调,要“推动各种媒介资源、生产要素有效整合,推动信息内容、技术应用、平台终端、人才队伍共享融通”[①],这就要求新闻媒体在推动融合发展进程中,必须牢固树立一体化发展理念。

近几年,各地电视台树立一体化发展理念,纷纷打破观念、体制、技术等方面的藩篱,优化流程、再造平台,推动媒介资源、生产要素的有效整合。

上海广播电视台已经建立了“中央厨房”特征的全媒体指挥中心,为适应全媒体平台生产内容和传播的需求,还需不断完善采编发关键环节。除了现有的电视新闻全媒体指挥中心、第一财经内容聚合中心外,上海广播电视台还对其他的下属单位进行了全面改革。如东方广播中心以打造广播全媒体中心为目标,承担着上海广播电视台五套资讯类广播节目的制作任务,实现了资讯共享。不仅如此,上海广播电视台还要从发展机制上进行改革创新,打破部门之间的壁垒,对人员组织结构进行调整,实现对各个全媒体指挥中心的人力、资源、部门、生产的整合调度,打造以移动端为核心的一体化运作模式。

2015 年 9 月 10 日,湖北广电“长江云”平台首发上线,有 50 多个政府部门、媒体和企业入驻平台。“长江云”平台以湖北广电长江新媒体集团为建设责任主体,联合国内顶尖的互联网公司,集合原小米和凤凰网等的业界顶尖技术专家,利用云计算、大数据技术开发等技术手段进行平台建设。这个时期的“长江云”平台主要致力于为媒体融合提供优质且低成本的技术支撑,来实现打造采编融合、多终端一体化的区域新媒体平台的目标。2015 年 10 月 16 日,湖北新媒体云平台的湖北政务上线发布,其战略从面向全台升级到面向全省,在已经上线的“长江云”平台上,增加政务服务的功能模块数量,打通政府部门和公共服务单位的政务民生服务数据接口,形成全省一个“长江云”平台对接多方数据、拥有多个出口的格局。2016 年 3 月,湖北省委常委会决定加快建设“长江云”移动政务新媒体平台,统筹全省政务信息数据资源,加快建设覆盖全省、互联互通、运行

① 习近平视察解放军报社[EB/OL].(2015-12-26)[2018-10-17].http://www.xinhuanet.com/politics/2015-12/26/c_1117588434.htm.

通畅的移动政务新媒体平台。由此，“长江云”成为辐射湖北全省的“新闻＋政务＋服务”的综合性新媒体平台。

2016年，江苏广电总台启动“荔枝云”平台建设，规划将其打造为可以实现统一调度、高效整合采编、多介质媒体融合生产、智能大数据分析的系统，从而实现新闻内容形式的多样化传递。“荔枝云”平台利用云计算、大数据等现代信息技术打造了“媒体云平台”，平台基于私有云、专属云以及公有云的融合发展架构，可以为广播电视新媒体业务提供统一的内容支撑、技术服务、数据分析、运营计费等服务一体化的技术业务平台；平台更集成了语音识别、移动视频编辑等近40款新闻云端生产工具，可以让记者打破空间与时间的限制，一键登录“荔枝云”平台，上传图文视频，进行新闻的生产，让挑选新闻素材、编辑加工内容、传输发布节目变得高效便捷。同时，平台与全媒体演播室相结合，可以通过虚拟场景对新闻事件进行还原，并可以将节目花絮等制作成短视频进行网络传播。在与观众实时互动方面，平台可以发起话题讨论、观众投票，突破了媒体形态边界，打通了江苏广电总台内外的信息沟通。在2016年的全国两会新闻报道中，“荔枝云”平台作为江苏广电新闻报道的主要新闻生产平台，提供了两会协同平台、两会外场、两会大数据等服务，这些云服务充分利用了“荔枝云”已有的成果，发挥了云计算和大数据分析的优势，实现了服务的快速部署和专业的运维保障，还实现了部分应用的轻量级开发。

目前，各地电视台积极投入到改革与转型的探索中，这些举措推进了传统媒体与新媒体的一体化发展，为真正实现内容生产、平台搭建、技术应用、现代化管理等方面的融合创新积累了有益经验。

第四节　产销合一

产销合一(prosumer)的观念最早可以追溯到麦克卢汉等在1972年出版的 *Take Today* 一书，该书认为随着电子技术的发展，消费者会变成生产者。[①]未来学家托夫勒(Alvin Toffler)在1980年出版的《第三次浪潮》一书中首次使用了"prosumer"一词,认为生产者和消费者之间的界限会变得越来越模糊和融合,而真正将此词与媒介融合相关联的是唐·塔斯考特(Don Tapscoot)在1995年出版的《数字经济》一书,此后,乔治·瑞泽尔(George Ritzer)和内森·于尔根松(Nathan Jurgrnson)的《产销合一:数字产销合一时代的资本主义本质》(*Production, Consumption, Prosumption: The Nature of Capitalism in the Age of the Digital "Prosumer"*)一文中将"prosumer"一词推而广之。[②] 实际上,这一词语准确地表达了在媒介融合语境下,新闻生产者与消费者合一的理念。

一、生产者与消费者合一

从新闻生产的主体来看,UGC和公民记者成为重要的新闻生产者,同时也是新闻的接收者和消费者。[③]

互联网"去中心化"的特性使传统媒体与受众间的关系重新组合,公民新闻借助Web2.0科技迅速发展,已成为一种世界现象。从"9·11"事件、美国弗吉尼亚理工大学枪击案、伦敦地铁爆炸案、印度洋海啸到美国卡特里娜飓风袭击等重大新闻事件的报道可以看出,公民记者的参与使报道更快捷、更公开、更透明。在这种驱动性的背景下,全球各大媒体不约而同将注意力集中到公民新闻报道网站,如美国有线电视新闻网(CNN)推出iReport,英国广播公司(BBC)推出YourNews,《华盛顿邮报》主推用户自制视频节目网站Onbeing,美联社则与公民新闻网站Nowpublic合作将市民制作内容引入新闻采集系统等。

美国新闻学会媒体中心2003年7月出版了谢因·波曼与克里斯·威理斯联合提出的《自媒体》研究报告,将公民新闻定义为"公民个体或群体搜集、报道、分析和散布新闻或信息的行为,旨在提供一个民主社会需要的独立、可信、准确、广泛的信息"。

---

① MCLUHAN M, NEVITT B. Take today: the executive sa drop[M]. New York: Harcourt Brace Jovanovich Publishers, 1972.

②③ 胡正荣,赵树清,马建宇.媒介融合时代的电视新闻创新:省级地面频道发展战略研究[M].北京:中国传媒大学出版社,2011:183.

在西方新闻界看来，公民新闻带来了更多样的观点和更开阔的思路。麦克卢汉曾预言随着世界各地的人们开始在地球村里制作并共享信息，人们会越来越少地依靠来自传统媒体的信息。[①]公民新闻报道正以其巨大的传播能量产生全球影响力，其影响力大约初现于20世纪90年代中期的新闻博客网站（德拉吉报道）对美国总统克林顿绯闻案的报道。之后，一股席卷全球的潮流形成，改变了全球新闻传播的格局。

2000年初，韩国人吴延浩推出了被视为公民新闻网站先声的Ohmynews，该网站几乎全部由公民记者供稿。鼎盛时期，该网站聚集了超过4万名公民记者，其“每个人都是记者”的新闻主张影响深远，在2002年对韩国总统大选和韩国黄禹锡学术造假事件的持续报道更产生了全球性影响。

2005年，伦敦地铁爆炸案可算作英国公民新闻报道的爆发点。爆炸发生6小时内，BBC新闻中心收到来自普通民众的2万余封电子邮件、1千多张照片、4千多条短信及20多个视频，这些随即成为BBC伦敦地铁爆炸案报道最重要的组成部分，BBC对此事件的初期报道几乎全部使用公民记者上传的视频素材编辑而成。

2005年，美国卡特里娜飓风袭击的报道也有众多公民记者参与其中，两千多名公民记者参与其中的Nowpublic网站成为本次事件报道的核心信息来源。“当美联社的记者动身前往现场报道时，众多的公民记者已经在Nowpublic登出飓风的照片，速度之快令人吃惊。”飓风导致当地报纸全部停止发行，而当地报纸*Times－Picayune*利用博客积极发挥公民记者的作用，在其建立的失踪人员数据库中，由公民记者提供的信息超过3千条，也正是由于公民记者的广泛参与，这家报纸获得了普利策新闻奖年度最佳突发事件报道奖。

2009年6月，伊朗大选结果涉嫌造假引发伊朗国内民众声势浩大的反政府游行，伊朗政府采取限制措施迫使大批国外记者离开伊朗。在这种情况下，公民新闻成为了解伊朗国内现状的唯一渠道，微博网站、Twitter成为国际社会了解此新闻事件最主要的信息来源。BBC波斯语

---

① 哈克特，赵月枝.维系民主——西方政治与新闻[M].北京：清华大学出版社，2005：156.

节目负责人称“我们紧紧盯着 Twitter 的报道迅速跟进核实”,人们甚至因 Twitter 在事件中发挥的重要作用而将这次“伊朗革命”称为“Twitter 革命”。

面对公民新闻的兴起,具有世界影响的传统新闻媒体均积极应对。BBC、福克斯新闻网(FoxNews)、合众国际社等不同形态的新闻机构均着力打造自己的公民新闻版块,鼓励公民记者参与其新闻报道。

BBC 将大量资金注入互联网和新媒体平台,在媒体转变中寻求新突破。作为公共广播机构,BBC 一向注重公众媒介素养的培养,并积极创建公众参与新闻报道的新平台。2001 年,BBC 推出“数字化讲故事”项目,鼓励公众用自己的方式讲述身边的故事。该项目通过在英国各地开设“工作坊”和“移动工作室”等形式,向公众传播专业的新闻制作技术,如电视新闻写作、电视新闻摄影、电视新闻剪辑等,同时该项目还为各社区提供相当数量的专业新闻制作设备,不少社区民众制作的新闻节目通过各种形式在 BBC 播出。2006 年,BBC 第 5 频道还推出“刺激计划”,推进民众采制新闻,报道一经采用即支付 100 英镑作为奖励。目前,BBC 常设的公民新闻网站为“由你来说”(Have Your Say)。在该网站,用户无需注册即可上传发布照片、视频等新闻内容,用户也可以手机短信或彩信形式上传内容。BBC 鼓励公民在该网络社区中提出议题并展开讨论,通过对这些评论的分析,BBC 可以有效地将公众的声音融入新闻报道。

合众国际社于 2008 年末推出公民新闻网站——UPIU,与其他权威新闻媒体公民新闻网站不同的是,该网站更注重调动全球未来新闻从业人员的参与,鼓励世界范围内各大新闻院校学生进行公民新闻实践,UPIU 的编辑称之为“迷你实习经验”。UPIU 与全球 30 多所高水平新闻院校建立合作,借助网络视频等工具,在全球开设远程视频新闻工作坊,对学生采制的新闻给予专业指点和修改,学生的优秀稿件和选题可能会被推荐到合众国际社的发稿平台。

在美国,FoxNews 在与主要对手 CNN 的竞争中特别有针对性地推出了 Ureport,以“随时随地报道”为宣传口号的 Ureport 在网页设置、网站功能等方面都与 iReport 如出一辙,审核通过的新闻稿件也会在左上角打上 Ureport 的标志。

此外,美国广播公司(ABC)推出了公民新闻网站 iCaught,美联社通过与公民新闻网站 Nowpublic 合作,将公民记者的报道纳入美联社报道体系,等等。

相对而言,2006 年成立的 CNN iReport 可以算作传统新闻媒体,特别是可算作电视新闻媒体利用网络传播整合公民新闻报道的典范。

2006 年,CNN 推出“CNN Fans Zone”计划,鼓励球迷上传德国世界杯足球赛期间拍摄的图片和视频。这一举措使电视能够在第一时间充分利用公众采集的现场图片、声音、视频等信息,最大化地充实新闻报道。2008 年 3 月,CNN 正式设立 iReport 网站;2009 年,iReport 成长为 CNN 旗下非常重要的子网站;2009 年,CNN 网站点击量居全球第 47 位,成为美国排名最高的新闻网站;iReport 在 CNN 旗下所有列入统计的 20 个子网站中排名第 8,日均点击量为 3 万次左右。

CNN 设立 iReport 的目的是“扩大新闻版图”。CNN 用 3 个词来概括 iReport,即分享、讨论与被倾听。在 iReport 这个公民新闻报道平台上,CNN 鼓励用户讲述故事、表达观点、参与对重大事件的讨论,分享对重大事件的看法。iReport 称,CNN 坚信公民新闻对全面理解新闻事件起重要作用,公民记者多角度解读新闻事件能够帮助受众更深入地理解世界的变化。按照 iReport 的说法,所有注册公民记者发布的内容都是“原汁原味”的,编辑会选择其中最具吸引力、最重要和最紧急的报道,经过审核后在 CNN 的电视平台播出,被审核认证的稿件在左上角会标出红色的 CNN iReport 标志。CNN 认为,专业的新闻工作者和社会公众的共同努力,能将更为全面深入的新闻图景展现给受众。iReport 强调自己“未经修改、未经过滤”的特征,这一点与传统新闻媒体截然不同,对此,CNN 作出专门解释:“iReport 为用户制作网站,这些由公民记者上传的内容在发布前未经事实审核,只有审核通过的稿件 CNN 才会使用。”也就是说,iReport 不对公民新闻报道的真实性、客观性等负责。

此外,iReport 非常注重网页设计的友好性,iRport 网站兼容绝大多数视频和图片格式。公民记者可以方便地上传文字、图片、视频等内容,每次最多可以上传10个文件,文件容量基本能满足高清新闻视频的容量要求。iReport还结合谷歌地球“地图定位”功能,确定公民记者的区域位置,便于在突发事件来临时寻找附近的公民记者参与到新闻报道中。

iReport是传统电视新闻媒体顺应公民新闻潮流的开创性尝试。CNN将公民新闻应用于电视新闻突发事件报道的做法,具有一定的示范性价值。

2007年4月16日,美国弗吉尼亚理工大学发生枪击案。案发时,该校研究生Jamal Albarghouti在距离枪击现场不足200米的地方用手机记录下枪击现场。在异常抖动的镜头中,连环的枪声和警笛声清晰可闻,这段记录事发经过的唯一视频上传到iReport后引起了轰动,极大提升了iReport的影响力。当年iReport上传量猛增176%,“iReport”也入选《纽约时报》的年度影响力词汇。此后,iReport在卡特里娜风灾、2008年美国总统选举、2009年伦敦G20峰会、日本关东地区地震等重大新闻事件的报道中都发挥出重要作用,极大地丰富了CNN的相关报道。CNN iReport的编辑每天都会在丰富的公民新闻报道中挑选具有较高新闻价值的内容,核实之后在CNN新闻部门编前会上推荐给CNN的各档栏目,CNN国际频道还专门推出“iReport for CNN”栏目,展示来自iReport的公民新闻。截至2011年3月底,iRport拥有超过70万名注册公民记者,收到上传内容55万余条,其中约7%的公民新闻报道审核通过,也就是说,iRport的公民记者在3年间为CNN播出的近4万条新闻提供了内容。

CNN对这些新闻素材及素材来源的使用主要有两种方式:第一种,迅速调动公民记者;第二种,实现全景式公民新闻报道。

以日本地震为例,2011年3月11日,日本东北部海域发生9级强震并引发海啸,此后日本福岛核电站发生严重核泄漏,灾难进一步升级,吸引了全球新闻媒体聚焦。灾难发生后,iReport迅速推出“日本的灾难”首页,鼓励受灾地区民众进行相关报道。iReport网站的紧急征召令呼吁:“你是否在受灾地区?在确保安全的情况下,请在CNN iReport分享你的照片、视频与故事。”地震和海啸发生当天,iReport收到402条与地震相关的报道。在日本地震的整个报道过程中，iReport 审核通过的报道共计 290 条。在其他国际媒体仍主要依赖 NHK 等日本电视机构提供影像素材之时，CNN 却通过 iReport 掌握到大量地震现场的第一手信息和素材，这些素材包含了很多地震海啸亲历者的切身感受和情感体验，通过策略性地运用这些新闻素材，CNN 相关报道的内容得到极大丰富。

第一种，迅速调动公民记者。

地震发生后，CNN 最初也连线了派驻当地的记者，记者在连线中表示“我现在得不到任何消息，远处有东西飞过，很显然那是军用运输机飞往灾区”。事实上，该记者当时深陷东京严重的交通堵塞，确实无法准确回答主持人提出的地震伤亡人数等一系列问题。

与此同时，公民记者源源不断地通过 iReport 向 CNN 提供大量的新闻线索和现场信息。身处灾难发生地的英语教师 Ryan Mcdonald 就是其中的一个，地震发生后他上传的一段现场视频立即引起 CNN 注意，直播中的节目主持人与这位公民记者进行了 Skpe 电话视频连线。在长达 6 分钟的连线中，Ryan 先介绍了地震发生时房屋严重晃动、附近一家寿司店坍塌、公路交通完全中断等情况。这时余震发生了，他禁不住喊“房子要倒了”“最糟糕的是，从地震发生到现在，每隔几分钟就有一次余震”。到日本当地时间凌晨两点，CNN 国际频道主播 Jim Clancy 再次视频连线 Ryan，进一步获知震后当地手机通讯中断、商店全部关门、民众几乎买不到食物、数百名当地民众撤离到附近棒球场避难等情况，Ryan 在第一时间将震区的基本情况和身处地震现场的切身感受准确、生动地传达给 CNN 的观众，使 CNN 的报道大大增色。值得注意的是，Ryan 只是 CNN 的 70 万公民记者中的一个。

第二种，实现全景式公民新闻报道。

日本大地震一发生，公民记者几乎是出于本能地开始了自己的报道活动。众多公民记者从各自的现实经历和情感体验出发，迅速记录下灾难的具体状况，多角度、多侧面的记录和表达云集 iReport，全方位展现出这次大地震的破坏程度和影响范围。

地震发生时，网友“felixlace”正在出席当地一所大学的毕业典礼，地震造成礼堂屋顶塌落并造成人员伤亡。他用相机记录下地震发生时的混乱情景——巨大的屋顶碎片掩埋了几位同学,许多人努力施救,到处是呼喊与求救声。居住在东京北部地区的加拿大人 Pozzy 是一名时尚摄影师,也是当地幼儿园的兼职教师。地震发生后,他发布了 6 篇图片报道,分别记录了震后东京附近地表裂痕、东京街头救护车呼啸而过、躲在幼儿园操场空地上的小朋友惊慌失措等情况,其中,东京附近炼油厂起火产生巨大蘑菇云的照片最受人关注。地震发生一天半后,他还发布了一段表现东京街头行人稀少、便利店基本买不到食品的视频。在地震发生后,居住在离东京湾海岸 1.6 千米远的美国牧师 bennettinjp(网名)很快为 iReport 提供了 4 条视频报道。在这些视频中,海水逐渐涌入大街小巷,附近小学周边的马路严重扭曲变形。他还详细描述了地震 5 小时后发生余震的情景:“你可以看到电线杆和我们身旁的树木不断摇晃,有点儿像在坐船,海水慢慢涌上来……很多电线杆倒了。”2011 年 3 月 15 日,他记录下当地超市门口民众排起数百米长队购买食品的情况。2011 年 3 月 25 日,他又记录下震后一家幼儿园的毕业典礼,孩子们身着白色服装整齐地歌唱,这段视频给了人们很多感动和鼓舞的力量,在我国的网络传播中也获得极高点击量。日本大地震造成的海啸波及环太平洋诸国,很多国家发布了海啸预警,这些地区的公民记者也都迅速做出了反应。夏威夷网友“kpapagno”记录下地震当晚夏威夷地区多次发布海啸警报的情况;加利福尼亚州洪堡县的网友“ Wvfuller123”记录了海啸余波登陆美国海岸的情形,他说:“尽管我们站在很远的地方,海浪并不大,但是我的腿还是发抖,我无法想象海啸来临时日本民众的感觉。”

这些来自现场的公民新闻报道,快速准确地实现了对新闻事件的全景式记录。CNN 通过更接近新闻现场也更熟悉当地情况的公民记者的报道,获得大量一手素材,几乎没用任何成本,就在与其他国际电视新闻机构的竞争中独领风骚。

但是,在网络传播中,公民新闻报道也有其局限性。

同专业记者相比,绝大多数公民记者较缺乏专业化的新闻素质,偏重个人感受和体会,不重视权威性信息来源,新闻要素普遍不完备,缺少对新闻事件原因、经过等要素的挖掘，这些都造成公民新闻在报道的真实性、客观性、公正性和隐私保护等方面存在局限，引起受众质疑。2008年10月3日，一位名为Johntw的公民记者在iReport上发布消息称："几个小时前，史蒂夫·乔布斯因突发心脏病被紧急送往急诊室，内部人士向我透露，乔布斯突发严重的心绞痛，呼吸困难，医疗队员全部上阵，我的消息提供者不愿透露姓名，但是十分可靠，目前我还没发现有人透露更多相关消息，如果大家有更多的信息，请分享。"这条消息事后被证明完全是子虚乌有，然而在具备"CNN效应"的CNN附属网站上发表之后，这条新闻被大量转载。苹果公司第一时间发表声明辟谣，同时iReport也迅速删除了消息，但苹果公司仍蒙受了巨大损失，其股价大跌致公司一天之内市值蒸发90亿美元。此事使以"不加审核、原汁原味"为特色的iReport遭受成立以来最大的挑战，把关人角色的缺失导致公民新闻的公信力严重受损。

在网络传播环境中，信息核实成为iReport编辑最大的工作挑战，他们想尽办法核实新闻，但是最终经过核实的新闻的数量有限。编辑在与公民记者取得联系、核实信息真实准确等具体的实施环节上，面临很多困难，对新闻信息的核实在很大程度上只能取决于编辑的自我判断。

从公民记者的角度分析，很多公民记者的报道带有强烈的主观性，临时起意、随性而为的色彩浓重。公民记者的自我身份认定并不依照"专业新闻记者"的标准，他们仅是在事件发生之时恰巧出现在现场、以自己的视角记录一段过程，他们在新闻采集制作中并不需要考虑遵循何种专业新闻规范或受到何种新闻职业道德约束。同时，在缺少监督的环境中，不少公民记者为了搏眼球而片面追求对新、奇、特、怪的新闻事件的报道。此外，在公民记者发布的新闻报道中存在大量夸大甚至捏造事实的现象，这些都是无可回避的现实问题。苹果事件发生后，iReport的编辑一再强调"iReport不代表CNN立场"，普通网民仍会更倾向于认为，这些新闻出现在CNN的网站，就在一定程度上代表媒体的声音，普通网络用户对公民新闻与专业化新闻报道不会区分得那么清楚。在保持"原汁原味"与实现"严加把关"的矛盾中，以iReport为代表的公民新闻网站该何去何从，这是一个值得深思的问题。

公民新闻报道网站要克服公民新闻的局限性,采取怎样的运作机制最为合理?合理的运行机制如何吸引大批用户持续参与公民新闻报道,同时确保公民新闻采编质量?电视新闻报道与网络中的公民新闻如何做到理智的互动?

CNN iReport 在运行过程中,摸索出一些具有规律性的做法:

其一,提升新闻采制专业化水准。

为提升公民新闻制作水准,iReport 设置了帮助界面,给予公民记者专业化新闻采编指导,帮助其解决新闻采编中可能遇到的一系列问题。针对业余记者的实际需要,iReport 的编辑对如何把握新闻的要素,拍摄新闻照片、视频以及编辑素材都给出了明确的建议,以使公民记者能"像专业新闻记者一样报道新闻"。比如在新闻写作方面,iReport 的建议是:厘清报道思路,涵盖新闻基本事实,真实公正,语言通俗易懂,利用图片、声音、文字表达真情实感。

在实现指导性的基础上,网站与公民记者积极协作,通过专业新闻工作者给予公民记者关于新闻采制的专业化建议和及时反馈,双方建立起相互依存的信任关系。iReport 审核公民记者稿件的过程实际上就是对新闻来源进行专业化处理的过程,也是培养公民记者专业新闻素养的过程。如公民记者 Seif1976 上传了一条关于埃及开罗解放广场发生示威游行的图片,iReport 在审核后,增加了注释:Seif1976 表示,集会中没有发生冲突,当天有很多人参与了游行,其中包括妇女和儿童,人们相互讨论对革命的看法。

iReport 通过这种方式实现公民新闻质量的提高,实现公民记者新闻业务水平的提高,有利于电视新闻机构本身获得更多高水准的公民新闻报道。

其二,新闻核实严谨细致。

iReport 进行新闻审核的标准是事实真实可靠、图片视频未经篡改、上传者必须成年、上传内容为自己制作并拥有版权。iReport 的官方网站指出,编辑将选择、核实最具吸引力、最重要和最急迫的报道提供给

CNN，iReport 的工作团队首先对每天上传的内容进行挑选，选择具备新闻价值的内容进行核实，之后通过公民记者注册时所留的电子邮件与其联系，就新闻现场环境、人物反应等细节进行提问并核实，此外还对公民记者姓名、年龄以及通过何种设备获取新闻图片和视频等进行必要的了解。苹果事件之后，iReport 更加强了对内容的核实。iReport 每天审核通过的稿件数量有限，在本研究取样时间范围内，每天审核通过的新闻平均有 15 条，内容以发生在美国本土的事件为主。此外，稿件通过核实之后，如果用户又进行了修改，还须重新进行审核。

其三，报道选题精心策划。

iReport 编辑在为 CNN 选择新闻的同时，还在一定程度上扮演新闻策划及设置议程的角色，引导公民记者关注 CNN 期待的选题。iReport 编辑通过“任务台”版块，推出鼓励用户参与的选题，选题涉及政治、娱乐、生活、旅行、科技、食物、天气等诸多领域，其中重大新闻事件和突发事件最受重视，iReport 常为此开辟专题，如“日本的灾难”“阿拉伯世界的混乱”等。在抽取的 110 份 iReport 样本中，有 50 份样本与 iReport 策划的选题有关，约为总数的 45.5%。

其四，激励机制逐步完善。

iReport 公民记者的稿件被审核通过，意味着该新闻作品可在全球最具影响力的电视新闻媒体的平台播放，这一荣耀本身就能吸引众多参与者。而为了培养更为忠实的公民记者，iReport 还依据公民新闻报道的内容、评价、流行程度等进行综合评判，授予高级别用户“超级记者”身份。

从 2010 年开始，iReport 又设立了公民新闻报道年度新闻大奖，评选分为六大类——最佳突发事件报道、最佳原创报道、最佳图片、最佳评论、最佳故事报道和最佳人物专访，评选更强调报道内容本身而非报道的专业水准。美国 16 岁高中生 Tristan Macaraeg 获得 2010 年最佳人物专访大奖，他以采访的方式讲述了同班同学 Stephanie 在多个寄宿家庭中的悲惨经历。网友“capt1000”获得 2010 年度最佳突发事件报道大奖，表彰其在墨西哥湾油井大火现场拍摄中表现出的勇气。

从公民新闻发布来看，公民新闻一方面融合了社交网络，另一方面利用了移动发布平台。

目前，全球主要电视新闻机构都对社交网络高度重视，或在Facebook、Youtube等各类社交网站推出专区，或直接在自己的网站使用社交网络分享工具。

社交网络本身也是信息发布的平台，能为传统媒体提供海量丰富的报道线索和报道思路，Facebook就推出专门面向记者的媒体页面以方便记者寻找新闻源，与读者共同推进故事发展。

以CNN iReport为代表的公民新闻网站已开始迈向社交媒体的转型之路。iReport本质上不是单一的内容发布平台而是社交网络，用户不仅可以随时关注自己感兴趣的公民记者、订阅其新闻报道，用户之间也可以互相关注，信息可以在用户之间、用户与编辑之间实现快速自由流通。同时，iReport还与流行的社交网络Twitter、Fackbook、Flicker等合作，方便公民记者将自己制作的报道引入更为广阔、迅捷的传播平台，公民记者通过iReport的账户可以与Facebook、Twitter等网站的账户绑定，方便地将iReport内容分享至其他社交网络，同时可浏览其他好友在iReport网站的动向。iReport的编辑团队同样每天把重要的公民新闻报道推广到社交网络中，通过用户分享获得更大的传播效果。

未来，公民新闻的衍生链条包含更多可能性，不仅可以基于相对现实的社交网络，甚至可能基于完全虚拟的空间，看似与新闻无关的领域都有可能拓展出广阔空间，iReport就通过与网络游戏《第二生命》合作，借助网络游戏平台实现了帮助公民记者将现实事件模拟再现的功能。

与此同时，公民新闻充分利用了移动平台进行发布。手机已成为最重要的信息移动发布平台。手机因移动便携、快速发布的特点正在成为越来越重要的新闻传播载体；智能手机的发展更促进了手机软硬件的快速升级，配备高像素摄像头、Wi-Fi等功能的手机本身也是强大的新闻发布工具；微博等的出现为手机媒体迅速发布公民新闻报道提供了便利途径，手机正成为公民新闻报道最重要的平台。以CNN为代表的全球主要电视新闻机构均推出了手机客户端软件，手机用户不仅可以阅读新闻，也能观看电视新闻直播。CNN巧妙地将手机各项功能运用到公民新闻报道中，手机用户可以观看、上传、分享内容，可以浏览和发现附近地区的动态。CNN的客户端软件就呼吁用户："马上拿出手机抓拍图片或视频，你会成为新闻的第一个报道者。"

随着手机4G网络的普及和手机带宽的发展，手机视频直播也成为可能，Youtube的直播功能就允许用户边拍摄边上传视频，这类举措或将带来公民新闻直播报道的大变革。平板电脑的普及进一步便利了公民记者视频新闻的采编制作，平板电脑携带方便且功能越来越强大，能够为公民新闻视频报道的采编制作提供技术支持，一定程度上有助于改善公民记者上传视频不经剪辑、制作粗糙的状况。2011年3月19日，美国明尼阿波里斯市公民记者Robert Stephens目击到加油站爆炸，他把用自己手机拍摄的画面上传到随身携带的iPad上，快速剪辑并录制了简单的解说，随后迅速发布到iReport界面，几小时后CNN就采用了这段视频。

二、以消费者/用户的元数据辅助内容生产

从新闻生产的角度来看，新闻生产不仅要强调独家内容，更重要的是获取有关消费者/用户与内容的元数据(meta data)，为定制新闻和深度新闻提供足够的消息支撑。①

信息数据资源的规模化、系统性使用能够带来前所未有的巨大价值。在当前媒介融合大趋势下，媒体发展亟须打破现有媒体在信息资源和信息渠道上的壁垒。通过建立统一的信息大数据平台，不同信息媒介共建信息资源，尤其是用户信息资源，在此基础上实现信息资源的有效整合，实现信息资源的云端共享，从而在实现信息资源的规模化开发与利用的同时，有效地实现对用户更加有效且富于针对性的信息服务。

具体而言，以北京市顺义区的信息大数据平台建设为例，信息资源的开发与利用需从以下两方面进行。

其一，开创平台化运行模式，构建顺义区数据库。

课题组深入北京市顺义区，对其媒体融合情况进行实地调研。通过

① 胡正荣，赵树清，马建宇.媒介融合时代的电视新闻创新：省级地面频道发展战略研究[M].北京：中国传媒大学出版社，2011：183.

调研发现,顺义区现有的各个媒体、政府部门、社会组织以及公共服务机构的信息发布渠道中都已经具有了一定数量和规模的实际活跃的信息用户/受众,不同媒介和信息渠道中的用户/受众的信息需求各有不同,在信息行为上也具有个性化。在传统条件下,不同信息渠道和平台由于分散经营,对用户信息的了解普遍模糊,在人才、资金和技术条件等方面都无法充分有效地挖掘和利用,更难以做到个性化的用户脸谱(persona)特征记录,因而现有的个性化信息服务技术也难以有效发挥功能,进而无法充分地实现对用户的精准传播,减弱了信息传播效果。基于此,新型的社区信息平台的构建显得尤为重要。

从总体设计角度来看,平台需要打破传统媒介经营思维,打通不同信息平台之间资源共通的渠道,改变传统模式下不同信息发布主体之间各自为营的现状,以信息整合与服务为主导,以信息技术为手段,以互联网为平台,改变传统模式下信息内容的生产与传播模式,整合信息上下游链条,实现对信息数据的收集、内容的生产、用户的把握、产品的营销以及公共服务的提供等多方面功能的集合发展。

为了实现以上目的,平台需要改变传统媒介环境下受众的概念,变受众为用户,建立统一的大数据系统,为用户建立可跨平台使用的唯一个人账户,将其在不同媒介平台上的信息行为加以记录并纳入大数据系统中。通过为每位用户建立的“云端户口”进行用户定位,伴随着用户在不同媒介平台上的使用深度不断加强,单个用户的信息行为特征,连同其信息需求也将不断明晰,真正实现对不同媒介用户/受众的脸谱化,在未来可针对个人进行有效的信息管理,继而提供个性化的信息推送和相关服务。

其二,用户信息数据库多源共建,云端共享。

这一规划设计的核心理念是将现有顺义区内的不同信息媒介下的分散用户“化零为整”,在线上对区域内的个体用户提供精准、有效的信息化管理和服务,继而推动整个区内社会、经济与民生的发展。由顺义区政府主导建立的用户信息数据库定位于服务顺义区内的各信息平台,帮助各媒体及信息平台更好地服务于区内外的目标用户。

整个信息用户资源的建设和使用应当遵循“多源共建,云端共享”的原则。一方面，参与各方媒体、机构和部门利用各自媒体和信息平台的优势吸收用户信息并回传数据库，各家平台以不同方式获得的用户信息通过数据库汇集，不断丰富和完善对个体用户的脸谱特征的描画；另一方面，数据库所获取的数据资源对区内各相关方完全开放，各个媒体、政府部门、社会组织以及公共服务机构可以根据自身需要，利用数据库和数据挖掘技术所提供的分析结果来改善自身服务，制定传播策略，提升传播效果，实现对区内人口的精准信息服务。

就具体实施层面而言，应由作为公共管理者的顺义区委区政府主导数据平台的开发，以公共信息服务为基本出发点，分阶段、分步骤地将顺义区内各媒体、政府部门、公共服务机构以及社会团体的信息发布平台上的用户信息统一纳入该数据系统。

不同媒介及信息平台的用户登录系统需统一设计，并予以重新嵌入，确保用户数据的收集和回传与数据库的系统兼容。作为整个跨媒体云端数据共享和价值再创造的关键，数据库的建设、运行、数据分析和处理及日常管理都需要充分配备相对应的高级专业技术人员，并给予必要的设备支持，尤其需要重视在数据采集、运算、分析和挖掘等方面的专业技术团队建设。

在运行初期，作为公共信息服务支持的一部分，数据库向区内参与各方提供公益性的信息技术服务与支持，为政府机构、公共事业机构和社会组织提供决策意见参考和信息服务方案支持，同时，政府机构也可利用该类信息有重点地扶持本地商业机构和企业发展。在数据库建立日趋成熟、数据体量达到一定规模后，可考虑在满足日常公共服务基础之上，利用本地数据资源的优势，循序渐进地向社会提供商业性的信息服务，以此实现数据库在运行上的可持续发展。

此外，从新闻接收的方式来看，在媒介融合时代，用户决定新闻的时间、方式和传输手段，新闻生产应与消费者的需要高度统一，近乎产销合一。[①]

---

① 胡正荣，赵树清，马建宇.媒介融合时代的电视新闻创新：省级地面频道发展战略研究[M].北京：中国传媒大学出版社，2011：183.

第五节 互联网思维

对传统媒体而言，到底是用传统媒体思维做新媒体，还是用互联网思维做传统媒体，长久以来一直困惑着业界。于是，内容与渠道，到底哪个更重要，成为发展方向上争论的最大焦点。

习近平指出，推进媒体融合发展要树立互联网思维，这就要求媒体必须改变传统理念和行为方式，遵循新闻传播规律和新兴媒体发展规律，强化用户、技术、互动意识。[①] 同时，让业界从传统媒体的线性生产思维中跳脱出来，因地制宜地按照互联网的客观规律办事。

一是用户意识。传统的媒体传播活动以定向采集、单向传播、受众被动接受的方式为主。在新的媒介环境下，"受众"概念逐渐被"用户"概念替代，用户的注册数、浏览量、转载量、活跃度等成为评价新闻信息产品的重要指标，以用户为中心、注重用户体验，有效集聚用户注意力资源，成为新闻媒体创新发展的着力点。[②]推动媒体融合发展，需要变受众意识为用户意识，要重构媒体与用户的关系，提升服务意识，优化信息服务，增强用户体验，扩大用户规模，增强用户黏性。

随着媒介融合潮流的不断发展，越来越多的人开始思考如何更好地运用"互联网思维"改造传统媒体，从而获得更高的效率与更大的价值。互联网思维的精髓就是用户思维，树立互联网思维，就要在思想和行动上重新调整媒体与用户的关系，将过去的受众观念转变成现在的用户观念。从受众的分布来看，报纸、电视这些传统媒体的受众群正呈现老龄化趋势，而在新媒体方面，绝大多数的受众都是30岁以内的年轻人，而这些用户的阅读习惯和话语形态，会在接下来相当长的一段时间内成为整个媒体受众的主流行为方式，媒体要想最大限度地提升传播影响力，就要依据用户媒介接触方式的变化，善于使用新媒体的优势，通过多层次的媒体平台，吸引不同年龄段的用户。

---

① 新华通讯社课题组.习近平新闻舆论思想要论[M].北京：新华出版社，2017：234.

② 新华通讯社课题组.习近平新闻舆论思想要论[M].北京：新华出版社，2017：234-235.

二是技术意识。现代传播技术已成为媒体发展的强大推动力，在融合发展进程中，移动直播、H5应用等技术在采编制作环节普遍应用，图文、视频、音频、数据图表实现了动态化呈现；大数据、云计算等技术已经运用到全媒体采编平台构建之中；机器人写稿、无人机采集、虚拟现实等技术从无到有，不断实现突破。传统媒体要牢固树立技术引领意识，着力解决媒体融合发展过程中的技术问题，为推进媒体融合发展提供坚实保障。

例如，南京台新闻综合频道依托在全国领先的全媒体演播室，注重打造所有品牌节目的全媒体传播特色。《民声》节目融合了多种新技术、新理念，实现了演播室大屏、电视屏、电脑屏、手机屏等的互动，通过短片播放、微博发布、微信参与、视频连线、网络投票等多种互动手段，实现公仆、市民面对面倾听、心连心交流。此外，该节目从选题确定阶段就充分体现互动性，节目组会提前公布候选选题，市民可登录南京广电网参与投票，得票最多的选项将被确定为下期选题。市民还可通过南京广电网、新浪江苏网等，参与报名并有机会走进演播室。在节目录制时，南京交通广播FM102.4、新浪江苏网、南京广电网等媒体同步全程直播。

目前，以技术催生媒体新生态是视频网站与传统电视台最大的区别之一。2017年，以腾讯、爱奇艺、优酷为首的视频网站不断推陈出新，无论是内容的数量和质量，还是营销思路、IP产业链运营方式、资源整合等都迅速发展，有超越卫视的势头甚至已经领先于卫视。人工智能已经成为爱奇艺在内容生产、洞察用户及内容分发过程中的基础设施。百度与爱奇艺重磅发布的“百爱计划”也将共同探索人工智能与娱乐结合的无限可能。

三是互动意识。“互动”是新兴媒体的独特优势和显著特征，推动融合发展必须将互动意识渗透到新闻信息产品生产传播的各个环节。传统媒体要改变传统的单向传播模式，加强用户需求反馈，将其及时体现在内容生产传播中，提高新闻信息产品和服务的精准度和有效性。传统媒体要加强和新兴媒体的互动联动，努力形成协同效应，提高传播的辐射力和影响力。

随着智能手机、iPad等移动工具的普及,用户更多地倾向于使用新媒体,特别是青年及青少年用户群体。基于移动平台的新媒体使用方便,兼容性强,便捷的接口功能也可轻易地将多种媒介形式捆绑到一起。例如,"两微一端"内容的精准分发与互动,在智能手机的快速发展下,人们可以随时随地在轻便的手机上进行信息的接收和娱乐,信息的传播和接收都趋于碎片化。社交媒体异军突起,各个地方电视媒体也顺应时势,在微博、微信上开通官方社交账号,及时发布最新的节目内容,并且在节目播出的同时,通过"两微一端"与受众互动,或者是直接开发自己的手机App,实现与受众的直接互动。因此,媒体应进行前置性的视听接触方式研究,做好应对结构性变革的准备,推出基于移动工具的特定媒体应用,对其内容及功能进行有效的整合与取舍,要充分运用移动工具的优势,根据用户的个性化定制进行有针对性的精确投放,提高传播内容的可看性与互动性,加强用户使用黏性,以做到对各用户群体的全方位覆盖。

上海广播电视台在SMG旗下设立了以互联网综艺娱乐内容为主业的互联网节目中心,这是广电机构第一次成立专门进行互联网内容的生产、策划和运营的机构。中心主要以互联网的节目内容需求为核心,注重对传统媒体内容资源的深度整合,打造出同时涵盖电视和互联网领域的跨界综艺IP。经过近两年的探索,互联网中心确立了"内容+运营"的整体定位和发展方向。在内容创新方面,互联网节目中心致力于去电视化的制作模式,借助SMG的平台优势,生产原创节目,完善内容创新体系。例如2016年和腾讯视频合作打造的《wow新家》,是一档纯素人综艺节目,灵感来源于东方卫视的品牌节目《梦想改造家》,通过垂直领域的产业资源整合,呈现网络综艺、电视综艺、网络PGC、网络直播等4种产品形态,实现了IP价值的最大化,并成功打造了一个全新的互联网综艺品牌。由此可以看出,互联网节目中心的作用是整合SMG集团内的资源,并通过互联网化改造这些优质IP,从而实现IP价值和利益的最大化。在运营方面,2017年,互联网节目中心重新确立了自身定位,从内容制作公司转化为互联网内容运营公司。公司产品以全民娱乐和垂直领域为核心,主打小而精的内容特色,实现跨屏融合。中心采取市场化的运作方式,市场主体是上海好有文化传媒有限公司,但是工作人员是互联网节目中心的原班人马,互联网节目中心所有项目的投入资金都需要按照市场化方式去争取,全面和市场接轨。

第十章　地方电视台内容生产流程创新

面对新媒体的挑战,地方媒体对内容生产提出了更高的要求,它要求同一内容资源通过媒体从业人员的协同工作能够在多种媒介上集中统一发布,原来固有的内容生产流程已经无法满足现今的发展要求了。美国霍普金大学教授伊迪丝·彭罗斯是企业成长理论的先驱,在其著作《企业成长理论》中,她认为企业的成长"主要取决于能否更为有效地利用现有资源"[①]。从实现资源优化配置,提高生产效率,实现经济效益最大化的角度来看,内容生产流程的再造与变革是必然的。在同一传媒旗下实现内容资源的整合与共享,通过台网互动发展,使得采集内容资源得到充分合理的复合型使用,不但可以产生巨大的经济效益,也符合媒介融合的初衷。

课题组曾深入考察顺义区的媒体融合发展情况,本章主要以顺义区为例,对媒体融合背景下的内容生产创新路径进行阐述。

目前,北京各区县宣传部门已积极建立自己的传播平台,18 个区县都纷纷开设了网络信息平台,推出官方信息网站和开通新浪微博。在微信方面除了朝阳区和丰台区之外,其他 16 个区县都开通了官方微信公众号,其中 11 家开通了 App,顺义区、怀柔区、密云县、延庆县都有两个或两个以上的 App,分类较为详细。当前,北京各区县的传播渠道主要为网站、微博、微信、App。

顺义区媒体在对新媒体的开发和利用方面,走在北京市区县媒体的前列。在网站建设、"两微一端"(微信、微博和手机客户端)的开设和日常

① 彭罗斯.企业成长理论[M].赵晓,译.上海:上海人民出版社,2007:78.

维护方面，起到了“先头兵”“试水员”的作用。一方面，顺义区官方政务微博“绿港顺义”于2011年12月正式登录新浪、腾讯和人民网3大微博平台，成为北京市第一批87家政务微博群成员之一，依托新浪平台优势，着力打造以“绿港顺义”官方微博为核心的政务微博矩阵。截至目前，“绿港顺义”拥有粉丝51万余人。另一方面，由顺义区委区政府支持的顺广传媒微信公众号(sytv1994)，自2015年元旦正式上线。该公众号是顺义广电中心旗下的新媒体部全新推出的最大、最权威的资讯、娱乐、社交综合服务流媒体平台，致力于打造“群众交流平台”“群众管理平台”“宣传引导平台”和“融合服务平台”。此外，新版手机版网站于2014年9月15日正式上线，采用最新的HTML5手机网站开发语言，设置“魅力顺义”“政务公开”“投资新城”和英文版“区情介绍”4个频道。该手机版网站依托顺义地区的特色资源优势，整合区域发展现状，以服务和宣传为主要目的。截至目前，更新信息1,850条，图片100余张。2013年，以区县级广电中心为主导的新媒体平台在全国来说都很少见，为了掌握平台建设的主动权，主动适应新的媒体生态，顺义广电中心很早就密切关注新媒体领域的发展，专门设立了专业的新媒体工作部门，并对平台建设展开实质性调研。2014年初，广电中心全面启动了新媒体平台建设，成为顺义区广电中心媒体融合的枢纽和指挥中心。

调研发现，虽然新媒体项目纷纷开办，但是顺义区媒体融合在渠道建设、平台建设和内容建设方面发展缓慢，传统媒体和新媒体只是进行了简单的机械式叠加。在媒体融合方面，政府网站的组织和引导能力不足；顺广传媒在议程设置能力方面有待提高，没有打通生产制作环节；社区媒体的新媒体传播意识不足，各地区发展不协调。

进行资源整合要打破原有的媒介组织结构，重建全媒体的媒介运营结构，即破除不同单位间独立运作的现状，按照信息的生产流程、平台的技术属性，重建组织结构，实现内容生产流程的再造。

第一节　媒体层面：打造全媒体内容生产矩阵

全媒体指的是媒介信息传播上的多媒体表现，即采用文字、声音、影像、动画、网页等形式，进行业务融合，充分利用广播、电视、电影、报纸、杂志、网站等媒介形态，通过三网融合传播，最终实现任何人在任何时间、任何地点、以任何终端都能获得任何想要的信息。

全媒体矩阵，即在全媒体平台完成技术上的搭建后，针对不同层次的用户创建不同的用户界面。以《人民日报》为例，2014 年 6 月，《人民日报》客户端上线，以此为标志，《人民日报》不仅形成了法人微博、微信公众号、客户端三位一体的移动传播布局，而且从传统单一的纸质媒体，演变为融合报纸、刊物、网站、微博、微信、客户端、电子阅报栏、二维码、手机报、网络电视等多种传播形态的现代化全媒体矩阵。

全媒体是一个新概念。目前来说，顺义区的全媒体体系尚未形成，但部分媒体已具备媒介融合的意识。比如，顺义人民广播电台在《快乐亦蝈鲜》《越聊越开心》两档节目的运作和设计中充分考虑新媒体特点，并加入与新媒体融合的元素。再如，顺广传媒综合媒体平台将微信公众号、手机客户端、视音频网站与电台、电视台的制作播出系统直接连接，形成统一的运行系统，具备了传统媒体和新兴媒体融合发展的特征。可以说，顺义人民广播电台和顺广传媒的实践为区域性传媒层面的全媒体体系的搭建奠定了基础。

具体而言，围绕打造顺义区全媒体有机联动矩阵的目标，从以下几个主要方面入手逐步推进，只要能够落实到位，就能在区域传播领域占领先机。

一、全面整合现有媒体资源，探索区域媒介联动模式

顺义区的媒体资源较为丰富，但缺乏有效沟通，部分业务重合，资源未能有效利用。因此，打造全媒体体系，不仅仅是实现媒介形态的多样化，更重要的是全面整合现有媒体资源。

当前，顺义区各家媒体都以地区性新闻为报道的主要内容。顺义人民广播电台节目内容包括新闻、民生、娱乐；顺义电视台的节目包括《顺义新闻》《顺义时空》；顺义时讯的内容涵盖社会新闻、时政要闻等。这三家媒体都是独立采写新闻，彼此之间缺乏有效的沟通。

但是，当顺义区发生一则新闻时，各家媒体都在第一时间派出记者进行采访报道，使得有限的采编人员重复工作，工作效率不高，资源得不到最大化地利用，同时也导致受众获取的信息量减少，逐渐对本地媒体产生阅读疲劳。课题组在调查中了解到，各家媒体都对此问题有所认同，非常迫切地需要主管部门的协调，或者成立专门的部门来统筹解决。

在新的媒介生态背景下，探索区域媒介联动的新模式需要对全区的媒体进行宏观层面上的全面整合，利用新媒体工具，建立顺义区的联动式媒体链条。该链条应该将顺义区内各大媒体串连成线，能够真正共享区域媒介资源。在此基础上，形成区域媒体联动的新模式。

二、建立"大采编室"和"新媒体中心"

"大采编室"是全媒体体系下的概念，是在资源整合的基础上建立的统筹采访、分工编辑、定向推送的机构。"大采编室"的建立将提高新闻工作效率，节省人力、物力、财力，同时保障新闻出稿时间。"大采编室"是将现有报刊、电台、电视台、新媒体等所有采编部门整合为一个"大采编室"。在新闻发生的第一时间，统筹大采编室的采编组进行采访，获取现场信息；由大采编室的编辑人员针对顺义区现有的报纸、网站、微博、微信、手机报、网络电视平台等媒体撰写、推送不同的稿件。

就全球范围而言，英国广播公司(BBC)率先启动的"超级编辑部模式"取得了成功。2007 年 10 月开始，BBC 逐渐重组编辑部，将电台、电视台和网络三大部门整合成两大"超级编辑部"。新闻资源得到循环利用，避免了大量的内部消耗与重复制作。例如，原 BBC1 台的几档王牌新闻播报节目《一点新闻》《六点新闻》及《十点新闻》和 24 小时新闻频道共享一个制作班底，新闻素材能够在当天不断被循环利用，不仅降低了生产成本，而且提高了制作效率。

如何实现"大采编室"的运转？

首先，需要在大采编室的内部实现采编的一体化。该一体化对部门内部、部门之间都有要求。新闻采编一体化，是对现有的新闻节目资源进行集群化的整合，将各种类型的内容资源根据多种传播媒介的具体需要，在同一新闻制作平台上进行重新定义、生产和优化。通过多样化和高适应性的内容采编制作,提供多种媒介的内容发布方式。从经济效益来看,新闻采编一体化可以有效地避免资源整合过程中带来的浪费问题,使媒介能很好地调整自身角色以协调媒介与信息运用的关系,实现高效、简洁的生产。新闻采编一体化包括采编内容一体化、采编手法一体化、节目制作流程化、采编人员专业技能的多重融合。

(一)采编内容的一体化

新闻内容是一个媒体的生存之本,也是媒体核心竞争力的重要组成部分。媒体融合并不是原有新闻内容和采编方式的简单叠加,而是通过有机结合寻求一种更有效的采编模式。

要重视新闻采编内容的原创性和独特性,原创的有独特视角的新闻是媒体生存的根本,也是任何媒体都主抓的部分。以苏州广播电视台为例,苏州广电总台和旗下网站对其新闻报道有相当明确的要求,每天必须要抓重点新闻、抓独家特色新闻,并对新闻进行深入挖掘和包装。一是,每天播出新闻前,电视媒体和网站都会有互通,将今日重点或独家报道提前爆料,更新网站首页,扩大宣传。二是,在新闻内容方面,电视媒体以及网站之间也进行互动融合,电视频道会对新闻资源深度开发,而网络则为记者编辑发布新闻提供便利,特别是在应对一些重大题材时,二者更是保持联动状态,网站时时更新,电视及时跟进。三是,在网站上有专门针对电视媒体的入口,新闻线索平台也出现在网站的显著位置。四是,在人员方面也互有交流,苏州广电实行轮岗制,定期互派记者蹲点学习、工作。

(二)采编手法的一体化

在媒介融合进程中,新闻的采编手法也更为多样化和复杂。随着互联网技术的不断发展,“网络社会化”程度不断升高。“所谓网络社会化,指互联网等高科技的社会应用性不断加强,融合性日益增加,网络的社会化水平不断提升。”网络在传播中发挥的作用越来越大,日益发展为信息传播的强势媒体,在舆论导向宣传方面逐渐成为不可缺少的主流媒体。

(三)节目制作的流程化

在媒体融合时代,传统的定时定量的节目制作与发布流程已经不能满足媒体生存与发展的要求了,节目的采编制作流程必须进行调整和改造。广电集团内部必须整合内部所有的优秀采编力量,再造采编流程,实现节目制作的流程化。随着时代的进步,节目制作开始实现多流程化,采用多流程节目制作的工作模式,从节目选题、信息收集、文案写作、节目串联单制作、后期节目视音频编辑工作到节目播出,以及最后的资源归档等实现流程化作业。在同一个传媒集团内部,各个频道、栏目以及不同传播载体之间可以实现节目素材共享,对节目资源进行再利用、包装和播出。同一个节目通过一系列流程被制作成不同格式的文件分发给不同的传播媒体,使媒体生产效率得到极大提高。具体制作过程如图 10-1 所示。

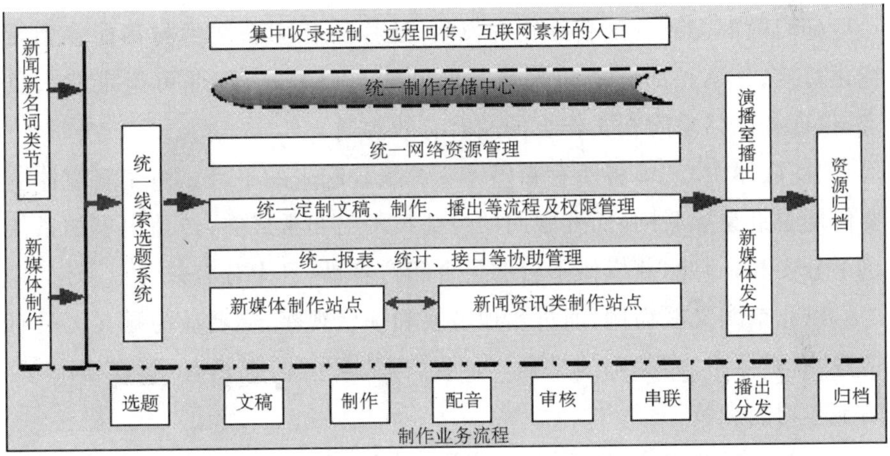

图 10-1　节目流程制作图(图片来源:http://www.dayang.com.cn)

例如,在“南非世界杯”的报道中,苏州广电总台曾派出两名记者前往南非进行采访报道,出发前两名记者就非常清楚他们的工作安排,除了每天发回电视新闻报道之外,还需要完成广播连线、文字专栏等。而台内则成立了后方编辑小组,每天都有专人将两位记者发回的报道从不同角度分类编辑,提供给不同的内部平台。因此,前方虽然只有两名记者,后方却能完成 3 个电视频道、4 个广播频率、2 份报纸以及 1 个网站的所有关于“南非世界杯”的赛事报道,实现了资源共享、效益最大化。

(四)采编人员专业技能的多重融合

媒体融合之后,实现资源共享对从业人员也提出了新的要求。从业人员不仅要考虑所服务的媒体的新闻产品的性质,还要考虑新闻产品的衍生价值,即要考虑同一新闻产品在不同传播载体上发布时所需要的特质。这就要求新闻采编人员能够实现新闻采编内容和采编手法的多媒体融合,即新闻采编从业人员必须是拥有处理文字、图片、视频等多项技能的复合型人才,必须具有全面发展的素质。采编从业人员多种采编技能融合是媒介融合的基础,也是媒体提高自身竞争力和节约人力资源成本的必然要求。新闻报道要实现多媒体立体化传播,新闻从业人员应当对不同媒介形式的新闻采编有更为深刻的认识和把握,能有机统一地把文字、图片、视频和音频结合起来,使之相互补充。

部门内部需要有配套的硬件设施,这样所有的新闻素材都能得到无缝化对接、分享。部门之间需要有良好的沟通方式,沟通可指定专人负责,保证各部门之间在工作上的及时有效沟通。

“新媒体中心”即将所有新媒体资源整合起来的平台。由于新媒体主要传播渠道为互联网,而互联网的传播技术已非常成熟,传播内容的条件也十分便利,因此,新媒体平台的整合相对容易,且十分有效。

以北京顺义区为例,通过实地考察和平台观察,笔者认为顺义区具有构建“新媒体中心”基础的是顺广传媒,因为顺广传媒具有“新媒体中心”的基本功能和特征。

一是,将微信公众号、手机客户端、视音频网站与电台、电视台的制作播出系统直接连接,受众只要点开微信即可看到所有的信息及信息渠道。顺广传媒的微信公众号能在短时间内实现粉丝数量突破十万,是有可圈可点之处的。

二是,顺广传媒微信公众号几乎保持每日推送,保证了信息的时效性,也培养了用户的阅读习惯。

三是,微信公众号的贴近性强,从内容推送、版块设置、文体风格、结构编排上都可以看出其贴近区域百姓的特点。从内容推送和版块设置上看，该微信公众号设置了“推荐”“热点”“民生”等版块，推送生活所需的实用信息；从文体风格上看，“这么多高逼格的消防车，居然都是 made in 顺义！”“这些地方能看到北京城全景，赶上好天儿还不走起！”等标题都较为口语化、网络化；从结构编排上看，该微信公众号将最贴近群众的内容放在第一条，吸引眼球。

四是，微信公众号的服务功能比较显著。天气变化、医疗服务、演出信息、活动门票、打折促销等信息都在第一时间推送给粉丝。

然而，值得注意的是，顺广传媒微信公众号的粉丝增长逐渐呈现放缓趋势，在初期的粉丝直线增长后迎来了瓶颈期。那么，如何改进微信公众号的服务？如何打破现在的瓶颈状况？当下顺广传媒微信号应该采取哪些措施？

课题组通过对北京其他区县的区域传播进行研究，以及对国内外典型案例分析，发现顺广传媒目前还存在一些要弥补和完善之处，建议尽快采取有效措施。

一是，完善与公众互动的效率。目前，顺广传媒微信公众号的互动性不足，还停留在整合资源、单向传播的状况，与受众的互动十分零散。例如，“很有料”栏目下的“我拍我报”版块主要为公众解决生活上的难题，但更新速度慢，有时只报道了公众反映的问题，但没有及时跟踪问题是否解决。此外，微信公众号的评论功能未能很好利用，网民评论后，常常得不到回复。为此，该微信公众号应该强化“受众本位”意识，提升与公众互动的效率。

二是，完善信息处理的方式。在一定程度上，顺广传媒微信公众号对信息处理的方式还处在简单的二次传播阶段。例如，对于电台、电视台、报纸的信息仅仅停留在机械搬运状态，没有进行能动性改造。我们认为，“看顺义”“听顺义”“读顺义”3 个版块设置十分符合区域传播特点，但这些版块几乎都采用新闻源的媒体标题，很少对内容进行新媒体特点的处理。微信公众号是基于网络的新媒体平台，新媒体平台的语言体系、传播的方式与传统媒体不同，因此，不能简单搬运传统媒体信息，仅仅进行“二次传播”。

三是,提升推送内容的传播价值。顺广传媒微信公众号的内容基本停留在有信息就发布的状态,内容主次不够清晰。从推送的消息来看,每条消息的内容都比较简单,有些是报纸新闻或电视新闻的原稿。因此,结合新媒体特点采取措施,提升推送内容的传播价值是体现自身特点的重要方面。

四是,提升整体视觉感受的效果。整体而言,顺广传媒微信公众号的编排设计还不够美观,包括头图、字体、排版等,存在头图遮挡、排版随意、色彩不协调、字体选择不当等问题。整体视觉效果往往会直接影响阅读效果,为此,应该进行专业的研究和设计。

三、开发多种新媒体区域服务功能

在全媒体矩阵中,开发新媒体的服务功能是重点。就顺义区的新媒体现状来看,该区新媒体已初步具备一些服务功能,但还有较大的挖掘和开发空间。

以“顺广传媒”微信公众号为例,从 2015 年 1 月 1 日正式上线推广以来,“顺广传媒”微信公众号所做的主要工作包括:一是放送顺义电视台以及顺义人民广播电台的节目、刊登顺义地区的报纸新闻;二是对一些社区活动进行网络直播,如区内道德模范颁奖、电台听众节、区两会等;三是在微信公众平台推出活动并进行展播,如春联征集、全家福评选、新春话吧、我为妈妈献才艺等活动。这些内容一方面反映出区域服务功能的基础性开发,另一方面也反映出对新媒体工具的服务功能利用还不够充分。因此,“顺广传媒”需要进一步强化对新媒体工具的利用,开发新媒体区域服务的更多功能。

(一)发展区域性个性化兴趣部落

个性化是互联网的特点之一。在互联网时代,网民的身份从“受众”转为“用户”,网络也从传播媒介转为用户平台。在不违背相关法律法规的情况下,网民在这个平台上可以基于共同的兴趣创建兴趣群体、自由选择参与群体。腾讯的兴趣部落、豆瓣的兴趣小组、百度的百度贴吧,都是基于网民兴趣的群体划分的成功案例。顺义区的新媒体传播主要落脚在顺义区，具有区域传播的特点。因此，结合本区域的地方特征，发展有特色的兴趣部落，既可以提升媒体的服务功能，又可以增加用户的互动性、黏着性。

以豆瓣兴趣小组为例，用户在豆瓣上注册后即可自行创建任何话题的兴趣小组，也可加入任何已经创建了的兴趣小组，并且可以针对话题进行发言、点赞、分享、讨论等。除了线上交流之外，小组成员组织兴趣活动进行线下交流也是常态。从线上到线下，从网络到生活，用户的参与度和黏着性都大大提升。

具体来说，由顺义区的官方媒介牵头，可在微信平台上开辟专区，也可在顺义区现有或将有的App上开辟专区，并将其分为“生活、娱乐、游玩、文化、商业”等类型，再率先为用户示范性地组建兴趣部落，如“遛狗散步兴趣部落”“广场舞兴趣部落”“新手妈妈育儿部落”“晨练兴趣部落”“夜跑兴趣部落”等，引导用户参与其中，熟悉功能。把兴趣部落的概念引入区域传播中，既为顺义区公众提供了以“乐趣”会友的平台，提供互动式便利和帮助，也促进了和谐社区的建设。

（二）推动媒体牵引大众化自助集群

引入“众筹”“众包”概念。“众筹”是一个全新的概念，由发起人、支持者、平台三方构成，指发起人通过网络展销自身有创意的想法或产品，并向广大群众募集资金的行为。Massolution研究报告指出，2013年全球总募集资金已达51亿美元，其中90%集中在欧美市场。世界银行报告更预测2025年总金额将突破960亿美元，亚洲占比将大幅上升。“众包”指的是一个公司或机构把过去由员工执行的工作任务，以自由自愿的形式外包给非特定的而且通常是大型的大众网络的做法。这两个概念的共同点是“众”，一个是向大众筹集资金，一个是向大众征集意见。如果把这两个概念叠加，就可以形成“众筹众包”的大众自助服务概念，打造出一个民众互惠互利的自助集群。

杭州交通电台的《我的汽车有话说》栏目，是一个以媒体牵引来推动大众化自助集群的成功案例。该栏目主要为群众解决与汽车相关的问题，如汽车保险的赔偿、新车质量、交通违规问责等，群众通过节目热线联系主持人,反映自己遇到的问题,主持人会根据听众问题咨询相关负责部门,同时向其他听众征集解决方式,群策群力。另外,听众还可以通过微博、微信等平台,直接接受群众的帮助建议。

根据顺义区的实际情况,笔者建议开发两种可行的易于操作的模式。第一种模式是采用杭州交通频道的方式。在顺义的电台或电视台等媒体上开办互帮互助栏目,征集群众反映生活中遇到的困难,利用媒体的扩散力,将问题抛向广大群众,再收集、筛选可行的方法,最后达到解决问题的目的。在这个模式中,媒体只是起到平台和整理作用,也就是"场"的作用。第二种模式是采取更为直接的方式。在现有的新媒体平台上搭建一个群众互帮互助的空间。群众自己提出遇到的生活问题、筹集所需要的钱物、提出创意想法、发起有趣活动等,平台可以做一定范围的推广,让更多人看到这些内容,能够提供帮助的人即可留言或直接联系发起者。这种模式可对顺义公众破解生活难题提供更为直接的帮助。

(三)建立"这里是顺义"扫一扫全功能二维码服务系统

从传统媒体到互联网,再到移动终端,用户的媒介接触习惯正随着技术的更新而逐步改变。对于顺义区域传播来说,相应的媒介配套设施也需要迅速同步更新,与用户的终端设备相匹配,达到巩固老用户、开辟新用户的目的。

今天,在以用户为核心的互联网的基础上,物联网逐渐发展起来。物联网是利用互联网等通讯技术把传感器、控制器、机器、人员和"物"等通过新的方式联系在一起的方式,它使人与物、物与物相连,是互联网的延伸。它包括互联网及互联网上所有的资源,兼容互联网所有的应用,但物联网中所有的设备、资源等,都是个性化和私有化的。相比互联网的"全线上"模式,物联网更多的是线上线下相结合,将线上资源带到线下,把具体的实物联系在一起。物联网在更大程度上契合了区域服务发展方向,建立"这里是顺义"扫一扫全功能二维码服务系统,最终是为了顺义区民众更便捷地生活。

本着上述原则,在以智能手机为代表的移动终端时代,通过二维码来获知相关信息与链接,是盘活顺义现有信息网络资源,推进顺义区物联网建设的最便捷、最有效的方式。二维码是记录着数据符号信息的特定几何图形，一般为黑白相间的图形，它可通过图像输入设备或光电扫描设备自动识读以实现信息自动处理，具有对不同信息自动识别的功能。手机的各种 App 中都具有识别二维码的扫描功能，用户只需进入 App 的扫描功能，对准二维码进行扫描，即可立即进入设定好的程序当中。基于此项功能，在顺义区内的各个场所粘贴设定好相关程序的二维码就可提供更多便民服务。

二维码可以设置在以下区域：在公园门口粘贴二维码，扫描进入公园自助界面，界面设定公园介绍、自助买票、附近交通等各项服务，只需要扫描二维码即可全部获得；在公交车站粘贴二维码，乘客扫描即可进入自助服务的界面，界面上可设置班车信息、分段票价、运行路况等各项信息；在政府各级服务大厅内的门口粘贴二维码，扫码后可看到服务介绍、办理流程、注意事项等内容。以此类推，顺义区的各个公共场所都可粘贴相关二维码，在二维码流程下设置相应的便民自助服务内容，既节省了市民的时间，又节省了公共服务的人力、物力。

借助二维码盘活顺义区现有的网络资源。目前，"顺义网城"、"顺义在线"、官方微博"绿港顺义"等多个网站活跃度较低，可利用粘贴在各处的二维码，将这些网站进行超链接。用户希望获得更多信息时，点击链接即可跳转至相关网站，通过用户引流来增加现有网站的点击量。

第二节　政务层面：运用新媒体建立政务矩阵

高一级政府单位与其分管的下一级政府单位形成政务矩阵，可以轻松实现上下级单位政务信息的无缝推送、同步，对各级政务单位都非常实用。

对于政府机构而言，新媒体的传播方式、传播格局以及由此广泛增强的社会公民意识，给旧有的执政理念和工作方式带来巨大的挑战。政府部门需要排除自身对新媒体的"恐惧"与"轻视"，主动了解新媒体、利用新媒体，认识到新媒体在获取社情民意、有效引导舆论、加强社会监督、汇聚民计民智等方面所具有的积极意义。

我们看到,顺义区政府在新媒体平台的利用上已经有所行动,1999年创建顺义区政府的门户网站——顺义网城,开设魅力顺义、投资新城、政务公开、在线服务、政民互动、市民生活、畅游绿港7个频道;2011年12月,顺义区官方政务微博"绿港顺义"正式登录新浪、腾讯和人民网三大微博平台,成为北京市第一批87家政务微博群成员之一;顺义区范围内已开通的政务微信公众号有15个。

但是,目前这些新媒体平台内容生产普遍存在更新不够、互动性差、影响力不强等问题。随着移动互联网的不断发展,建立和完善高效、有影响力的新媒体政务内容生产模式至关重要。

一、占据移动端发声渠道,"先声夺人"

今天,以手机为代表的移动互联网"绑架"了绝大多数的人。面对这种局面,顺义区政府必须占据移动端发声渠道的阵地,"先声夺人"。移动政务新媒体作为更好的信息载体,在政务信息公开、政府与民众沟通、处置突发事件、澄清不实传言和舆论引导等方面,比地方官网更能发挥重要的作用。

"绿港顺义"微博粉丝已突破50万,但是,微博的评论、转发并不多,粉丝的互动性、参与性较弱。例如,2015年10月18日发送的名为"金丽娟:以法律视角献务实之策"的微博,转发和评论都只有一条;同一天发送的名为"我区公厕改建预计明年启动"的微博更是没有评论和转发。同样是政府机构官方微博,北京市公安局官方微博——"平安北京"的状况就很不一样,其2015年10月12日的微博"拒绝超载"评论数突破400条,转发量更是达到2,000以上。

在移动端渠道发声要获得好的传播效果,需要注意4点。其一,话语体系具有冲击性。"平安北京"的语言表达适合网络传播,具有较强冲击性。比如,拒绝超载是这样说的:"都说了超载很危险,你就不考虑车里人的感受吗?就不考虑开车人的艰难吗?车轱辘怎么想!脚蹬子怎么办!刹车片的小身子骨还能承受吗!!"完全口语化的表达,运用感叹号更有夸张之感。而“绿港顺义”的表达中书面语及新闻体语言较多，拉大了与网民的距离。其二，灵活运用多媒体手法。“平安北京”的微博对秒拍视频、视频链接、长微博等多种手法的运用已经成为常态，例如热门微博“拒绝超载”附上了秒拍视频，比较震撼有趣。其三，实时与受众互动。微博是一个开放的社交型平台，交互性是其最大特征。利用微博的特性改变以往单向传受的方式，转为双向互动的交流方式，对官方媒体拉近与民众的距离、获得更好的信息反馈都有所帮助。其四，注重版面细节。好的头像图片、背景图片、整体风格等，能够让受众眼前一亮，增加好感度。

课题组在研究中监测了顺义区的政务微信公众号，目前顺义区范围内已开通的政务微信公众号有 15 个，但还没有具有影响力的官方政务微信公众号。带有政务功能且影响力较大的微信公众号是由顺义广电中心旗下的新媒体部全新推出的微信公众号“顺广传媒”，微信公众号里的“乐活吧”版块中设有“政务厅”模块，不定期向受众推送重要政务消息。

因此，笔者建议，目前，顺义政务公众号数量不少，但功能发挥不够，进一步拓展增强顺义政务微信公众号的功能是下一步工作的重点。

一是建立与顺义网城同步更新的微信公众号或微信服务号，保证信息的同步更新。同时，搭建网络链接桥梁，保证政务办理功能直接从微信号中跳转至顺义网城网站上办理，实现移动端的信息、服务功能。二是提升已有微信公众号“顺广传媒”的政务功能。从现状来看，顺广传媒“政务厅”模块更新速度慢，上一条推送的信息还停留在 2015 年的 3 月、4 月，并没有同步更新最新的政务消息。对于受众来说，第一时间获取政府的消息是迫切的需求，所以顺广传媒应改进信息推送的速度。另外，顺广传媒并没有政府官网和官博的链接，在“政务厅”版块的显眼地方应有“顺义网城”“绿港顺义”的链接，保证连通性。

二、实现问政平台高效化

在新媒体时代，人们访问政府门户网站的次数应比踏入政府办公室的次数要多。随着移动互联网的发展，通过 App 或者微信公众号问政将成为一种更便利的方式，所以，政府部门应该准确定位其新媒体平台的功能，做好“指尖上的政务”。

针对顺义区政务新媒体的发展现状，问政平台的改进应该主要包含两方面：

一方面，优化区政府门户网站。顺义网城创建于1999年，目前已形成了以“服务公众”为核心，集中文版、英文版、韩文版、手机版和市民主页等多个网站版本于一体的综合服务型网站。顺义网城应加强整体的管理，尤其是对分站点和细节的管理，做到网站整体统一，保证服务质量。

另一方面，开发问政平台的移动端形式，主要以App为主。这一点比网站的改进更为重要。移动端是互联网发展的趋势，也是当下的热门。因此，研发包含顺义网城所有功能的App或开通顺义政府官方微信公众号是今后的工作重点。

移动端必须做到以下几点：第一，要包含现有的内容，尤其是访问量比较高的内容。第二，界面的设计需要突出主次，尤其凸显“服务性”，要把网络办事大厅放在显眼的位置。第三，必须保证信息的更新速度，不仅是实时信息的更新，还包括App界面、功能，微信界面、功能的定期整改，以便最大限度地适应当下民众的需求。充分利用新媒体发展移动政务，打造更加人性化、更加本地化的地方政府形象，已成为各级政府单位的普遍共识。“广州公安”新媒体负责人认为：“新媒体平台大大缩短了政府部门与受众沟通的时差，所以深受欢迎与信赖。”不管是网络化语言、方言的交流，还是地域性的信息发布及讨论，都使政务新媒体的运用更接“地气”。

总之，政府问政平台的核心功能应是便民利民、为民服务，转变问政平台的服务方向，提高其办事效率是今后长期的改进方向。

三、构建政务新媒体矩阵，加强社会治理

党的十八届三中全会提出“创新社会治理体制”，是社会治理理念的重大转变。“治理”与过去的“管理”相比更为强调主体的多元参与，即加强党委领导，发挥政府主导作用，鼓励和支持社会各方面参与。政府在社会治理过程中承担着凝聚、协调、调动和组织的作用的同时，还要充分调动其他社会主体参与社会治理的积极性，从这一点来说，加强政府的新媒体平台建设

对吸纳各方治理意见、提供各方治理参与的平台都有很大的作用。

因此，真正实现治理主体的多元参与，加快构建以基层为导向的社会治理方式的最好办法就是构建顺义区政务新媒体矩阵。

据了解，目前最高人民检察院已经确定将与搜狐新闻客户端合作打造全国检务系统政务矩阵，以最高检为核心主账号，全国各地区检察院为子账号，各子账号可以为各地居民提供专项信息，而重大消息和优质内容可在后台一键推送给主账号，在主账号内对检察院信息进行综合管理。

顺义区政府可以通过政务新媒体平台提供的政务矩阵功能，把管辖范围内的各职能单位的账号按照在实际工作中的架构搭建起来，从而形成统一的网络表达出口，在本地政务信息公开方面变一家“独唱”为大家“合唱”，变零散的政务微信公众号为有序的政务新媒体矩阵，为用户提供更完善的新媒体平台，强化服务和互动，加强社会治理。

第三节　社区层面：构建自助与互动开放社区

社区是党和政府传递、落实政策和了解民情的最基层，承担着居民的管理、服务、保障、教育、安全稳定等多项职能。生活在同一社区内的居民在地域上具有共同点，在生活上、心理上、文化上也有一定的关联和共同认识。随着社会经济文化的转型，社区也面临着新一轮的转型。因此，将传统的社区模式转型成为智慧型的和谐数字社区显得尤为迫切。

在社区数字化的路上，合肥市社区新媒体工作室——滨湖世纪社区新媒体工作室可谓先行者。该社区新媒体工作室充分整合《人民日报》电子阅报栏、微信订阅号、微博、微信三级群、人防多媒体彩屏等新媒体，搭建政民沟通交流的平台，打造“互联网＋社区治理”新模式。目前，社区新媒体工作室主要内容包括“世纪早茶”微信公众号的内容规划和推广运营、微视频和微电影等微信产品的研发及营销、社区 App 手机客户端的开发、社区电视台节目的采编制作发布等。

因此，要从顺义区社区的特点出发，开发媒介助推服务的多种功能，构建自助与互动的开放社区。

一、新媒体点对多、多对点沟通模式

传统的社区沟通方式有两种,一种是通知式,主要用于社区干部传达社区通知或上级指示,一般采用贴通知或广播等形式;另一种是口头交流式,主要用于社区居民日常沟通交流。

由于房屋构造的改变、人们生活工作方式的改变,现在的社区相较于几十年前的社区,居民间的沟通变少,居民的流动性变大,传统的沟通方式已经不再适用于现在的社区关系了。故此,借助新媒体平台开辟新型沟通方式显得尤为重要。

对于通知式的消息传达,社区干部可开辟微信公众号、官方微博,借助这些兼顾权威性和交互性的点对多平台来进行信息的传达。居民只需关注账号即可不限时间地点地获取到所需信息。

对于口头交流式的日常沟通,社区管理者可建立社区微信群、QQ 群等自由交流网络群组,居民可自由加入,在群组中讨论社区问题,相互交流生活,联络感情。顺义区双丰街道就已经采用了建立 QQ 群的形式,居民在群组中的活跃度很高,经常讨论社区事宜,联络感情,邻里关系得到加强。

二、新媒体双向互动自助治理模式

传统的社区治理是由社区干部主导的单向治理模式,社区干部接到街道办事处的指示后,按照指示制定规章制度,对居民进行约束和管理。但是随着社会的更迭,社区作为基层居民自治组织,也作为居民的家园,此类治理模式的弊端逐渐显现。首先,社区干部无法贴切地揣测出居民的意愿,决策角度单一;其次,程式化较为严重,治理过程和方式难以变通;最后,社区干部的工作量大,且居民往往难以理解社区干部的难处,沟通不顺畅。

面对这些弊端以及社区的转型,社区的治理模式也应有所转变,应由单向程式化治理模式转为双向互动的自主治理模式。该模式的最大特点就是民众参与治理,真正将社区自治发展起来。

从决策上来看,社区干部可提供新媒体平台供居民参与讨论,居民可随时随地参与讨论，省去居民参会的麻烦，社区干部也省去组织会议的工作。该新媒体平台可以包括微信、微博，也可链接相关投票，收集民意，网络的匿名性保证了群众的畅所欲言，收集的意见更加真实。从执行过程来看，传统的沟通需要面对面交流，定下来的执行程序往往难以更改，而有了新媒体平台后，社区干部能随时接收到居民的反馈，根据各家的生活习惯做出程序上的改变，更贴近民众，也更加方便，尤其是对于顺义区这样的居民居住特点不同的地区来说，别墅区居住人口少，外国居住人口多，不同的社区需要根据其自身特点来调节治理方式。从工作主体来看，传统的方式是居委会包办全部的工作，工作量大，决定权大，现在有了新媒体平台后，居委会可在新媒体上组织活动让社区内有能力的居民参与治理，出谋划策，参与其中，有些社区小事可分摊到户，节省治理费用。

三、新媒体线上线下双线结合

将新媒体融合进社区的管理中，最大的好处就是便捷，随时随地都能及时沟通，但最大的弊端是居民之间必须见面的情况减少，与社区干部的真实接触减少。在网络上熟络的人可能在生活中并不认识，社区邻里间的冷漠得不到改善。

因此，在网络交流热络的同时，定期举办线下活动十分有必要。由社区干部牵头，在社交群中发起活动构想，征求群组中居民的意见和想法，最终一同构思出活动的方案，活动形式可以活泼有趣，不必拘泥于以往的陈旧活动。在活动执行时，可让部分居民参与执行，打破社区干部与居民的界限，共同参与社区的组织建设。

比如已经建立起QQ群的顺义区双丰街道，民众在QQ群中活跃度很高，趁热打铁组织线下活动，将居民网上的热度顺势引到现实生活中。活动的类型可以有趣丰富，比如为社区的女性组织一些茶话会、妈咪经验交流等活动；为社区的男性组织一些篮球赛、羽毛球赛等体育活动；为社区的孩子举办一些才艺展示等活动。

归根结底，新媒体只是一个工具，但新技术能给生活提供便捷，因此，利用新媒体技术和平台来促进和谐社区的构建是今后社区发展的方向。

第十一章　地方电视台平台创新

在全国宣传思想工作会议上,习近平总书记指出“必须科学认识网络传播规律,提高用网治网水平,使互联网这个最大变量变成事业发展的最大增量”,并且明确提出要“扎实抓好县级融媒体中心建设,更好引导群众、服务群众”。

但是,目前地方电视台相对狭小的地域空间引发了内容题材日益枯竭与市民生活水平提升后对大事件关注度提升之间的矛盾。面对这个矛盾,一些实力雄厚的地方电视台逐渐开始走出去,逐渐扩大报道半径,但生产成本也急剧增加;也有城市台采取区域联合策略,努力推动资源交换共享,但由于地方宣传纪律和本土化视角的限制,目前国内的新闻联盟鲜有成功案例。针对这个矛盾,最可行的出路就是要实现从大记者到大编辑的机制转变。围绕“中央厨房”组建起来的编辑团队应当取代记者团队,成为地方电视台的核心竞争力。

因此,地方电视台须努力成为信息、观点和意见的整合者,或者提供信息展示、观点集成和交锋平台,这应是地方电视台实现突破的一个方向。由于网络、移动媒体提供的海量即时信息,编辑工作甚至可能不需要走出办公室就可以完成。

本章以苏州电视台“无线苏州”App和湖北电视台“长江云”平台为例,探索媒介融合背景下地方电视台的平台创新路径。

第一节　区域服务平台建设

苏州是一个App兴盛的城市,如果乘坐高铁前往苏州,就一定会在火车站门口附近看见一间玻璃小屋，屋外的牌子上印着许多本地服务类App，旁边则是与之对应的下载二维码。玻璃屋内不仅提供免费Wi-Fi，工作人员还会帮助过往群众下载App，并介绍如何使用它们，方便群众在苏州的衣食住行。

现在，苏州工业园区内聚集着全市八成以上的移动互联网企业，约200家，大都开发了自己的App产品，在苹果系统和安卓市场上占有一席之地。这其中有类似于“同程无线”“儒豹”的功能型App，它们发展迅速，一年的用户数增长从数十万到上千万不等；有类似于“无线苏州”“苏州气象”“苏州博物馆”的本地服务App，它们在国内屡获奖项，成为各地争相模仿的对象。

苏州的App这般如火如荼，源于2005年便启动的TMT(科技、媒体和通道)技术孵化。经过数年的发展，各种创新不断成长、迭代、冲撞和融合。后来，随着智能手机、平板电脑的流行，App在这里逐渐多了起来。

短短十几年的时间，一批新兴媒体如雨后春笋般涌现。传统媒体如何应对？苏州广电传媒集团“十二五”发展规划如此表述：实现从单一的传媒集团向传媒主业、新媒体产业、文化产业“三足鼎立”的传媒文化产业集团的跨越；实现传统媒体和新媒体相融合，着力构建全媒体运营平台。

一、“无线苏州”项目启动，两年拥有百万用户

2011年10月，为加快发展文化产业和新媒体产业，苏州广电传媒集团正式启动“城市信息云平台”(CICI)项目建设。“无线苏州”移动客户端成为推进城市信息云平台的蓝本项目。

“无线苏州”是一个基于iPhone、iPad和Android移动平台而开发的移动客户端，它实现了互联网、物联网、通讯网、广电网“四网融合”，电视屏、电脑屏和手机屏“三屏互动”。

利用移动互联网、物联网、云计算等信息技术手段，“无线苏州”建立了广泛覆盖和深度互联的城市信息网络，对城市资源、环境、基础设施、产业等多个方面进行全面感知，整合构建协同共享的城市信息平台，为政府社会管理和公共服务提供智能决策依据，为企业和市民提供智能信息资

源及开放式信息应用服务。

截至2013年9月，“无线苏州”下载量已达100.2万，月流量使用达56T，日平均访问量为2,000万次，安卓用户和苹果系统用户月度活跃率分别达到46%和55.6%。在本地媒体应用、城市生活应用和区域门户应用排名中，“无线苏州”位居第一。通过第三方统计数据分析，“无线苏州”用户遍布全球58个国家和地区，苏州本地用户占总用户的90%以上。

二、平台定位“新闻＋生活”，城市App也有春天

作为城市门户性质的App，“无线苏州”如何在成千上万移动新媒体中脱颖而出，赢得用户的青睐？从定位来看，“无线苏州”十分明确并注重新闻资讯（内容）与生活信息（服务）的建设方向，已形成4大类别、16大功能的“云平台架构”，从市民生活、公共服务、文化产业等多个方面提供保姆式的服务。

（1）新闻资讯整合传播平台：在移动互联网终端，通过视频、音频、图文等多媒体传播方式，同步直播本地广播电视节目，打造社交互动电视媒体。

（2）公共文化信息发布平台：借助城市信息化平台，打造智慧城市文化系列，包括博物馆、昆曲文化、演出、电影、文化产业等。

（3）市民生活信息服务平台：为市民生活提供信息服务，包括天气、物价、文化、社保、地理位置、实时路况、停车诱导，实现城市综合生活信息的智能感知、采集、应用。

（4）移动电子商务运营平台：全面推进移动互联网电子商务，通过O2O电子商务模式启动城市旅游、汽车、电影等垂直行业电子交易平台。

2012年6月，在中国新媒体峰会暨“中国新媒体30强”评选活动中，“无线苏州”成功入选“中国传媒创新榜10强”。进入10强的其他新媒体是：CNC新华网络电视、环球时报、21世纪、大楚网、新周刊、中国国家地理、时尚书架、财新网、FT中文网。

组委会的评价是：“无线苏州”作为地方城市广电开发的客户端，是传统媒体的一次创新，突破了单一的新闻传播平台，增加了公共信息平台、

生活服务平台。产品结合 Local 属性的本地化运营模式，实现了从“看电视”到“用电视”的转变，是一个全国城市移动互联网典型发展范例。

三、服务应用为先，开发移动电子商务

一份超万人参与的调查问卷的统计数据显示，“无线苏州”用户具备高学历、高收入和年轻化 3 个显著特征：专科及本科以上学历用户人数占比达 83%，月收入在 4,000 元以上的用户占比 54%，年龄在 20—40 岁的用户占 88%。高占比的本地用户集群，高质量的用户数据指标，将引导“无线苏州”未来的商业发展模式。

2013 年 6 月，“无线苏州”上线“违章查询”应用模块，作为苏州广电与苏州公安交警共同打造的“智能交通直播平台”，凭借良好的用户体验，强势的宣传推广，“违章查询”上线后两周内，拉动了近 5 万下载量，成为“无线苏州”移动平台的热门应用。

在一次用户恳谈会上，一名用户对“违章查询”表示肯定的同时也问道：“现在你们为市民实现了手机查违章，实现了查看违章图片，什么时候我们还能在这手机上交罚款？”一个自然而然的想法，一个颇受欢迎的建议，更需要一个完美的解决方案。分阶段更新应用模块之后，涉及交互、支付等公共商业消费的新功能研发已箭在弦上。

不久的将来，“无线苏州”电影功能模块将实现从手机选片、定座、支付到看片的一站式服务。该平台也将成为“无线苏州”O2O 移动电子商务的试水项目，随着平台数据规模的不断扩大，集团将利用城市联盟的渠道资源，在汽车、旅游等垂直行业，以城市为点，深入开发移动电子商务。

四、广电系统联盟运作，拓展全国模式

2013 年初，苏州广电确定了“无线城市”联盟的战略合作模式。“无线苏州”作为平台建设蓝本，以丰富的地域性资源和本地化运营模式，引起了全国各省市传媒和运营商的关注。

2013 年 9 月初，苏州广电率先在江苏省内选择城市台作为首批联盟成员，开展模式复制，并逐渐在全国推广。目前，已与国内 7 个城市的主

流媒体达成了战略合作。城市信息云平台——无线城市联盟的雏形正逐渐形成。

在“无线苏州”的团队中,有一句话常被提起:不要因为走得太远,而忘记为什么出发。“无线苏州”作为地方城市广电开发运营的移动新媒体,突破了单一的新闻传播平台模式,成为聚合了公共信息和生活服务的平台。随着移动互联网业务的发展,“无线苏州”将不仅仅局限于单一客户端的运营,而要向城市信息应用平台和商业服务平台的整合方向拓展,打造城市信息云平台。

第二节　新媒体云平台建设

“长江云”新媒体平台(后文统称“长江云”)是由湖北广播电视台打造的湖北官方新闻政务客户端,致力于打造一个集新闻、服务于一体的信息互动平台。2014 年 9 月 28 日,“长江云”同名微信公众号和客户端同步测试上线。2014 年 11 月 23 日,“长江云”正式版 1.1.0 上线。

在第一阶段建设中,“长江云”集合新闻、政务、服务 3 大功能,打造了覆盖全省各层级的“云上系列客户端”,构建了三级联动的政务大厅,将移动政务服务真正落地。这是对十八大以来党加强意识形态工作领导权的主动回应。习近平总书记在党的十九大报告中继续强调要牢牢掌握意识形态领导权。习近平总书记曾指出“坚持党对意识形态工作的领导权……这些重要思想,是做好宣传思想工作的根本遵循,必须长期坚持、不断发展”,掌握意识形态工作领导权,必须坚持党管新闻、党管媒体、巩固意识形态阵地、坚持正确舆论导向、重视传播手段的建设创新。实践表明,在新的时代背景下,在与互联网新媒体竞争的过程中,湖北广电发力移动政务服务,改进和完善政务服务、民生服务,是一条行之有效的路径。移动政务新媒体平台的建设,同样也是湖北省委省政府意识形态工作的一部分,在宣传思想工作全局中发挥了难以替代的作用。

经过 4 年的建设,“长江云”已初步搭建起“相加”的云平台,实现了统分结合、互联互通、开放共享的机制。与此同时,“长江云”平台已经实现了对湖北省内各个地市州县的全面覆盖，初步形成了一套较为系统的运作体系，融合了媒体融合与舆论引导平台、政务信息公开与移动政务平台以及网上群众路线与民生服务平台，这为下一阶段实现媒体融合的“相融”奠定了基础。

在实践过程中，“长江云”平台获得了一系列切实可行、行之有效的经验性做法，从思想上、战略上和行动上都具有较强的可持续性，对后续工作的展开、对其他地区同类系统性平台的搭建都具有较强的参考性与可复制性。其具体实践经验主要体现在8个方面：

一、抓住痛点，回应传统主流媒体转型的迫切需求

面对新兴媒介的快速发展，传统媒体迫于互联网媒体的竞争压力，面临发展定位、方向和路径等多重转型困境。作为从传统广电媒体孵化出来的新媒体平台，“长江云”平台试图解决传统主流媒体转型发展和当前意识形态工作中的痛点，尤其是要在商业媒体具有一定优势的网络传播环境中，找到信息传播的有效发力点。“长江云”发掘并确立了“移动政务”服务这一清晰定位，通过云上系列客户端、一键问政、云稿库等方式，成功找寻到一条破解传统媒体发展现实矛盾的可行道路。

二、扬长避短，差异竞争，全媒体发力打造新型主流舆论阵地

面对在资本、技术、覆盖范围等方面具有显著优势的商业互联网媒体的挑战，“长江云”平台切实推行差异化竞争策略，明确做到有所为、有所不为，专注政务和民生。

首先，借助自身党媒属性，放大自身在信息传播方面的可靠性与权威性的特征优势，比如创新开办全媒体“新时代湖北讲习所”，宣传中央精神和思想；其次，积极配合政府部门在信息管理、信息发布和信息服务方面的安全性需要，提供安全有保障的政务信息服务；最后，针对政府与百姓的沟通、对百姓的服务方面的信息化需求，积极有效协助政府实施电子政务，着力于民生领域的信息化与便利化的服务品质提升。

三、党性与人民性相统一，抓住舆论引导的主导权

一方面，“长江云”平台恪守党媒职责，确保新闻发布的权威性、真实性、有效性和准确性，在消息来源日益复杂、真假莫辨的信息环境中，坚持做公众可以信赖的信息平台，始终确保向用户提供安全可靠的信息服务。另一方面，“长江云”平台有效利用新媒体的技术优势，适应新媒体环境下的信息传播特点，通过系统搭建起的一键发布、一键推送、一键处理等技术手段，确保对重要新闻和信息的快速传播，并及时应对有害信息和不实消息的扩散，第一时间占据信息发布主导权，有效引导社会舆论走向。

政务信息的发布和一键问政服务是统一的，有效地联系了党和人民群众，让党和政府的声音“飞入寻常百姓家”。

四、有效整合信息资源，实现信息立体化发布

“长江云”最大限度地发挥平台对于信息的整合优势，多端共振，使之成为传递党政信息、群众声音以及舆情动态的主渠道。一方面打通各个地市州县不同媒体，帮助地方党委和政府解决这一层级上的媒体融合问题，实现本地信息资源共享；另一方面，跨越不同行政层级，实现双向信息快速传递和有效到达，在确保上级信息发布能够快速覆盖最广泛用户人群的同时，也允许基层乃至个体用户快速实现舆情上传和预警，帮助相关部门及时掌握舆情，快速应对。

五、统分结合优势互补，协作共享多点共赢

湖北广电集中资金，有效投入建立统一的“长江云”平台，解决各地市州县和相关政府职能部门的信息化系统建设力量不足的现实问题，帮助地方政府和相关职能机构快速批量制作“云上”系列客户端，统一设计，统一培训，发挥各地方和各部门的积极性，因地因需制宜，呈现各自特色，满足各自所需，从而实现统一大平台与众多客户端之间的优势互补。

通过统一平台有效组织各级地方和政府职能部门，实现信息和用户等多种资源共享，相互借力，形成一点生产、多头分发的市县与部门间的

运营协作。此外，还有效建立起积分制度，通过对不同客户端拥有资源量化的手段来实现保证相互间协作与资源交换的可持续性，从而最大限度地实现共享、合作、共赢。

六、主动创新研发，强化技术自主能力建设

“长江云”平台的研发团队自该平台建立之初就充分认识到技术力量的建设对于整个新媒体平台的发展所具有的决定性作用。一改传统媒体单纯依赖内容赢取市场的思路，“长江云”平台的研发团队在技术支撑方面下大力气，通过引进技术和自主开发，实施外包与自建团队兼顾的策略，初步实现了技术方面的掌握权。与此同时，“长江云”平台将自身技术优势扩散、共享给各个地方和政府职能部门，在一定程度上解决了县级公共管理和服务部门在技术、人力和管理维护等方面力量薄弱的问题，使得过去无法开发和运行维护的问题得以解决，从而使其资源效益得到充分利用。

七、云稿库真正落地深度融合，实现了平台的日常运行

“长江云”平台不断深化媒介融合，不只是停留在概念层面，而是在功能上也真正实现了媒体融合，媒介资源的整合与利用充分体现在日常新闻报道和信息服务之中。同时，“长江云”打破传统媒体思维，走出传统的媒体内容提供者的角色，经过对资源的整合利用后将信息服务延伸到政府部门的实际工作和百姓的日常生活之中，有效连接起地方和政府职能部门的同时，也与百姓的信息生活形成了“硬关联”。

八、强化平台思维，坚持产品导向

“长江云”平台的建设，最大限度地贯彻了“平台”思维，充分兼容不同形式的内容与不同类型信息，满足各种不同的信息服务需求，提供形式多样的信息服务产品，以此充分满足来自政府和百姓的信息需求。同时，通过新产品的不断创新、开发与供给，不断强化自身在服务政务和民生这两方面的重要功能和作用，形成有料、有效、有机、有用的新型主流新媒体信息平台。

第三节　融媒体平台优化路径探索

经过几年的媒体融合探索,中央和地方媒体在推进传统媒体与新兴媒体融合上,积极学习、研究新媒体发展规律,推出了具有自身特色的新媒体产品和平台。在当前背景下,媒体融合发展要尽快实现从“相加”向“相融”的转变,实现一体化发展。以“长江云”平台为例,目前,“长江云”平台建设已经进入第二阶段,即由2.0向3.0升级迭代的关键时期,也是从媒体融合平台建设向媒体融合生态圈建设演进的关键时期。因此,“长江云”应更加聚焦于移动政务和政府信息化建设平台,并且将该平台打造为全台资源共享、内容生产协作、内容传播的共享平台。与此同时,新闻版块、服务版块应当保留,但应该始终重点突出“移动政务”这一鲜明特色。基于以上定位,以“长江云”平台为例,该平台在未来发展中可从以下方面取得更进一步的发展。

一、定位:明确自身属性与功能

权威可靠的政务信息服务者。参与政府信息化建设,立足政府信息化服务提供者角色,增强技术平台和用户体系两方面的建设水平。凭借党媒属性,打造安全、便利、可靠、稳定的政务信息数据库和相关应用产品,提升公共管理的数据化水平,不断增强政务服务数字化所带来的便利。

高效便捷的公共信息沟通者。坚持立足党媒优势,发挥公益特质,响应中央和国家号召,更好地实施政务公开。发挥媒体的监督职责,持续发掘各级地方政府和职能部门在发展电子政务过程中的信息化需求,努力挖掘,创新服务方式和信息供给模式与手段,进一步提升党媒与政务、民生服务的新融合。

全面及时的舆情反馈者。坚持走网络群众路线,汇聚社情民意,协助政府联系群众,通过新的媒介手段与技术功能更好地发挥舆论监督功能。借助广泛的用户基础更好地实现舆情收集与反馈的渠道功能,提升舆情监测水平。及时发现并反映舆情，帮助公共管理部门在重大突发舆情事件发生时作出及时、准确的判断和有效应对。

二、路径：用户参与＋多元服务＋开放共享

强化用户黏性。不断强化与个体用户的联系，在“实用性”上下足功夫，做老百姓的产品。平台应该遵循问题导向，从百姓与政府部门打交道过程中存在的“痛点”和“痒点”着手开发产品，从而帮助解决民生中的实际问题，增强个体用户对于“长江云”平台的黏性。

强化平台意识。不断突破传统媒体思维定势，强调信息开放与平台共用原则，将包括具有媒体属性的非媒体在内的各种信息生产、发布的主体和内容载体吸收、纳入平台之中，立足于服务政务、服务民生，最大限度地整合传统媒体、新媒体、政府以及公众的各类信息资源。

强化融通共享。进一步探索、完善与传统广电媒体以及 IPTV 等渠道的内部互动融合，同时增强对外开放共享。通过大数据和数据挖掘等技术手段实现对用户数据的充分有效利用，精准反馈给相关政府部门，提供制定政策决策的依据，更好地服务百姓，更好地推动政府部门与“长江云”平台的数据开放共享，从而实现良性互动的循环发展。

三、生产：协同内容建设，内外部挖掘潜能

加强 PGC(专业人员生产内容)协同生产。利用平台优势实现专业人员生产内容的有效整合与协同生产，进一步发挥平台在技术实力和资源覆盖方面的优势，利用云平台、云稿库、云模式带动市域、县域媒体的融合发展。帮助市级、县级电视台、电台和报纸等传统主流媒体实现资源共享，激发基层媒体的内容生产活力，发挥其在信息来源、用户联系、商业资源等方面的本地化优势，产生更大的协同效应。

放大 UGC(用户生成内容)生产效能。透过多种方式激发用户生成内容的规模与数量，提升用户参与度，将“参与性”贯彻进产品开发的理念之中，努力挖掘用户生成内容所具备的强大生产力，增强平台活跃度，为平台内容生产提供不竭的内生动力。

利用技术辅助功能。着力技术开发,强化数据技术对大众内容生产和网络资源的有效抓取和智慧整合,利用数据挖掘、智能算法等人工智能相关技术的支持帮助提高选题、报道、核实与分发等方面的精准化程度。

开掘既有优势资源。借助自身的广电传统优势,对内挖掘潜能,契合互联网风口,开掘短视频、知识付费、音频自媒体等带来的机遇。同时注意,在开发、利用音视频时,不要专做音视频内容,而要在内容生产上实现与互联网公司的差异化竞争与发展。

四、发展方式:发掘整合既有资源,实现品牌全面提升与发展

挖掘既有资源空间。充分利用湖北广电现有的优势媒体资源及其辐射作用,充分调动既有的受众资源和社会资源,通过用户数据化、节目碎片化、广告程序化等新手段,充分挖掘潜在资源空间,从而实现与“长江云”深度融合。

模块化构建品牌资源。着力打造“长江云”品牌,从理念、模式和产品等多方面系统化构建起品牌资源,对已获得成功的系列产品进行独立拆分并加以模块化改进,从而更好地在全国范围内实现推广和复制。

正确认识自身发展阶段。当前,在市州县三级已经全面铺开的条件下,“长江云”的发展需要开始逐渐由之前“量”的增加转变为“质”的提升。在依靠“规模效应”带来的发展优势的同时,开始着眼“效率制胜”。就中长期来看,未来的发展规模不是关键,重要的是提升信息、服务、问政的效率和效果,以及平台上各方参与者的用户体验。

五、机制:改革媒体融合机制,增强互联网思维

逐步改革传统的部门构成。逐步打破部门利益格局,处理好“长江云”平台和台里各个频道、部门之间的关系,发挥资源的整合效应。推广产品经理制,破除传统媒体运行所遗留下的体制束缚,强化集团在运行过程中的主体地位,遵循互联网企业价值创造的基本规律。创新孵化器功能,鼓励团队创新。在保证政治正确、内容合规的前提下,提升集团内部对于技术产品、运行方式、盈利模式等创新尝试的容错、试错宽容度。提

升用人机制上的灵活度，在人才引进和人才流动上给予集团更大的自主权和更宽松的数量限制。改进收入分配机制，提升技术研发等关键人才岗位的薪资待遇，完善融媒体内容生产的激励机制，建立稿费资金池等创新激励机制。加强智库建设，充分利用外部智力资源，最大限度发掘外脑，组建一支由业界、学界、商界、政府等多方力量共同构成的智库队伍，通过会议研讨、论文报告、小规模试验等形式为“长江云”平台提供持续不断的智力支持。加强定期的专业培训，通过培训提升平台工作人员在观念认知、实践操作等方面的素质。开展与业界前沿企业和机构的直接对话，获取创新产品灵感，谋求创新发展机遇。

六、发展步骤：从产品开发到生态构建的“三步走”

基于对“长江云”新媒体平台的发展现状的调研，笔者认为“长江云”的中长期发展步骤可设定为从产品的充分升级，到多元复合型的平台迭代，最终形成完整的“长江云”生态系统的“三步走”。

第一步：产品升级。提供富有价值的信息服务产品是确保平台有效运行的基础和前提。目前，“长江云”平台已经初步实现了基础性新闻产品、政务和民生服务产品的开发和应用，但就内容覆盖范围和分布程度来看，依然还有很大的产品开发空间有待进一步开掘，同时还需要根据用户需求，对目前已有的产品进行不断更新和升级。

第二步：平台迭代。目前，“长江云”平台已具备基本完善的功能架构，并实现了有效运转。作为新媒体平台，平台的用户数量是决定平台发展的关键要素，而技术性门槛则是确保参与者加入的首要前提。未来“长江云”平台的发展需要着力平台完善，尤其是提升平台接入的技术便利性：一方面需要在内容供应、资源共享与利用，以及小型功能开发等方面给予机构参与者以更多便利，简言之就是更加便利、快速地应用“小接口”；另一方面需要在内容生产方面向个体用户提供更为便捷的手段和方式，以便其更好地参与平台内容的建设与互动，也就是用户“入口”的完善。

第三步：生态构建。生态系统构建的目的在于确保整个“长江云”平台能够实现内部的有机循环互动和整个平台的可持续发展。从中长期来看,“长江云”需要根据不同的政府部门和服务对象、用户人群、应用需求场景等,以及所提供的民生服务类型进行垂直生态系统构建,并在此基础上利用平台的资源整合优势,形成一个全面完善的信息平台的生态系统。这一生态系统要具有鲜明的媒体融合“湖北模式”标签,具有独特的“长江云价值”,并且模式输出、盈利渠道、资源共享等方面可以被有效复制和输出。

第十二章　地方电视台产业合作模式创新

我国地方电视台创新合作模式是在媒介融合的背景下，基于技术进步和产业视角，更好地释放地方媒体的生产力、提升竞争力的必然选择。央视、省级卫视优势依然突出，基于媒体融合趋势，我国地方电视台要想在未来不断变迁的传媒格局中，不断发展自己，不仅要突破原有的内容生产模式、打造全新的融媒体平台，更需要在产业经营方面实现产业合作模式的创新。在媒体融合的背景下，地方电视媒体需要打破封闭的产业模式，进一步拓展市场路径，在产业合作模式上实现融合与创新。地方电视台要通过产业合作模式的创新，不断提高媒体影响力、优化资源配置、革新新闻产制过程，进而收获市场回报和社会效益。

第一节　横向融合：文化产业跨地域、跨层级的融合

一、文化产品的巨大空间

文化产业作为一个新兴产业，越来越受到广泛关注，与国家正在进行的文化体制改革相呼应，文化创意产业已经成为我国社会经济发展中的一个重要方面。放眼世界，许多欧美发达国家纷纷把提升文化竞争力作为增强综合国力的一个重要手段，把发展文化产业作为一项重要的发展战略，文化产业已经成为众多欧美国家国民经济中的重要支柱产业。

什么是文化产业？从其所提供产品的性质来看：它向消费者提供的是精神产品或服务；从整体活动的性质来看：其同生产企业一样，以盈利

为目标。联合国教科文组织对文化产业的定义为:按照工业标准生产、再生产、储存以及分配的文化产品和服务等一系列活动。

实际上,文化产业和其他产业的界限不是绝对的,在文化经济不断发展的情况下,各行各业利用的文化资源不断增加,因而都具有了某些文化产业的特征。其不仅与新型工业化进程紧密相连,而且同科技、教育等产业有机地融为一体,形成了具有丰富文化内涵的新型工业化发展模式,文化产业的范围在不断地发展壮大。

20世纪90年代后,文化产业迎来一波发展高潮。无论是发达国家还是发展中国家,都将发展文化产业提升到提高国家竞争力的战略高度。在发达国家,文化产业在GDP中的比重都普遍高于10%,美国则高于25%,在其国内产业结构中仅次于军事工业,位居第二,其经营总额近几年高达几千亿美元。陈少峰教授(2005)认为,文化产业是朝阳产业,与高智慧、高科技结合,是未来最好的产业形态。文化产业有两大突出特点:需求大和高附加值。人们对文化产品的需求不仅具有不可替代性、排他性,而且具有无限性,比如好歌可以不断出新,人们百听不厌。文化产业的高附加值体现在内容为主导、产业链形态的延伸,一本书出版后,可拍电影,可制成DVD、影碟、游戏,还可授权,其价值会不断延伸。

二、文化产业的盈利模式

如果将企业经营比作一场赛跑,那么盈利就是终点,营销只是过程,品牌只是道具,盈利模式就是起跑线。盈利模式是探求利润来源、生成过程和产出方式的一套系统的方法,文化产业目前有6种普遍应用的盈利模式。

第一,专业化利润模式。所有的企业在初创时期都会表现出某些方面的专长,通过充分挖掘其专长能迅速在市场内占有一席之地,专业化企业通过其产品的低成本、高质量、良好的声誉以及更高的资金使用效率而获利。如亚马逊专注于图书而成就其网络第一书店的地位,盛大网络专注于游戏而成为网游的领先者等。

文化产业最大的特点就是以创意和知识为核心,一旦出现好的创意,就能快速切入市场。对于创业期以及成长期的企业来说，应努力树立自身在本专业的权威地位，并通过不断推陈出新来延长该专业的生命期。2000 年，百度发现仅靠收取技术授权费无法生存，于是设立自己的网站，采用新的盈利模式——企业竞价排名，这一重大转变使百度获得了巨大成功。

第二，卖座大制作影片模式。文化产业的一个显著特征表现为“新产品”开发的成本通常较高，而开发之后的边际制造成本较低，此时，提高利润的最好方式就是在最短的时间内增加产品的发行数量。这种模式在文化产业中的影视、书刊、音像行业体现得尤为突出。美国好莱坞是成功实践该模式的典范，好莱坞影片多是高投入的大制作，情节内容符合大众口味，加上其营销宣传的炒作，在其刚进入我国市场的头两年，几乎每部影片的票房都在 6,000 万元左右，《泰坦尼克号》更是在我国国内创下了 3.6 亿元的票房神话。在此之后，我国的商业大片《英雄》《天地英雄》《十面埋伏》《无极》等也纷至沓来，它们也都保持着高投入、高产出的趋势。

卖座大制作影片模式可以在短时间内快速收回成本，实现盈利，但需要注意的是，企业在市场推广方面不仅要不遗余力，通过高投入的宣传推广攻势迅速扩大产品的知名度，吸引消费者眼球，也要结合产品的生命周期进行营销活动。

第三，拳头产品模式。在现实中，利润已经从一个均衡的产品组合转移到几个拳头产品上。由于资源品位不高，竞争激烈，已开发的产品中缺乏可以提炼为具有吸引力的独特性卖点，产品的打造一般化，逐渐变成无利可图或赔钱的产品。在这种情况下，优胜企业通过提炼具有吸引力的独特性卖点，着重打造了一系列拳头产品。纵观文化业中的许多企业，这些企业都有自己的拳头产品，而企业的核心利润来源也是这些拳头产品。江苏卫视靠《人间》站稳脚跟，打出情感牌后，又以《非诚勿扰》统治了双休市场，让“幸福中国”品牌响彻全国。

第四，速度创新模式。创新速度高于行业平均水平的企业总是具有先行优势，文化产业常常被认为是“创意产业”，由一个好的创意支撑所产生的“新产品”总会获得超额回报。而不断利用速度优势的创新者，可以有效阻止效仿者的模仿,获得持续的高利润率,并始终处于行业的龙头地位。

目前,在国内卫视排名靠前的湖南卫视和江苏卫视,都把创新研发放到重要的战略高度进行投入,研发团队直接与欧美合作方对接、协同开发,在产品研发、理念学习环节实现了零时差,这是其长期居于领先地位的重要保证。

第五,利润乘数模式。对于拥有强势消费娱乐品牌的企业来说,利润乘数模式是一个强有力的盈利机器。一旦投入巨资建立了一个品牌,消费者就会在一系列的产品上认同这一品牌。企业就可以用不同的形式,从某一产品、产品形象、商标或服务中,重复收获利润。美国迪士尼企业是这一模式的缔造者和忠实实践者。它将同一形象以不同方式包装起来,米老鼠、小美人鱼等卡通形象出现在电影、电视、书刊、服装、背包、手表、午餐盒上,每一种形式都为迪士尼带来了丰厚的利润。

第六,价值网模式。在此模式中,利益主体非常多,复杂的价值链已经超出了传统的环环相扣的价值链概念,更像是一张以某一产品或服务为核心而不断扩散的商业价值网。在价值网中,各种利益主体采取协同营销的方式针对同一目标消费者进行服务,并获取利润实现价值,它们互相依存、优势互补,形成了一个不可分割的整体。湖南卫视 2005 年的“超级女声”开启了这种模式在中国电视界的实践先河。长期以来,我国电视节目始终在收视率和广告之间徘徊,寻找利润点,而“超级女声”变两点为多点,将传统电视节目并入一条崭新的品牌流水线。“超级女声”所涉及的利益主体非常多,如赞助商(蒙牛)、运营商(天娱公司)、湖南卫视、掌上灵通、娱乐传媒(网络、报纸、电台)等,形成一张以“超女”为核心不断扩散的商业价值网。

综上所述,以上这 6 种盈利模式是目前文化产业界常见的。尽快缩小同国际文化产业的距离,最大限度地开拓国内文化产业市场,应充分利用以及创新这 6 种盈利模式,整合产业资源优势,满足各种新媒体的内容需求和各类消费者的多样化文化消费需求。

第二节　纵向融合:“制作、播出、传输”上下游融合

数字化技术的发展使城市台与数字广播、网络、手机以及移动电视等各种传播渠道与接收终端的结合成为可能,这就拓展了地方电视台原来的生存空间和层级限制,使地方电视台有望获得与中央台、省台以及各种新媒介同台竞争的机会。

第一,立足传统频道,主动融合新媒体,打造具有主导力的多媒体运营平台。在进军新媒体“蓝海”时,地方电视台必须选好切入口,步骤谨慎,规避运营风险。地方电视媒体要立足于本地资源,打造直播多媒体的应用平台。改造一个现有的频道,将其变为直播频道,提升频道的广告价值。对新媒体的投入还要考虑它和传统业务有哪些接轨,尽量投入一个,解决多个问题。为新媒体采集节目、制作节目和分派播出节目的这一套设备的投入,不管是做传统媒体还是做新媒体,它都是必要的一个技术改造环节。当然,作为全媒体战略,下一步的投资还有更多。为了让投入有回报,必须采用新的机构、新的体制、新的市场主体,吸纳新的资金来进行运作。只要产品能找到市场,资金就不是最大的问题。

第二,升级直播频道,滚动播出。这其中要解决好两大问题:一是信源的多元化;二是“出口”的多样化。地方台没有国际新闻的报道权,也无法现场报道国内的重大事件,这对于地方台来说是很大的一个问题。针对信源门槛的问题,南京台的做法可以学习。南京台通过新华社江苏分社的牵线搭桥,与新华社签订战略合作框架,争取了最快最鲜活的稿件,同时争取了新华社的记者能够就重大事件随时与频道进行视频连线。另外,利用业内资深人脉资源,建立一个包含全国各地的资深媒体人士的评论员队伍也是一个有效的方法。“出口”多样化是指既可以作为流媒体整频道地在各种渠道(互联网、移动电视、手机电视等)上出现,也可以进行视频供应,如把整点新闻、交通疏导信息、商业信息、停车场信息等各种各样的信息打包、分派、接受定制,这就形成了多进多出的传播格局。

第三,通过节目生产模式的创新实现盈利模式的创新。在全媒体互

动平台的支撑下，传统媒体可以对自己固有的视频内容进行加工，实时化、娱乐化、互动化、俱乐部化，按照产业的方式去运作。

电视直播频道依然是多媒体里面的流媒体，沿用的是传统电视的节目形态和盈利模式，只不过是用多媒体的传输方式。电视全媒体战略的进一步举措是，尽快筹建中的多媒体节目部将根据不同的终端研究制作不同的节目，立足于城市台固有的行政资源、节目资源去做增值，面向多种媒体的发布形式和播出形式、不同受众的多元需求，进行节目的定制生产实验。这样的实验一旦成功，实际上就是由原来的卖广告变为了卖流量、分流量、卖内容、卖版权。这就形成了一个新的盈利模式，未来的商用空间无限。

第三节　产业链融合：文化演艺产业链与电视产业链的重组

当前中国广电行业在竞争势态上呈现出的一个趋势性变化是：领先的广电传媒之间，已不仅仅是节目与节目、产品与产品、频道与频道的竞争，而是升级到系统与系统、链条对链条的竞争，并且正在进一步升级到全产业链竞争这一更高境界的竞争阶段。也就是说，其竞争已经不是产业链某一个环节的竞争，而是产业链从上到下所有环节的整体竞争。领先的广电传媒将从单纯的“内容提供商”“媒体运营商”的角色，向“产业链整合者”的角色转变。

在全产业链竞争时代，“产业链整合者”会采取“全产业链经营”模式，通过市场和资本手段，争取在产业链的每一个关键环节进行“战略卡位”，并充分链接全国乃至全球范围内的优质资源，获得系统竞争优势。

“全产业链经营”模式需要重点关注3方面的能力：

第一，产业链的纵向整合能力。要做大做强产业链上下游的各个环节，贯穿打通，实现各个环节之间的资源对接、相互撬动。目前，多家省级广电媒体和省级卫视纷纷打造“自制剧”，目的就是打通产业链制、播两大环节。电影领域的产业链纵向整合趋势更加明显，中影集团、华谊兄弟、保利博纳等领先公司，或者是从上游的制片往下切入到发行、放映，或者是从中游的发行往上切入制片、往下切入放映，目的都是为了打通产业链上下游、提升自己在产业链上的整体把控能力。江苏广电总台(集团)目前也构建了3条纵向延伸的产业链：在电视产业链上，打通了制作、播出、传输环节；在电影产业链上，构建了包括制作、拍摄、发行、放映在内的完整产业链；在娱乐产业链上，打通了艺人经纪、节目制作、演艺活动、衍生营销等多个环节。

第二，产业链的纵向整合和拓展能力。横向整合是产业链某一个环节通过整合处于同一环节的资源来做大做强。例如在电视播出环节，一些领先的省级广电媒体开始跨地域、跨层级整合播出资源。横向拓展是基于产业链某一环节的特性和优势，拓展出新的产业链空间。例如依托广电媒体的频道频率资源发展起来的居家购物业务，目前已经成为广电领域的新增长点。苏州广电总台目前也全力打造了自己的居家购物品牌“秀品空间”。

第三，产业链之间的联动能力，也就是通过资源互补的产业链之间的相互嵌入、相互共振、价值循环，实现集团总体价值最大化。例如迪士尼就以品牌为统领，促进不同产业版块之间的相互联动、多次开发，实现总体价值最大化。再如国内的华谊兄弟公司也是通过电影、电视剧和艺人经纪三大产业版块之间的联动，构建起自身的核心竞争力。

也许对于城市台来说，离走上产业链整合之路还很遥远，但将其纳入中长期发展规划并制订可行性方案势在必行，在这一领域，全国前五大卫视已纷纷行动。是主动整合，还是被整合，就看我们自己当下的选择。

第四节　营销渠道融合：构建全媒体营销渠道

全媒体营销的概念是业界为了方便经营而提出的一个高度凝练的说辞，针对的是当下媒体形式和数量井喷式发展的现状，以及消费者需求难以把握的困局。眼下，不管喜欢不喜欢，我们已经从一个“发现概念”的时代进入“创造概念”的时代，新观点、新概念层出不穷，不但影响了微观的分析判断，也干扰到深层的战略思维。这是一个动态的概念，是对全媒体和全方位营销的全面结合。

何为“全媒体”?随着数字技术和网络技术的成熟和发展,数字媒体日益发达,出现了人们熟知的“融合”现象:新旧技术的融合与不同媒体壁垒的消逝同时发生,“多媒体”应运而生。“全媒体”不外是“数字化多媒体”的经营范畴的表述,是一个更具张力的归纳和延伸。第一,“全媒体”的概念涉及媒体自身属性的重新定位问题。报业不只是报业,广播不只是广播,泛媒体的结果就是人人媒体,事事传播。第二,“全媒体”的概念引发经营组织系统的重组。核心定位既然已经发生调整,原来围绕这个定位的经营组织也不得不做出调整,撤销旧有部门、增添新的经营团队势在必行。第三,“全媒体”的概念催生新的传播体系。高度集中的一对多的大众宣传体系逐渐失灵,取而代之是分散的互动的沟通传播体系。

何为“全方位营销”?这个概念在营销体系中与“全媒体”相对应,也被译为“整体营销传播”(Holistic Marketing Communications)。所谓“全方位营销传播”,其实就是“组织以顾客为中心,从整个公司的长期视点出发,有机、整合性地展开市场营销活动的过程或是思考方法”。首先,它具有鲜明的“顾客导向”,所有的活动都强调要从顾客的角度重新进行审视,以和顾客的接触点为中心进行市场营销活动。其次,强调“关系建构”。在消费者变得日渐聪明的今天,该营销观站在和他们平等的角度,研究如何来建构一种长期关系,作为顾客伙伴来创造新价值。再者,高度重视“相互作用”,强调在和消费者的关系中,通过持续的相互作用创造“共创价值”或“合作价值”。在“全方位营销”出现之前,流行过“整合营销传播”,两者诞生的背景均与IT、数字化变得越来越普及的社会关系密切相关。然而,两者最大的区别在于,“整合营销传播”理念几乎都是以企业的战略要素整合为目标,追求企业内部的完善化和效率化,而“全方位营销”理念则是将顾客放在一起,以包容性的双赢型价值创造为目标。

无论是“全媒体”还是“全方位营销”,概念剖析的交接点是平台式的传播和营销模式。一个能够拉动受众参与从而解决需求信息不透明性的平台被放在了广告主、媒体以及广告公司的面前。而在此基础上的营销的终极目标是达到需求、产品、服务的和谐交换。

对于广告主来说，“有效”从来都是营销的根本目的，而全媒体营销的出现为其提供了一个高效的信息送达平台，也为其提供了一个有效的营销方式，从这两方面发力自然也就能够做到洞若观火。对于广告公司来说，这个概念恐怕是他们最早开始探索的，落实到营销上，互动营销和全方位营销等新的尝试也开始被构建为一套新模式。而对于媒体，全媒体营销正是“融合”的最好说明，没有新旧冲突，没有割据对立。传统媒体通过对自身内容的调整和渠道的拓展，可以将品牌力发挥到最大，新媒体成为传统媒体最有力的合作方。于是，在全媒体营销中，三方各取所需，各有所依。“全媒体营销”的精髓其实也就在这里。

从出版业和电影工业开始，全媒体整合营销已成为标准作业流程。因问鼎奥斯卡而红遍全球的《贫民窟的百万富翁》中文版小说，在推出时，同时采用了传统图书、互联网、手持阅读器、手机阅读平台等方式，实现多渠道全媒体同步出版。冯小刚的《非诚勿扰》在创造票房奇迹后，其小说采用了同样的全媒体营销模式。

超女与蒙牛、移动运营商的深度合作，让我们看到了电视与零售业、电信业整合营销的完美案例。整合营销除了平台和媒体资源互换之外，也给城市台提供了另一种盈利模式，毕竟单一的广告盈利模式和日益多元的媒体市场环境，对于市场空间相对狭小的城市台来说，是一个越来越显性的隐患。

第十三章　地方电视台人才培养模式创新

国以才立,政以才治,业以才兴。人才是实现民族振兴、赢得国际竞争主动的战略资源。①

习近平在会见中国记协第九届理事会全体代表和中国新闻奖、长江韬奋奖获奖者代表时强调:"要坚持正确新闻志向,提高业务水平,勇于改进创新,不断自我提高、自我完善,做业务精湛的新闻工作者。"②在党的新闻舆论工作座谈会上,他强调要"努力成为全媒型、专家型人才"③。

在媒介格局深刻变革的形势下,我国新闻传播事业的变革发展需要依靠每一位媒体工作者。因此,在媒介融合背景下,全媒体人才、专家型人才的要求应该成为每一位新闻舆论工作者对自身的要求。

第一节　媒体从业者的困境

媒介融合后对新闻专业人才有了更高的需求和标准,能够运用多种技术工具的复合型从业人员及能够在多媒体集团中进行整合传播的高层次管理人才成为亟须的两种新型人才。

首先,新闻从业人员必须是全能手,他们必须能熟练运用多种媒介传

① 习近平.决胜全面建成小康社会 夺取新时代中国特色社会主义伟大胜利——在中国共产党第十九次全国代表大会上的报告[M].北京:人民出版社,2017:64.

② 张烁.习近平在会见中国记协第九届理事会全体代表和中国新闻奖、长江韬奋奖获奖者代表时强调 做党和人民信赖的新闻工作者 刘云山参加会见并在会上代表党中央致词[N].人民日报,2016-11-08(1).

③ 习近平总书记党的新闻舆论工作座谈会重要讲话精神学习辅助材料[M].北京:学习出版社,2016:8.

播技术手段，集文稿采写、音视频制作、图片修改等技能于一身。这种全能型新闻人才需要新闻院校、新闻媒体联合进行培养。其次，高层次的管理人才不同于传统的传媒管理者，其必须既懂新闻运作又懂多媒体技术及管理，并且擅长专题策划，这种人才不仅仅需要新闻院校的培养，还需要新闻单位的积极配合，在实际工作中对人才进行培养与历练。

我国目前的新闻从业人员往往是分工明确、各司其职的，文字记者与摄像记者、记者与编辑等职能划分清楚，多项技能融合的全能型新闻从业人员十分缺乏。就目前我国新闻培养院校来说，虽然大多院校已经意识到媒介融合对新闻培养的新要求，但由于师资力量以及硬件设施等条件的限制，其对复合型新闻人才的培养是较少的。从长远来看，复合型从业人员的缺失对于媒介融合的发展也是一种限制。

第二节　全媒体人才培养是实现传播目标的制高点

在技术设备具备的条件下，实现全媒体体系良性发展的一个最为重要的保证就是人才。

全媒体人才是在掌握多学科知识和技能的背景下，在某一项工作上具有“专长”的高端人才，因而培养人才应打破固定思维。全媒体人才培养应从三步进行，第一步应是优化原有结构，加快原有从业人员的转型，挖掘现有人才的潜力，进行专项培养；第二步是制订详细的全媒体人才发展机制，有计划、有步骤、有侧重地进行人才培养；第三步是变革考核制度，更新奖惩体系，保障新体系的良性发展以及人才的稳定。

扬州报业传媒集团对全媒体人才培养的做法值得借鉴。该集团正在与北京一些著名高校以及本地一些院校合作，以集团打造的新媒体平台为实践基地，邀请相关教授、专家为集团新媒体事业把脉问诊，为集团的新媒体事业发展量身定制需要的采编人才、高素质经营管理人才、多媒体融合型技术人才、高层次职业经理人等。集团还在新媒体人才引进方面，创新性地建立了绿色通道并建设培养与发展基金。在考核分配制度上，集团推出“逢进必考”“先试岗后定岗”“进人不进编”等各项制度，在新媒体部分特殊岗位进行定向招考,逐步建立起一套科学的人事管理制度。与此同时,集团还优化考核制度,不同岗位建立不同的考核制度,建立“能上能下”“平者出能者进”的发展机制。

实现全媒体转型,应该积极引导传统媒体内部人员在传播理念、传播技能上“转型升级”,尽快转换角色和思维方式,拥有新的知识结构和操作技能。通过整改、培养、纳新等多种方式建立起全媒体传播人才库,这是保障全媒体矩阵良性发展的制高点。

第三节　构建学习与创新互动的团队建设体系

人才竞争是媒介竞争的制高点,构建学习与创新互动的团队是现代媒介组织的中心。学习才能创新,创新才能保鲜,保鲜才能强壮,强壮才能旺盛。地方电视台在向产业化、市场化、企业化方向发展的过程中,更应该提高组织学习力,从建设学习型团队入手,推动组织结构的变革,建立新型的管理机制。

一、创建学习型组织,提高全台学习创新能力

首先,应该改变传统的学习观念,改变“学习就是读书,学习就是听专家讲课”的观念,在全台树立“学习无处不在、工作就是学习、学习就是工作”的思想。坚持在工作中学习,在结合实际工作情况的基础上反思,以自我岗位、组织和社会要求为导向来学习。

其次,应该将学习提升到传媒管理的战略层面,打破职务与岗位的界限,在组织内建立资源共享、信息共享、知识共享的平台与管理机制。

最后,应该对专业人员进行有计划的、定期的培训,以帮助员工进行知识更新、创新能力发展。人力资源部门可以通过建立合理有效的培训系统,开展不同层次、不同形态的学习训练,在提高员工专业技能的同时,提升员工的理论素养,提高全台的学习创新能力。

二、创建学习型组织,提升全台组织管理效力

当下,地方电视台的组织管理正在经历着由单一的生产管理向复合

的经营管理、由封闭式管理向开放式管理、由人事管理向人力资源管理的转变。管理体制的改变需要与之相适应的组织结构，创建学习型团队，需要根据媒介生存内外环境的变化，适时地改变以往媒介组织的结构，进行管理制度与管理机制的创新，使整个组织围绕战略核心进行生产。

学习型团队有利于组织内部信息的有效沟通，有利于个人、部门、团体的交流与合作，有利于资源的整合与利用，大大降低管理成本，有效提高全台执行力。因此，在改革中，应该鼓励以绩效为导向的项目团队，实行分权管理，推进管理创新，提升管理效力。

三、创建学习型组织，培育全台核心竞争实力

经过多年的强势发展，地方电视台已经进入了市场经济条件下的产业竞争时代，转型、创新、竞争与融合成为这次改革的主旋律。从管理层面而言，应该更加重视传媒的战略管理与制度创新，更加重视传媒核心竞争力的开发与培育。

知识性是传媒核心竞争力的主要特征，对知识的学习与管理是开发和培育传媒核心竞争力的关键所在。地方电视台创建学习型媒体组织，就是要围绕增强核心竞争力这一目标，通过知识的学习、获取和运用，提高组织、决策和协作能力，使核心能力与核心技术、核心产品浑然一体，培育成都台的内在生命力与外在竞争力。

四、创建学习型组织，增强全台人才队伍合力

广电媒体是一个知识密集、技术密集、人才密集的行业。传媒的竞争是知识的竞争、技术的竞争，但归根结底是人才的竞争，而人才的竞争实际上是学习力和创新力的竞争。在向企业化、市场化转型的时期，面对国内外白热化的市场局面，地方电视台尤其需要提高学习与创新的能力。我们通过调研发现，在部分地方电视台的专业人员中，复合型创新人才的比例还有待提高，许多优秀从业人员甚至在面临知识爆炸、技术发展、竞争白热化的时候，会有“江郎才尽”“长江后浪推前浪”的感觉。近些年来，许多来自名牌专业院校的毕业生陆续成为台里的新鲜血液，但新人的成

长需要时间的磨砺,更需要经验的积累,青黄不接、人手有限也成为人力资源调研中反映出的突出问题。

创建学习型组织,提高人员竞争力,一方面要促进从业人员的知识更新,提升他们的创新能力,另一方面要建构合理有效的激励机制。要改变传统的人事制度,如分配制、委任制、终身制,改变重文凭、轻能力、重资历、轻业绩的观念,重新建构人力资源管理机制。要以人的发展为中心,建立公平合理的晋升、奖励机制,实行个性化、多元化管理,根据不同部门、不同岗位、不同个体实行不同的职位评价。

参考文献

赵玉明.中国广播电视通史[M].北京:北京广播学院出版社,2004.

赵玉明,艾红红.中国广播电视史教程[M].北京:中国广播电视出版社,2009.

孙丽萍.地方电视台创新与融合战略研究[M].北京:中国艺术研究院,2014.

郭镇之.中外广播电视史[M].上海:复旦大学出版社,2018.

杨凤娇.中国电视新闻传播格局的变迁[M].北京:中国广播电视出版社,2009.

徐舫州.中国电视改革的问题与对策[J].现代传播,2000(4).

黄勇.试论广播电视行政管理体制改革[J].南方电视学刊,2005(5).

张译之.城市电视台新闻节目的定位和发展[J].新媒体研究,2016(9).

袁方,谢颖.2004年:卫星频道分化与新生——兼谈全国性频道的市场化建立[J].广告导报,2004(5).

侯严峰,陈黎明.湖南文化成大势[J].瞭望,2006(39).

钱蔚.政治、市场与电视制度——中国电视制度变迁研究[M].郑州:河南人民出版社,2002.

郑西帆,罗钟炉,郑征予.中国地方电视台市场化之路[M].杭州:浙江大学出版社,2012.

张健.公共频道运行中的问题及对策分析[J].南方电视学刊,2003(1).

罗霆.湖南电视产业发展模式研究[J].现代传播,2002(3).

杨继绳.中国当代社会各阶层分析[M].兰州:甘肃人民出版社,2006.

陆学艺.当代中国社会流动[M].北京:社会科学文献出版社,2004.

孟建,黄灿.当代广播电视概论[M].北京:中国传媒大学出版社,2011.

严克勤.解析城市广电[M].北京:中国广播电视出版社,2010.

张寿康,林杏光.现代汉语实用搭配词典[M].北京:商务印书馆,1992.

李作鹏.中国广播电视体制的改革及其突破向度研究[D].长沙:湖南大学,2016.

张振鹏.我国文化产业转型升级的四个核心命题[J].学术论坛,2016(1).

李双龙,张志安.聚焦传媒入世 探索经营创新——2002 首届上海传媒高峰论坛热点话题[J].新闻记者,2003(1).

方瑛.广电产业集团化运作研究[D].杭州:浙江大学,2004.

罗霆.中国电视媒体的系统战略研究[M].北京:中国广播电视出版社,2011.

陈力丹,白贵.解读受众:观点、方法与市场[M].保定:河北大学出版社,2001.

张春朗.区域性广电传媒发展研究[M].北京:中国广播电视出版社,2009.

胡颖.中国电视受众主体地位的确立与提升[D].南京:南京师范大学,2008.

湛亚莉.电视节目多屏互动发展研究[D].长沙:湖南大学,2015.

熊忠辉.中国省级卫视发展战略[M].上海:上海人民出版社,2005.

陈正荣.中国城市电视台发展报告[M].北京:中国传媒大学出版社,2007.

强月新,陈星.我国媒介素养的研究视角及其现状[J].新闻与写作,2017(6).

丁敏艺.湖南广播电视台人力资源管理激励机制研究[D].长沙:湖南大学,2011.

陆地.构建科学的电视节目聘雇体系与博雅榜的价值[J].南方电视学刊,2012(1).

赵瑜,韩燕.中国蓝:省级卫视的顶层设计与实践[M].北京:中国出版集团,2012.

胡正荣,赵树清,马建宇.媒介融合时代的电视新闻创新:省级地面频道发展战略研究[M].北京:中国传媒大学出版社,2011.

哈克特,赵月枝.维系民主——西方政治与新闻[M].北京:清华大学出版社,2005.

中共中央文献研究室.习近平关于全面建成小康社会论述摘编[M].北京:中央文献出版社,2016.

新华通讯社课题组.习近平新闻舆论思想要论[M].北京:新华出版社,2017.

《中国广播电视年鉴》编辑委员会.中国广播电视年鉴[M].北京:中国广播电视年鉴社,1999.

《中国广播电视年鉴》编辑委员会.中国广播电视年鉴[M].北京:中国广播电视年鉴社,2002.

广播电影电视部社会管理司.广播电视事业管理概况[M].北京:中国广播电视年鉴社,1999.

推动主流媒体在融合发展之路上走稳走快走好[EB/OL].(2014-08-21)[2018-10-15]. http://cpc. people. com. cn/n/2014/0821/c64387-25507724.html.

习近平主持召开中央全面深化改革领导小组第四次会议[EB/OL].(2014-08-18)[2018-10-15]. http://www. gov. cn/xinwen/2014-08/18/content_2736451.htm.

习近平视察解放军报社[EB/OL].(2015-12-26)[2018-10-17]. http://www.xinhuanet.com/politics/2015-12/26/c_1117588434.htm.

决胜全面建成小康社会 夺取新时代中国特色社会主义伟大胜

利——在中国共产党第十九次全国代表大会上的报告[M].北京：人民出版社，2017.

张烁.习近平在会见中国记协第九届理事会全体代表和中国新闻奖、长江韬奋奖获奖者代表时强调 做党和人民信赖的新闻工作者 刘云山参加会见并在会上代表党史中央致词[N].人民日报，2016-11-08(1).

习近平总书记党的新闻舆论工作座谈会重要讲话精神学习辅助材料[M].北京：学习出版社，2016.

中共中央党史研究室.党的十八大以来大记事[EB/OL].(2017-10-16)[2018-09-18]. http://cpc. people. com. cn/n1/2017/1016/c414305－29588223.html.

新华社.扎实推进社会主义文化强国建设[EB/OL].(2012-11-08)[2018-09-23]. http://cpc. people. com. cn/18/n/2012/1108/c350821－19526764.html.

王楠.成都总部经济发展能力 中西部第一[N].成都商报，2014-04-30(7).

祝楚华.成都经济总量破 9100 亿非公经济占近 6 成[N].成都商报，2014-03-05(15).

莫滕森.跨文化传播学：东方的视角[M].关世杰，胡兴，译.北京：中国社会科学出版社，1999.

彭罗斯.企业成长理论[M].赵晓，译.上海：上海人民出版社，2007.

MCLUHAN M，NEVITT B.Take today：the executive sa drop[M]. New York：Harcourt Brace Jovanovich Publishers，1972.

后 记

在完成本课题的研究之际，中国电视整整走过了60年的历程。回望历史，不禁令我们感慨万端。

电视的发明是人类科技进步的产物。如果从最早期的与电视发明相关的影像扫描等各项技术算起，电视的研发具有近一个世纪的历史；如果从1928年电视通过海底电缆在美国实现远距离传输算起，电视的发展历程刚好90年；如果从电视被公认的诞辰——1939年电视机在美国纽约世界博览会上展出并播出罗斯福讲话算起，电视即将进入80周年的历史年轮。

然而，虽然电视的研制与发展具有近一个世纪的历程，但是电视真正对人类社会产生影响并为广大受众所接受的基础是电视机的普及。因此，从改变社会及影响公众的维度考察，电视真正成为大众传播媒介是在第二次世界大战以后。

曾几何时，电视被看作是一个魔盒，人们对它的魅力众说纷纭；曾几何时，电视被看作是人类科学的标志性产物之一，引发未来学者无尽的遐想；曾几何时，电视被看作是新兴的媒体，被认为会对传统的报纸、杂志、影院带来致命的冲击；曾几何时，电视确实改变了社会结构，改变了人们的生活方式，渗透到人类生活的各个角落。

2018年是中国电视诞生60周年，60年是一甲子。回顾这60年的历史进程,电视的辉煌年代似乎还在眼前。然而,今天的电视似乎不再辉煌。

那么,电视面对的未来又是什么呢?地方电视台又将经历怎样的历史演变?

我们看到,电视发挥出新的潜在功用,对人类社会产生积极影响。

我们相信,新的媒介生态将带来进步,将进一步激发人类的智慧。

本研究项目的负责人是高晓虹教授;首席专家是赵淑萍教授;主要团队成员有王晓红教授、曾祥敏教授、崔林教授、李智教授、付晓光副教授、顾洁副教授、叶明睿副教授、涂凌波副教授、赵希婧老师、王婧雯老师,博士研究生王海龙、蔡旻俊,硕士研究生李旭阳、王世博、槐静、于曈、王丹丹、曾嘉、张晓明、吴昊、韦梦瑶、刘倩文、张媛媛、农利翔。

2020年8月　北京

图书在版编目(CIP)数据

创新与融合:转型期中国地方电视台传播格局与创新路径/《创新与融合:转型期中国地方电视台传播格局与创新路径》编写组著. --北京:中国传媒大学出版社,2020.9

ISBN 978-7-5657-2666-8

Ⅰ. ①创… Ⅱ. ①创… Ⅲ. ①电视台—电视工作—研究—中国 Ⅳ.①G229.27

中国版本图书馆 CIP 数据核字(2019)第 292673 号

创新与融合:转型期中国地方电视台传播格局与创新路径

CHUANGXIN YU RONGHE: ZHUANXINGQI ZHONGGUO DIFANG DIANSHITAI CHAUNBO GEJU YU CHAUNGXIN LUJING

著　　者　《创新与融合:转型期中国地方电视台传播格局与创新路径》编写组
策划编辑　王雁来
责任编辑　王　硕
特约编辑　景贵英
封面设计　风得信设计·阿东
责任印制　李志鹏

出版发行　中国传媒大学出版社
社　　址　北京市朝阳区定福庄东街 1 号　　**邮　　编**　100024
电　　话　86-10-65450528　65450532　　**传　　真**　65779405
网　　址　http://cucp. cuc. edu. cn
经　　销　全国新华书店

印　　刷　北京玺诚印务有限公司
开　　本　710mm×1000mm　1/16
印　　张　19.75
字　　数　285 千字
版　　次　2020 年 9 月第 1 版
印　　次　2020 年 9 月第 1 次印刷

书　　号　ISBN 978-7-5657-2666-8/G·2666　　**定　　价**　98.00 元

本社法律顾问:北京李伟斌律师事务所　郭建平